El viaje a Weimar

El viaje a Weimar

Mariano Zabía Lasala

EDITORIAL 〰 SONORA

Madrid

2024

Primera edición (libro electrónico): septiembre de 2022.
Segunda edición (primera en Editorial Sonora): junio de 2024.

Fotografías de cubierta: Mariano Zabía Lasala.

© Mariano Zabía Lasala, 2024

ISBN: 978-84-127045-7-0
Depósito Legal: M-14859-2024

Diseño de cubierta y maquetación: La Factoría de Ediciones, S.L.
(Madrid)
Impreso en España por Estilo Estugraf Impresores, S.L. (Ciempozue-
los, Madrid)

I

El viernes 28 de abril de 1989 salimos Pilar y yo en dirección a Erfurt. Hacía mucho tiempo que tenía ganas de conocer la República Democrática Alemana, pero el carácter cerrado que siempre ha tenido esta parte del antiguo imperio alemán había impedido hasta entonces la realización de mi deseo. La ausencia de viajes organizados, las dificultades para obtener el visado, la práctica imposibilidad de reservar habitaciones desde Madrid y la necesidad de planificar con tiempo y al milímetro todas y cada una de nuestras posibles estancias habían hecho que la República Democrática Alemana fuese para mí, a pesar de mi interés por todo lo alemán, un país absolutamente desconocido, si exceptuamos un par de incursiones a Berlín-Este a partir de la zona occidental de la ciudad.

Nuestra nueva residencia en Fráncfort hacía relativamente sencillo lo que desde Madrid resultaba inalcanzable, por lo que decidimos aprovechar la primera oportunidad que se nos presentase para conocer la Alemania del Este. Alonso Álvarez de Toledo, embajador en Berlín, al que conocía bien de mi etapa en el Ministerio de Asuntos Exteriores y con el que había comentado mis planes viajeros, me había recomendado la visita a Weimar y el alojamiento en el hotel Elephant —el hotel de Lotte Kestner[1]— de esta ciudad. Las huellas de Goethe y Schiller, la reiterada mención de la república del mismo nombre en todas las historias de Alemania y en los manuales de derecho político que durante tanto tiempo había tenido que manejar, el carácter que yo intuía en esta pequeña ciudad de Turingia, y también —¿por qué no?— la relativa proximidad a Fráncfort hicieron que, sin pensarlo demasiado, eligiésemos Weimar como destino del primer fin de semana que Pilar y yo íbamos a pasar fuera de casa, desde que llegamos a esta ya tan familiar y querida ciudad de Fráncfort.

Pero el hombre propone, y las complejidades de la burocracia socialista disponen. Con tres semanas de tiempo y previa aportación de los respectivos pasaportes, reservé una habitación en el hotel que me habían recomendado; diez días más tarde recibí un aviso en el que se me decía que en el hotel Elephant no había habitaciones, y como este era el único establecimiento de la cadena Intertourist existente en la ciudad, tenía que optar entre alguna población próxima a Weimar o posponer simplemente el viaje. La elección recayó

---

1. Lotte Kestner es la protagonista de la novela de Thomas Mann *Lotte in Weimar*. «Consejera Áulica viuda Carlota Kestner, nacida Buff, de Hannover; última residencia, Goslar; nacida el 11 de enero de 1753 en Wetzlar», según detalla Thomas Mann al transcribir en su novela el registro de su protagonista en el hotel Elephant de Weimar.

en el hotel Erfurter Hof de la ciudad que le da nombre, aza-
rosa y forzada decisión de la que a posteriori nos alegramos,
entre otras razones porque así conocimos un lugar bello y
profundamente interesante que, de otra forma, quizás nos
hubiese pasado desapercibido, al menos en este primer viaje
a la RDA.[2]

Aunque sea adelantar acontecimientos, tengo que decir
que, en contra de mi proceder habitual, no había preparado esta excursión con detenimiento; en parte, porque
esperaba que nuestra estancia en Fráncfort nos permitiría
repetir la visita cuantas veces quisiéramos, y en parte, por la
seguridad de que nos íbamos a encontrar con mucho más
de lo que podíamos abarcar en un simple, aunque fuese
largo, fin de semana. Además, en este caso el viaje tenía un
objeto que no se podía preparar —o para el que me había
estado preparando durante años—, pues no se trataba de
visitar una ciudad concreta ni un museo determinado, sino
de observar el contraste —especialmente visible en Alemania— entre formas sociales distintas, recorrer un paisaje
que forma parte esencial de la cultura europea, pero que
las circunstancias nos habían sustraído hasta entonces, ver
con nuestros propios ojos las heridas de la compleja y atormentada historia de Alemania, que, en gran medida, son
también las heridas de la más reciente historia de Europa.
Esta falta de preparación nos proporcionó numerosas sorpresas que dieron un especial atractivo a nuestra excursión:

---

2. RDA son las siglas correspondientes a República Democrática Alemana que utilizaré a partir de ahora en este texto, con preferencia
a su versión alemana DDR: Deutsche Demokratische Republik.

la belleza de Erfurt, de la que ni siquiera nos había informado la pequeña guía que yo había comprado la misma mañana de nuestra partida y que Pilar fue leyendo durante el viaje, o el campo de concentración de Buchenwald, que no sabíamos que se encontraba en las afueras de Weimar, o Gotha, o Eisenach, ciudad natal de Bach, donde Lutero, recluido en el Wartburg, había hecho su traducción de la Biblia al alemán.

Pero el viaje no había comenzado todavía y todo esto vendrá más tarde. La agencia confirmó nuestra reserva en el hotel Erfurter Hof y nos indicó que los visados nos estarían esperando el día 28 de abril en el paso de Herleshausen, donde nos serían entregados previa presentación de los bonos de reserva de nuestra habitación. Allí llegamos el día acordado alrededor de las seis de la tarde. La frontera estaba formada por una inacabable sucesión de controles, que se desarrollaban en medio de un paisaje compuesto por alambradas, torretas de vigilancia instaladas en las laderas de los montes vecinos, y un generoso despliegue de fuerzas policiales, que inmediatamente proporcionaban la sensación de estar entrando voluntariamente en un inmenso y absurdo campo de concentración. Los mejor o peor encarados policías fronterizos, además de exigirnos todos los documentos pertinentes, nos formularon diversas preguntas, cuya única finalidad parecía ser hacernos sentir su superioridad y la posición subordinada que nosotros teníamos que asumir si queríamos visitar lo que yo, a pesar de mi nacionalidad extraña, no podía dejar de considerar tan mío como suyo. Las niñas, nuestras hijas Elena y Blanca, que figuraban en nuestros pasaportes pero no viajaban con nosotros, fueron el objeto más regocijantemente absurdo del interrogatorio al que nos vimos sometidos.

La fiesta del primero de mayo, que se celebraba el lunes siguiente y que proporcionaba un largo y primaveral fin de semana, había hecho, además, que fuesen muchos los ciudadanos occidentales que, como nosotros, intentaban pasar la frontera, por lo que en esta tuvimos que sufrir largas colas de vehículos retenidos por las formalidades aduaneras. Cuando superamos estas, todavía tuvimos que parar una vez más para cambiar dinero en la cuantía obligatoria por persona y día y al tipo de uno-uno, pequeña o gran estafa legal a la que nos sometimos resignados.

Pero ya estábamos en la RDA. El que hubiésemos entrado en otro mundo solo se hacía perceptible en algunos detalles carentes de mayor importancia: la circulación vertiginosa de las autopistas federales se había transformado en un caminar pausado, en el que todo el mundo respetaba la velocidad máxima de cien; la variedad y calidad de los coches occidentales había sido sustituida por la uniformidad del modelo único, el popular *Trabi*[3], que con su renqueante motor de dos tiempos y en compañía de algunos Wartburg y algún que otro Fiat de fabricación oriental, se arrastraban como hileras de disciplinadas hormigas por una autopista que, a todas luces, les venía grande. Por lo demás, todo era dulce y apacible. Nada más pasar la frontera, dejamos a

---

3. En la RDA existían dos modelos de coche: el Trabant —el popular *Trabi*— y el Wartburg, ligeramente superior. Los dos modelos formaban parte sustancial del paisaje de la RDA.

nuestra derecha la ciudad de Eisenach, en la que esta vez no entramos; luego, el camino hasta Erfurt transcurría entre suaves ondulaciones verdes, en las que se encontraban diseminados algunos pueblos que, en la distancia y a la tenue luz de la tarde, tenían un carácter íntimo y acogedor. Lentamente fue oscureciendo y cuando llegamos a Erfurt era ya completamente de noche. Tuvimos que preguntar un par de veces hasta que un automovilista especialmente amable nos dijo «síganme» y nos depositó ante las puertas del Erfurter Hof, justo enfrente de la estación principal, cuya fachada se encontraba ya engalanada con una enorme pancarta roja relativa a la fiesta del primero de mayo.

El hotel era confortable y con ciertas pretensiones. Nuestra habitación, amplia y dotada de algunas comodidades occidentales, como el televisor en color y el minibar, tenía, contra su declarada voluntad, un aire anticuado. Las colchas, las cortinas, el papel pintado de las paredes, la enorme bañera, el alicatado del cuarto de baño, todo hacía pensar en tiempos pasados, en un estilo que pudo ser moderno hacía ya muchos años; quizás el Erfurter Hof tuviese un cierto parentesco con cualquier hotel pretendidamente moderno y lujoso de la España provinciana de la década de los cincuenta.

La característica principal de nuestra habitación era un amplio ventanal convexo, claramente identificable desde el exterior en la fachada rectilínea del inmueble. Ya de regreso en Fráncfort, hojeando alguno de los muchos documentos que se publicaron en aquellas fechas con motivo del cuadragésimo aniversario de la constitución de ambas repúblicas alemanas —bien puedo decir que Alemania y yo nacimos el mismo año—, pude reconocer nuestro ventanal en la ventana desde la que Willy Brandt, entonces Canciller Federal, saludó a la multitud en su histórica visita a Erfurt en marzo de 1970, visita que en su momento constituyó un hito fundamental en las relaciones entre los dos Estados alemanes. Es una lástima que esta circunstancia no nos fuese conocida entonces pues, sin duda, hubiese dado algo de emoción histórica a una habitación a la que no podía poner ningún reparo, pero que, en conjunto, resultaba destartalada y tristona.

Pilar quiso antes de nada hablar con Fráncfort para saber qué había pasado con las niñas, que habían quedado en manos relativamente extrañas. La operadora nos dijo que nos darían la conferencia alrededor de las once, por lo que teníamos tiempo suficiente para cenar y dar una vuelta por la ciudad. El paseo fue corto, pues nada encontramos capaz de retenernos o de tirar de nosotros. Las calles, mal iluminadas, descuidadas y prácticamente desiertas, acentuaron la grisácea impresión que habíamos recibido al entrar en Erfurt. Para nuestro horario alemán era ya tarde, estábamos cansados y además esta ciudad no era el objeto principal de nuestro viaje, sino una forzada residencia en un lugar que, no sé por qué oculta razón, creía que era un centro industrial sin especial personalidad. Por todo ello decidimos volver pronto al hotel y partir al día siguiente de cero con la prevista visita a Weimar.

Sin embargo, la primera impresión de la ciudad de Goethe no fue mejor que la que la noche anterior habíamos recibido en Erfurt. En general, el paisaje urbano de la

RDA es desolador. Edificios con cierto carácter histórico literalmente en ruinas, fachadas abandonadas, pavimentos con empedrados deformados que agitan los coches como si fuesen cocteleras, por todas partes obras inmensas en las que no se adivina ningún síntoma de actividad y, en el ambiente, el olor denso que producen los motores de los *Trabi* y las gasolinas de baja calidad. La RDA padece, según nos explicaron, un problema crónico de suministros, por lo que antes de comenzar una obra es necesario acumular todos los materiales que se vayan a necesitar hasta su culminación. Así cualquier pequeño trabajo urbano exige un espacio anexo en concepto de almacén, depósito este del que a su vez, y mediante pequeños hurtos, se aprovisiona una población carente de otra fuente de suministros, lo que produce la consiguiente paralización de las obras, que se hacen así eternas. Por otra parte, los edificios modernos, escasos en Weimar, pero abundantes en otras ciudades como Erfurt, Gera o Jena, suelen ser horrorosos, amontonadas cajas de zapatos, auténticos silos de personas hechos sin la más mínima atención o esmero, como si nadie quisiera acordarse de que en Weimar tuvo su sede la *Bauhaus,* cuya discutible tradición ha llenado toda una época de la historia de la arquitectura.

Los comercios son escasos y los productos que exhiben en sus escaparates más contribuyen a despertar la sensación de penuria que la de abundancia, más la de supervivencia que la de auténtica alegría de vivir. Todo ello configura un espacio urbano que quizás no sea miserable, pero que siempre es sórdido, un entorno al que debe ser muy difícil sobreponerse.

Weimar, si dejamos al margen todos estos aspectos que no le son específicos, es una ciudad pequeña pero extraordinariamente densa, un espacio espiritual, un lugar donde se hace visible una forma particular de existencia, un conjunto no ya de monumentos sino de recuerdos históricos de los que la ciudad te hace generosamente partícipe[4]. Dejamos el coche en la Erfurter Strasse y caminamos hasta la Theaterplatz, donde se encuentran el monumento a Goethe y Schiller y el edificio neoclásico del Teatro Nacional Alemán. Las esculturas en bronce de los dos poetas tienen una solemnidad y un encanto raros en este tipo de representaciones hagiográficas y de ellas se desprende una sensación de humanidad, cuya clave quizás radique en la forma en que uno y otro se encuentran hermanados en el conjunto: si las personas allí representadas no tuviesen nombre o las personalidades de Goethe y Schiller nos resultasen desconocidas, bien podríamos pensar que nos encontramos ante un emocionante y anónimo homenaje a la amistad, a la más rara y preciosa comunidad de espíritu entre los hombres. El telón de fondo de estas dos figuras que, juntas y erguidas, parecen saludar a la humanidad tras la más brillante de sus representaciones, es la fachada del Teatro Nacional Alemán, adornada en estas fechas por varias banderas alemanas y una enorme pancarta que decía algo así como —cito de memoria— «viva la lucha de la clase obrera internacional»: puro clasicismo weimariano. Luego, en el museo Schiller,

---

4.　«Aquí, en Weimar, no hay grandes distancias, nuestra grandeza está en lo espiritual», le dice el mayordomo Mager a Charlotte Kestner cuando le está dando posesión de su habitación en el hotel Elephant. Ver: Thomas Mann, *Carlota en Weimar*, traducción de Francisco Ayala. Buenos Aires, Losada, 1954, pág. 17.

vemos una fotografía de Thomas Mann tomada el día 14 de mayo de 1955 a la salida del teatro, después de los actos conmemorativos de los ciento cincuenta años de la muerte de Schiller. Su figura, llena de vitalidad a pesar de los años y de su ya próximo final —moriría el 12 de agosto del mismo año— se proyecta, como las de Goethe y Schiller, sobre el fondo de la fachada del teatro y yo, iluminado por la similitud de las imágenes, pienso que el sitio de Thomas Mann se encuentra sobre el pedestal que preside la plaza, junto a los poetas a los que tanto amó, sus iguales. El discurso sobre Schiller es, por otra parte, la última obra de Thomas Mann[5], lo que añade contenido simbólico a un viaje en el que «El Mago» se reencontró con el escenario de una de sus primeras y más atractivas novelas, y con el que subrayó la continuidad de una tradición y una unidad cultural en gran medida independientes de las fronteras políticas.

El Teatro Nacional Alemán fue también la sede de la Asamblea Constituyente, que, de febrero a julio de 1919, deliberó sobre la que luego sería Constitución de la bien intencionada pero efímera —casi un breve alto el fuego— República de Weimar. Esta Asamblea tuvo asimismo que ocuparse de un acto no menos constitutivo del futuro de la República que la propia Constitución, como fue la ratificación de los Tratados de Versalles, con los que se pone fin a la Primera Guerra Mundial y, muy probablemente, principio a la segunda.

---

5. *Versuch über Schiller*. Existe una versión castellana en el volumen *Ensayos sobre música, teatro y literatura*. Alba Editores, Madrid 2002, págs. 309-332.

La percepción del tiempo se modifica con su transcurso, y si hace veinte años este período de tiempo me parecía toda una vida, ahora me parece un ayer reciente, un breve día que desaparece sin que apenas nos hayamos dado cuenta de su presencia. Sobrecoge pensar que entre la Primera y la Segunda Guerra Mundial solo transcurrieron veinte años, lo que da una idea aproximada de lo que debió ser la República de Weimar y de la subterránea continuidad existente entre los dos conflictos bélicos. Las dos guerras mundiales, siendo profundamente distintas, son, en el fondo, una sola, y sus raíces hay que buscarlas en unos acontecimientos que se remontan al propio nacimiento de la nación alemana a mediados del siglo diecinueve y a su frustrada inserción en un sistema de potencias, cuyas ideas básicas relativas al Estado y a la política internacional arrancan del Renacimiento. Pero esto, como diría el viejo Briest[6], es un terreno demasiado vasto en el que no debemos adentrarnos, pues nada es por nada y, si queremos explicar cómo fue posible tanta barbarie, hemos de remontarnos a los fundamentos de la sociedad internacional del momento y a las fuentes de algo tan resbaladizo como es la psicología nacional alemana, cosas que ni puedo ni es este el momento de hacer.

Por lo demás, la República de Weimar ha sido siempre para mí, aun antes de conocer su existencia, un maravilloso país de Jauja en el que, por muy poco dinero, se podía

---

6. «Ach, Luise, lass… das ist ein zu weites Feld». (Ah, Luisa, déjalo, ese es un terreno demasiado vasto). Con estas palabras, pronunciadas por el viejo Sr. Briest, termina *Effi Briest*, la maravillosa novela de Theodor Fontane.

llevar una vida principesca. Mi padre fue a Munich el año 1922 para ser operado por el Dr. Sauerbruch[7], uno de los creadores de la cirugía moderna, permaneciendo allí varios meses en compañía de sus padres. Durante este periodo se desencadenó una galopante inflación que llevó la cotización del dólar de doscientos marcos a principios de 1922 a ciento sesenta millones de marcos en septiembre de 1923, cifra que a su vez fue superada con rapidez hasta la práctica desaparición de la moneda alemana. Entonces, la humilde peseta proporcionó a mi padre la posibilidad de llevar un tren de vida que, según sus propias palabras, solo podía llevar el Rey de Baviera (nunca le pregunté a quién se refería, pues el último, Luis III, tuvo que abandonar el país en 1918), cosa esta que a nosotros nos parecía tanto más fabulosa cuanto que nuestra peseta de los años cincuenta y sesenta apenas nos permitía pensar en la posibilidad de salir al extranjero. Aquello era el mundo al revés, pero entonces yo no podía ni sospechar hasta qué punto estaba todo al revés en la Alemania de entreguerras. Ahora lo sé y, sin embargo, los billetes de cientos de miles de marcos no evocan en mí la catástrofe, sino la posibilidad de una vida en la que todo nos sea entregado gratuitamente como una generosa donación de los dioses.

Pero dejemos la República y volvamos a la ciudad. La Schiller Strasse es una calle extraordinariamente civilizada, pequeña pero amplia, peatonal, cubierta de árboles y

---

7. La biografía de Sauerbruch estuvo siempre en la biblioteca de casa: *Ferdinand Sauerbruch. Mi vida. Memorias de un gran cirujano*. Traducción de Manuel Tamayo, Barcelona, Destino, 1954.

flanqueada por bellos edificios, ninguno de los cuales pretende, sin embargo, sobresalir entre sus semejantes. Los extremos de la Schiller Strasse se encuentran cerrados por sendas edificaciones —al oeste, el flanco izquierdo del Wittumspalais, hoy museo Wieland—, lo que acentúa el carácter íntimo y acogedor de la antigua Esplanade. El conjunto resulta armónico y resultaría tanto más atractivo si su silenciosa armonía se viese animada por un poco más de movimiento. El centro de la calle es la casa de Schiller y el museo anexo de reciente construcción. Los fondos de este son insignificantes —fotografías de documentos relativos a la vida del escritor, bocetos de antiguas escenificaciones, vestuario de sus más conocidos personajes, etc.— pero el montaje está bien hecho y la visita resulta agradable. La casa de Schiller es un bonito edificio de finales del xviii que ofrece, como casi todas las casas de personajes ilustres que por el mundo hay repartidas, una más o menos lograda reconstrucción de la vida cotidiana de la época; el nuevo museo, unido a la antigua residencia del escritor, es un edificio moderno, luminoso, de pequeñas pero elegantes proporciones y perfectamente integrado en el conjunto del que forma parte. Todo se encuentra bien cuidado, lo que, tratándose de lo que se trata, no deja de ser un detalle digno de mención que contrasta, además, con el relativo abandono de la casa de Goethe. Weimar ha sido siempre la ciudad de Goethe, no tanto por el superior o inferior rango literario de este, cosa siempre opinable en la que entran gustos y apreciaciones personales, sino porque Goethe inventó la ciudad, que es obra suya como lo pueden ser *Las afinidades electivas* o *Las penas del joven Werther*. Sin embargo, a mí me ha parecido percibir en Weimar una predilección oficial por el poeta de Marbach[8] como si su radicalismo pudiera hacerle afín a los postulados políticos de las actuales autoridades del país, que encontrarían en él su raíz histórica y su santo protector. Esta voluntad de apropiarse la figura del escritor suabo se hace evidente no solo en la construcción de un museo sin mucho contenido, sino, sobre todo, en la interpretación que dicho museo hace, interpretación que sugiere un nexo histórico entre el pensamiento de Schiller y la revolución socialista de la RDA. Lo que el propio Schiller pensaría de sus actuales mentores y de la situación del país es algo que ni siquiera merece la pena considerar.

Al final de la Esplanade torcemos a la izquierda y nos dirigimos a la Plaza del Mercado, verdadero corazón de cualquier ciudad alemana, que encontramos transformada en una inmensa obra de la que nada bueno podemos esperar[9]. No sé lo que habría antes —en una postal veo una no muy bella fuente de Neptuno— pero ahora el centro de la plaza está ocupado por unos edificios todavía sin terminar que, a mi juicio, han de romper la amplia perspectiva de la plaza. Indiferentes a lo que allí sucede, el edificio del ayuntamiento, el hotel Elephant, la casa de Lucas Cranach forman un conjunto que nos parece de gran belleza, pero cuya verdadera calidad no podemos juzgar porque las obras dificultan extraordinariamente nuestra contemplación. Atravesamos la plaza buscando la oficina de información turística —la fe que Pilar tiene en tales oficinas es digna

---

8.   Schiller nació en Marbach el 10 de noviembre de 1759.

9.   La plaza quedó preciosa; me alegro mucho de haberme equivocado.

de las mayores recompensas— pero cuando conseguimos localizarla la encontramos ya cerrada.

A la vista de las circunstancias, decidimos deshacer el camino y dirigirnos a la casa de Goethe en el Frauenplan, plaza de formas irregulares que, como no podía ser menos, también se encuentra en obras. Creo que a estas alturas, y a pesar de nuestra mejor disposición, ya se había apoderado de nosotros una todavía sorda pero creciente irritación causada por la evidente degradación de la ciudad, por un abandono que difícilmente se puede justificar con más o menos complejas razones de carácter político o económico. Llevados por nuestro malestar, visitamos la casa de Goethe deprisa y sin demasiado recogimiento y, quizás por ello, son muchas las cosas que nos pasan desapercibidas en esta primera toma de contacto. El jardín, íntimo más que pequeño, y el pabellón que en él se encuentra, y que sirve de albergue a la colección de minerales de Goethe, nos proporcionan, quizás, las impresiones más gratas de esta visita a la casa en la que Goethe vivió desde 1782 hasta su muerte en 1832, cincuenta años justos.

Salimos a la calle, al menos yo, con la sensación de necesitar respirar aire fresco y dispuestos, a pesar de todo, a continuar nuestro recorrido por la ciudad. Para ello, nada más abandonar la Goethehaus cogemos a la derecha una calle larga y estrecha, casi un callejón, que nos conduce a la casa de Charlotte von Stein[10]. Las antiguas caballerizas, a pesar de su posterior utilización como residencia de los

---

10. Charlotte von Stein (Eisenach 1742-Weimar 1827) mantuvo con Goethe una larga amistad, especialmente intensa entre 1774 y 1786.

barones de Stein, siguen manteniendo el aspecto externo, no carente de encanto, de su primer destino; por dentro no puedo decir en qué situación se encuentra el edificio, porque este se hallaba cerrado a cal y canto. Las puertas y ventanas daban la sensación de no haber sido utilizadas durante años, ningún síntoma de vida era perceptible desde el exterior y solo un pequeño cartel, apenas visible, advertía de que aquel edificio había sido en otros tiempos escenario de una ambigua historia de amor, literaria en sí misma y de importancia fundamental en la historia de la literatura alemana.

Desde allí cruzamos la calle y nos dirigimos al llamado Palacio Verde, sede de la Zentralbibliothek der deutschen Klassik, una de las bibliotecas más importantes de Europa, cuya Rokokosaal, *sancta sanctorum* de la misma, parece, a juzgar por las fotografías que de ella he visto, una auténtica maravilla. Entramos en el edificio sin que nadie salga a nuestro encuentro; deambulamos por salas y pasillos desiertos hasta que nos encontramos con algunas puertas cerradas. Ninguna indicación de la Rokokosaal, ni nadie que nos pueda dar la más mínima información sobre horarios, visitas, contenido o historia del edificio. Yo, por simple curiosidad, hurgo en los ficheros abiertos, extraigo algunas fichas, leo sin mucha atención sus escuetos datos bibliográficos y las vuelvo a depositar en el lugar que les corresponde. Deshacemos el camino hasta la puerta principal sin que tampoco en esta ocasión encontremos a nadie, y acabamos por considerar la

---

En estos años Charlotte von Stein ejerció una notable influencia en la vida y la obra de Goethe.

absurda posibilidad de que estemos solos en esa isla de civilización y cultura. No es posible que el edificio esté abierto y abandonado, por lo que, pienso con cierta envidia, tras esas puertas cerradas tiene que haber algún afortunado que disponga a sus anchas de los ochocientos cuarenta mil volúmenes con los que, al parecer, cuenta la biblioteca. Hacemos un último intento para forzar la clausura del santuario, apelamos a la solidaridad del imaginario lector que ha tenido que oír nuestros pasos y nuestra pugna con las cerraduras, pero todo es en vano, por lo que no nos queda otra solución que aceptar lo inevitable y volver a nuestro deambular por la ciudad, iluminada por una radiante luz de primavera, pero casi tan solitaria como el edificio del que nos veíamos expulsados. (Meses más tarde me entero por casualidad de que para visitar la Rokokosaal es necesaria una autorización especial que no sé quién concede ni con qué condiciones, pero que seguro que se encuentra en el centro de un complejísimo laberinto burocrático).

De la Zentralbibliothek salimos directamente a la plaza de la Democracia que, quizás por llevar la contraria a sus padrinos de pila, tiene una belleza profundamente aristocrática, toda ella rodeada por palacios barrocos y presidida por la estatua ecuestre del gran duque Carlos Augusto, que llamó a Goethe a la corte de Weimar y le confió la vida de la ciudad para que este la configurase hasta en sus más pequeños detalles. La plaza de la Democracia se abre al norte a la Burgplatz y a la Residencia de la Corte y al este a la plaza del Mercado, en la que ya hemos estado y a la que nos dirigimos con la intención de comer, cerrando así un primer círculo de nuestra visita a la ciudad.

Entramos en el hotel Elephant donde, tras preguntarnos si somos huéspedes del hotel, nos dicen que no hay sitio en el comedor. De allí nos dirigimos a la Ratskeller en los bajos de la Stadthaus; en el guardarropa nos advierten de que tenemos que esperar alrededor de media hora, pero, al menos, nos dan esperanzas de comer. Otros huéspedes ya forman una pequeña cola a la que nosotros nos incorporamos tomando asiento en la escalera que conduce desde la calle a los sótanos donde está situado el restaurante. El funcionamiento del sistema se me escapa, a pesar de mi empeño en encontrar las normas que lo rigen, pues del comedor salen clientes sin que esto suponga la entrada automática de un número equivalente de los que estamos esperando. Resignación; más vale ponerse a la capa y ver cómo van evolucionando los acontecimientos.

La mañana, a pesar de los atractivos de Weimar y del interés intrínseco de la visita, nos ha proporcionado más decepciones que satisfacciones. La ciudad no parece estar interesada en recibir cordialmente a sus visitantes, la hospitalidad no forma parte de los principios constitutivos de la RDA, y el extranjero, el extraño, tiene la permanente sensación de que su presencia es tolerada, pero en absoluto apreciada o deseada. Esto me parece grave, pero quizás carezca por completo de importancia si lo comparamos con el hecho intolerable de que los ciudadanos de la RDA no puedan salir de su país sino en circunstancias excepcionales o hacia destinos en los que su integridad ideológica o moral —en este caso viene a ser lo mismo— no pueda verse afectada. La cultura es, en gran medida, comunicación, aceptación de la diferencia, convivencia con una diversidad que no se deja reducir a un patrón uniforme; la frontera —concepto que sigue asociado en mí a esa cierta ansiedad que durante años me produjo el regreso a España— es, desde mi punto de vista, una limitación cultural, un obstáculo que se pone a la convivencia entre los hombres, la línea que históricamente ha transformado la sociedad en Estado y por la que estos han desencadenado durante siglos una sucesión interminable de guerras. La RDA no tiene fronteras, es una frontera, al mismo tiempo la sacralización —sacralización de lo ya sagrado— y la caricatura de la misma. No creo excesivamente exagerado decir que todo el sistema social de la RDA está basado en el concepto de frontera, en la imperiosa necesidad de impedir el contacto entre las familias, entre los hermanos, entre los ciudadanos de una y otra Alemania. El ser de la RDA era el muro y quizás por ello todo el entramado político se ha desmoronado tan pronto como alguien ha abierto un agujero en esa enorme pared, que no era un capricho de tirano, sino la única posibilidad de subsistencia de la Alemania socialista. El muro se construyó con objeto de contener la ola de emigración que amenazaba la existencia física de la RDA, pues desde el final de la guerra se habían pasado a la República Federal alrededor de cuatro millones de alemanes, el mayor movimiento voluntario de población en la historia de Europa. Esta corriente, que se había intensificado en los primeros meses de 1961, no solo disminuía la población de la RDA, sino que la envejecía y la privaba de gran parte de su capacidad productiva, pues los que huían eran, por lo general, jóvenes y con una alta capacitación profesional. El setenta y cinco por ciento de los emigrantes eran menores de cuarenta y cinco años y solo desde 1954 habían abandonado la zona de ocupación soviética tres mil cien médicos, una quinta parte del total de los que disponía la República Democrática en la fecha de su fundación. La única forma de cortar esta sangría era cerrar la frontera a cal y canto y hay que reconocer que el muro cumplió a la perfección esta ingrata tarea. Quizás lo más aterrador de esta triste muralla sea su lógica aplastante, la perfecta ordenación a un fin determinado de un medio cuya brutalidad resultaba a todas luces evidente. Por el sencillo procedimiento de encerrar a toda su población ha podido sobrevivir durante casi treinta años un país que, por otra parte, nunca ha existido por sí mismo sino como elemento de un cierto equilibrio internacional y del sistema de potencias nacido al final de la Segunda Guerra Mundial. Lo que, sin embargo, el muro no ha podido impedir es que, al cabo de treinta años y tan pronto como la coyuntura internacional se ha mostrado propicia, esa corriente de emigración a la que tan artificialmente había puesto fin se reprodujese exactamente con los mismos caracteres que tenía en 1961 pero todavía con más fuerza, con la energía acumulada en tantos años de espera y de desesperación.

El Ratskeller de Weimar es, como el de tantas otras ciudades alemanas, un restaurante de espacios amplios, bóvedas de ladrillo visto y sólidas mesas de madera que, en conjunto, consigue transmitir la imagen de lo que es la cocina alemana, una cocina sencilla pero abundante y digna de confianza. Antes de que transcurriese la media hora con la que en un primer momento nos habían amenazado, nos hicieron entrar en el comedor y nos instalaron en unos taburetes que habían quedado vacantes en la barra. Comemos deprisa y razonablemente bien, si exceptuamos el café, literalmente intomable, pero que ingerimos como casi imprescindible colofón de la comida y como antídoto contra la venenosa somnolencia que la hora y las excelentes cervezas que hemos bebido harán correr por nuestras venas.

Ya estamos en disposición de continuar nuestro recorrido por la ciudad y lo hacemos dirigiéndonos a la Herder-kirche, a la que se llega desde la Plaza del Mercado por la Dimitroffstr. Este nombre es en los callejeros de la RDA casi tan obligatorio como el nombre del mariscal Foch en los callejeros de las ciudades francesas. Georgi Dimitroff o Dimitrow fue el político búlgaro emigrado a Berlín al que Hitler pretendió responsabilizar del incendio del Reichstag en 1933. Dimitroff hizo frente a las acusaciones nazis y consiguió no solo dar una mayor resonancia internacional a su proceso, sino también una sentencia absolutoria. Luego fue secretario general del Komintern, dirigente del partido comunista búlgaro y presidente del gobierno de su país desde 1946 hasta su muerte en 1949. La Dimitroffstr., poniendo nítidamente de relieve los violentos contrastes que en Weimar produce la superposición del sistema socialista con el llamado clasicismo alemán, nos deposita en Herderplatz, donde se encuentra la Herderkirche y el monumento al escritor que da nombre a una y a otra[11]. La iglesia de San

---

11. Johann Gottfried Herder (Mohrungen 25.8.1744-Weimar 18.12.1803). Discípulo de Kant en Königsberg, vivió en Weimar

Pedro y San Pablo debe su actual denominación al hecho de que, gracias a la mediación de Goethe, Herder fuera durante muchos años primer predicador de la misma, cargo al que unía otros de carácter civil en la administración de la ciudad. Junto con la presencia de Herder, lo más interesante de la iglesia de San Pedro y San Pablo es el maravilloso retablo, obra de los Cranach, que preside el altar mayor. El tríptico, fechado en 1555, representa una crucifixión en la que, junto a la cruz que se proyecta sobre un paisaje profundo, destaca la inmensa mancha roja del manto de San Juan. Los cuerpos laterales recogen diversas figuras orantes que constituyen otros tantos magistrales retratos —a la derecha el de Lutero y el del propio Lucas Cranach, el Viejo— y cuyas negras vestiduras enmarcan el rojo violento en torno al cual se organiza toda la estructura del cuadro. Rojo y negro, tal es la impresión básica que conservo en la memoria, consiguen un perfecto equilibrio de serenidad y dramatismo, que proporciona una gran solemnidad al cuadro y a mí me impide apartarme de su lado. Una y otra vez vuelvo para contemplar de nuevo un detalle que, al alejarme, reclama mi atención y que, en vano, pretendo memorizar. Ante la ausencia de tarjetas postales y a pesar de que las condiciones de luz no son buenas, decido hacer una fotografía para llevarme a casa, aunque solo sea la sombra de lo que he visto. El resto de la iglesia, un órgano y unos enterramientos verdaderamente notables, me pasan prácticamente desapercibidos.

---

desde 1766 hasta su muerte. Fue uno de los padres —o, quizás, el padre— del romanticismo alemán.

Lucas Cranach —quizás sería mejor decir los Cranach— es —o son— otra referencia obligada en una ciudad cuya nómina cultural puede llegar a resultar agobiante. Su casa, con la que ya nos hemos encontrado en la Plaza del Mercado, es un edificio de estilo renacentista, cuyo piso inferior dispone de una decoración sumamente original que no sé decir si me gusta. Del retablo de la Herderkirche nada puedo añadir sin caer en la reiteración. Además, el museo de pinturas del Palacio de la Residencia posee una magnífica colección de obras del que, sin duda, puede ser considerado el pintor de la Reforma. Los fondos de este museo son interesantes, aunque su calidad no sea excepcional. Además de las obras de Cranach a las que ya he hecho referencia y algunas —pocas— obras de Durero, posee una amplia colección de pintura alemana, retablos de la región de Turingia, un curioso conjunto de iconos rusos y algunas pinturas italianas y flamencas no de primera categoría. La pequeña guía que me sirve de orientación en Weimar habla también de una abundante representación de pintura alemana de los siglos XIX y XX —impresionismo, *Jugendstil* y miembros de la *Bauhaus*—, mencionando algunos pintores como Friedrich, Liebermann, Beckmann, Gropius o Klee que me interesan y cuya obra me hubiese gustado contemplar. Sin embargo, nada veo de estos autores, no solicito ninguna explicación y me conformo con la suposición de que los cuadros correspondientes a este periodo están expuestos en unas salas del segundo piso que encontramos cerradas. El edificio tiene cierto empaque y, en conjunto, el museo resultaría muy agradable si no fuese por la cantidad de grietas, humedades y desconchones que encontramos por todas partes. Paso el índice por el marco de un cuadro y queda cubierto por una espesa capa de polvo, cuya sombra no consigo hacer desaparecer con el humilde pañuelo de papel con el que intento limpiarme. Al parecer, la utilización de lignito *(Braunkohle)* en las calefacciones produce una permanente nube de polvo en suspensión que ensucia visillos y cortinas, impide el tendido de la ropa y cubre con un oscuro manto de niebla las pinturas, al menos los marcos, del museo de la ciudad. Comprendo que la conservación del patrimonio histórico-artístico es una tarea que exige mucho dinero, pero creo que quitar de vez en cuando el polvo a los cuadros es más un problema de cuidado e interés que de grandes recursos económicos. La segunda planta del edificio —o del ala norte del mismo, porque las otras no parecen visitables— conserva algunas habitaciones que no son utilizadas como recinto de exposiciones y, entre ellas, la Falkengalerie, una sala con una bonita decoración de principios del xix que solo contemplamos desde la puerta, ya que en la misma se está celebrando un concierto.

Salimos del palacio, tras atravesar su enorme y destartalado patio, por la puerta del ala sur del mismo, bordeamos hacia la izquierda el contorno del edificio, cruzamos el curso del río Ilm y, sin muchas prisas, nos encaminamos hacia la Gartenhaus de Goethe, situada en el centro del parque al que el río que lo atraviesa da nombre. La tarde ha quedado espléndida, con una preciosa luz de primavera llena de tonalidades y matices. Los árboles centenarios, las amplias praderas que bordean el curso del Ilm y, sobre todo, la dulce y brillante corriente de agua, que constituye la columna vertebral del parque, forman un conjunto que invita al caminar reposado, un entorno más adecuado para dejarse acariciar por las suaves manos de la tarde que para servir de apresurado tránsito hacia un destino más o menos sin importancia. En algún sitio leo que Weimar es en realidad un parque, en cuyo centro se encuentra situada una ciudad: desde mi actual perspectiva tal afirmación resulta exacta y mi paseo por el Ilm me descubre esta nueva faceta de la ciudad.

La Gartenhaus o pabellón de recreo de Goethe es, desde el punto de vista arquitectónico o monumental, absolutamente insignificante: una pequeña casa de dos plantas sin otros adornos que los que le proporcionan la presencia de Goethe y una situación privilegiada, desde la que se domina toda la amable extensión del parque del Ilm. Cuando llegamos al pequeño pabellón lo encontramos literalmente abarrotado y esta circunstancia, unida a nuestro cansancio de casas de hombres ilustres y a la belleza de la tarde, que priva de gran parte de su atractivo a todo lo que no sea el lento transcurrir de la tarde misma, nos lleva a echar un vistazo superficial a las habitaciones del pequeño santuario y a sentarnos a continuación en un banco del jardín que rodea la casa, interrumpiendo de momento nuestro recorrido por la ciudad.

Una familia italiana pasa a nuestro lado charlando al itálico modo, y sus voces chillonas, expresivas, gesticulantes, nos traen una brisa de luz y de alegría, casi un mensaje de casa, y con él la nítida conciencia de la distancia y de la ciudad extraña en la que nos encontramos. Un rebaño de ovejas pasta en las praderas del Ilm, intromisión del campo en la ciudad que, sin embargo, no priva al parque de su carácter cortesano, sino que, quizás por el contrario, acentúa una apariencia pastoril que hace pensar en los paisajes de la pintura rococó y, sobre todo, en la fecha, finales del XVIII, en la que el parque fue concebido. La estela que han dejado tras de sí los italianos —en el fondo un tema muy goethiano: desde aquí se comprende bien la fascinación que los países latinos han ejercido siempre sobre la cultura alemana, el significado profundo del viaje de Goethe a Italia, o el de los hermanos Mann o, incluso, el de Rilke a España—, la estela, decía, que han dejado tras de sí los italianos nos hace reír, quizás no tanto por la graciosa caricatura que de ellos mismos han representado, sino por la contagiosa alegría de vivir que a nosotros nos parece descubrir —quizás sería mejor decir reconocer— en cada uno de sus gestos insignificantes. La tarde va madurando lentamente y ganando con ello en serenidad y belleza. Pronto, sin embargo, los visitantes de la pequeña casa de recreo perturban nuestro recogimiento y, bien a nuestro pesar, decidimos ponernos otra vez en danza. Deshacemos el camino que habíamos traído desde la Residencia para dirigirnos al archivo Goethe y Schiller que —la guía nos advierte— no es accesible al público. El edificio es sobrio y digno, pero carece de atractivos especiales; por lo demás, hay que señalar que la inaccesibilidad al público no quiere decir que sus fondos solo puedan ser consultados por especialistas, sino que incluso las cancelas de acceso al jardín se encuentran cerradas como solo en este país se saben cerrar las cosas. Nuevamente decepcionados volvemos a cruzar el Ilm por la Kegelbrücke, contorneamos el ala norte del palacio y, ya puestos a caminar, decidimos atravesar la ciudad para visitar la casa de Liszt[12] en la Marienstrasse, al borde del extremo sur del parque del Ilm. También la encontramos cerrada, pero en este caso no por culpa del socialismo real imperante en el país, sino a causa de los horarios y del mero transcurso del tiempo, ya que, entre unas cosas y otras, son casi las cinco y media de la tarde. Parece que nuestra jornada turística ha llegado a su fin y por ello, ya sin prisas, iniciamos el regreso hacia el coche.

En la Schillerstrasse intentamos tomar un café, pero en el único local existente nos dicen, sin que acertemos a comprender muy bien la razón, que no nos pueden servir lo que deseamos. Paseamos un rato, vemos los escasos escaparates, comparamos precios, yo todavía hago una foto de la Theaterplatz, pero, a pesar de todo, cuando llegamos al coche todavía es pronto y se nos hace cuesta arriba la posibilidad de regresar a Erfurt y meternos en el hotel hasta la hora de la cena. Además, el llamado horario de verano nos proporciona una hora suplementaria de luz, que decidimos aprovechar sobre la marcha intentando visitar el campo de concentración de Buchenwald, que se encuentra situado en dirección a Erfurt, por lo que, aun en el peor de los casos, tampoco nos habríamos desviado gran cosa del obligado camino de regreso.

Buchenwald —el bosque de las hayas o el hayedo— es un frondoso altozano desde el que se domina la amplia llanura

---

12. Franz Liszt vivió en Weimar entre 1848 y 1861 y, posteriormente, entre 1869 y 1886. La casa de la Marienstrasse es la que ocupó en este segundo periodo de su estancia en Weimar.

que se extiende entre Weimar y Erfurt y, más al sur, las suaves ondulaciones del Thüringer Wald. De las últimas casas de la ciudad nace una carretera de pendiente acentuada y constante que conduce al monumento erigido en memoria de las víctimas y, un par de kilómetros más allá, al recinto mismo del campo de concentración, situado en la cima del monte. El paisaje une la grandeza de sus perspectivas a esa sensación de misteriosa intimidad propia de los bosques alemanes y, si pudiéramos olvidar las trágicas resonancias de este nombre, diríamos que Buchenwald es, en el silencio de la tarde, un lugar casi idílico.

Dejamos el coche en una gran explanada frente a los edificios que actualmente ocupan la dirección del centro, el servicio de información y un albergue juvenil, alrededor del cual se mueven algunos adolescentes que parecen ser los únicos ocupantes del recinto. Todo se encuentra vacío, callado, sumido en un sueño profundo, como si el tiempo fuese allí distinto y el día hubiese terminado mucho antes de la puesta del sol. El horario de visitas ha concluido, no hay nadie que nos atienda pero tampoco nadie que nos cierre el paso, por lo que, ante la ausencia de obstáculos, disponemos de la inestimable oportunidad de recorrer el campo de concentración en la más absoluta soledad, sin otra compañía, quizás, que la de la luz declinante y el aire tenso, cargado de sensualidad, de un atardecer de primavera. Un camino pequeño y en mi memoria umbrío nos conduce a una amplia calle —el llamado Camino del Diablo— que desemboca directamente en la puerta principal del campo. Antes de traspasar este umbral, nos encontramos a derecha e izquierda con sendos barracones que en su momento fueron la comandancia del centro y las oficinas de la Gestapo. Más allá, el portón de acceso, que es en realidad una pequeña edificación con un cuerpo central más alto sobre la verja de hierro y dos cuerpos laterales en los que se encontraban las celdas de castigo y las dependencias de las SS. Todo está cerrado; sin embargo, los edificios que se han conservado tienen en sus fachadas carteles explicativos que nos permiten seguir la visita con cierto detenimiento. Leemos las primeras explicaciones y, a medida que lo vamos haciendo, el silencio que nos había acogido en Buchenwald va adquiriendo una nueva calidad más íntima, densa y profunda. El silencio ya no está en el aire del atardecer sino en nosotros mismos, y de nosotros mismos va poco a poco apoderándose hasta hacernos enmudecer. Pilar y yo hablamos poco durante nuestro recorrido por el campo y mi recuerdo de esta primera visita a Buchenwald está vinculado al silencio, un silencio que es, por encima de cualquier otra cosa, un estado de ánimo, el efecto que en nosotros producía el sonido de la desolación. En esta tensa y amarga quietud restalla como un latigazo la inscripción forjada en el hierro de la verja de acceso —«Jedem das Seine» (a cada uno lo suyo)— que, viejo ideal de justicia, lema de la Orden Prusiana del Águila Negra, adquiere, en ese contexto, un significado irónicamente cruel. Tras esta verja, el antiguo recinto del campo se nos muestra como un páramo gris en el que solo resultan visibles las huellas de los antiguos barracones y las tres o cuatro edificaciones que se han mantenido en pie hasta nuestros días. No sé muy bien por qué razón esperaba encontrar el campo de concentración en la misma situación en la que se hallaba el once de abril de 1945, como si nadie, ni siquiera el tiempo, se hubiese podido atrever a poner sus manos sobre tanto dolor. Por ello, me sentí hasta cierto punto desconcertado al contemplar el estado actual del campo, aunque posteriormente comprendiera que ese yermo en el corazón del hayedo quizás resultase más expresivo que cualquier otro resto de ese trágico naufragio que fue la Alemania de la Segunda Guerra.

Pronto encontramos en la tela metálica que rodea el campo algunos agujeros que nos permiten entrar en el mismo, casi tan fácilmente como si las puertas del recinto hubiesen estado abiertas de par en par para nosotros. Gracias a esta afortunada circunstancia podemos acercarnos al crematorio, al antiguo almacén —hoy museo— y a las instalaciones de desinfección que es, junto con la cantina, todo lo que se ha conservado de las viejas construcciones. Algunas lápidas conmemorativas guardan la memoria de barracones desaparecidos, como el campo especial polaco, las instalaciones para los presos judíos o las correspondientes para los prisioneros de guerra soviéticos, el hospital de los presos o unas antiguas caballerizas que, según nos dice la leyenda explicativa, sirvieron para ejecutar por el expeditivo procedimiento del tiro en la nuca a ocho mil cuatrocientos ochenta y tres miembros del ejército soviético. En Buchenwald murieron alrededor de sesenta y cinco mil personas, cifra relativamente modesta, a pesar de su enormidad, debida al hecho de que Buchenwald no fue, en sentido estricto, campo de exterminio, sino de trabajo, con la misión específica de proporcionar mano de obra a las fábricas de armas que funcionaban en las cercanías. Todos los datos que vamos acumulando a lo largo de nuestra visita van empapando nuestra intimidad con una congoja que procuramos rumiar en solitario. Me alejo buscando nuevas perspectivas, un espacio en el que puedan desenvolverse las impresiones que hemos recibido. Cuando regreso a su lado, Pilar, con un gesto pudoroso, intenta ocultarme unas lágrimas retenidas en sus ojos. «Todo lo que les pueda suceder a los alemanes, el muro, la separación, la ocupación extranjera, todo se lo tienen bien merecido, todo se lo han ganado a pulso», me dice con una rabia apenas contenida. El comentario brota de la indignación del momento, pero plantea un problema al que de ninguna manera se puede volver la espalda. Alemania no tiene el monopolio del horror, y ahí están para demostrarlo acontecimientos tan poco edificantes como el comercio de esclavos con las colonias americanas o los exterminios estalinistas o, sin necesidad de salir de casa, las infinitas barbaridades de nuestras guerras civiles. El horror de la historia tiende a confundirse con la historia misma y, así, la hecatombe de la Segunda Guerra no sería sino un eslabón más en una cadena en la que es difícil encontrar excepciones de generosidad, dignidad o simple sentido humanitario. Pero si es cierto que Alemania no tiene el monopolio del horror, también lo es que ningún otro conflicto histórico se encuentra tan vinculado a las raíces culturales de un pueblo como el nacionalsocialismo a las del pueblo alemán; ningún otro tan unido a un modo de ser como la Segunda Guerra al modo de ser alemán, al que, por otra parte, debemos momentos culminantes de la cultura europea. Esto lo dice Thomas Mann con absoluta claridad y perfecto conocimiento de causa: «las raíces del nacionalsocialismo estaban profundamente hundidas desde hacía siglos en la cultura alemana».

Y refiriéndose al conflicto añade: «la alemanidad entera está afectada y puesta en entredicho, también lo está el espíritu alemán, el pensamiento alemán, la lengua alemana»[13]. La gran convulsión del III Reich sería, sin que esto signifique ignorar otros factores históricos ni otras responsabilidades, un fenómeno específicamente alemán, tan alemán como los poemas de Hölderlin o las novelas del propio Mann, para quien la capitulación de Alemania significó una derrota personal a la que, por otra parte, no pudo dejar de dar la bienvenida.

Sin embargo, de mi visita a Buchenwald saco la impresión de que este carácter específicamente alemán del III Reich ha sido oficialmente ignorado por la RDA. Las explicaciones que recibimos en el campo y la documentación que posteriormente manejamos refieren toda la responsabilidad de lo allí sucedido a los fascistas, lo cual, siendo verdad, supone una simplificación brutal del problema, hasta el punto, diría, de transformar en falso lo que en principio resultaba ser rigurosamente exacto. Al decir «han sido ellos» se está diciendo al mismo tiempo «no hemos sido nosotros», y de esta forma quedan la conciencia tranquila y las manos libres para seguir construyendo campos de internamiento[14]. Esta evasión del problema, esta autoexculpación, resultan,

---

13. Esta cita y la anterior están extraídas del libro de Marcel Reich-Ranicki *Thomas Mann y los suyos*, Barcelona, Tusquets, 1989, págs 73-83.

14. De hecho, Buchenwald, una vez acabada la guerra, continuó funcionando durante varios años como campo de concentración soviético.

en el corazón de Alemania y rodeados como estamos de kilómetros y kilómetros de alambradas, especialmente inquietantes. La lógica del muro es la lógica del campo de concentración que aquí habría permanecido, idéntica a sí misma, bajo la protección de una ideología en la que muchos han depositado durante años sus esperanzas de regeneración.

La existencia de dos Alemanias facilita extraordinariamente esta manera de pensar. La República Democrática puede presentarse como una sociedad radicalmente nueva, reservando para la República Federal la condición de heredera universal de la Alemania nacionalsocialista. No solo la propaganda oficial, sino también ciudadanos germanoorientales que han vivido en su propia familia las consecuencias del proceso de desnazificación me expresan su convencimiento de que este ha sido mucho más profundo en la Alemania oriental que en la occidental. Esto seguramente sea exacto en todo lo que se refiere a la depuración de responsabilidades políticas o a la persecución de antiguas militancias nacionalsocialistas. Sin embargo, tengo la impresión de que las lacras tradicionales de la sociedad alemana —el autoritarismo, el desprecio por la libertad, el sentido reverencial del poder de clara ascendencia luterana— se han conservado con mayor vigor en el invernadero de la República Democrática bajo la techumbre del dogmatismo marxista y del aislamiento internacional. Por el contrario, en estos cuarenta años la República Federal ha consolidado un sistema democrático que funciona razonablemente bien, se ha integrado en una estructura supranacional que encauza sus aspiraciones nacionales, ha generado un crecimiento económico y una pautas de consumo que absorben gran parte de la ansiedad subyacente en la sociedad alemana y, sobre todo, se ha abierto de par en par a muy diversas influencias culturales, no solo por la pasión viajera de sus ciudadanos, sino también y muy especialmente porque durante estos años ha recibido a millones de trabajadores extranjeros que han traído consigo algo más que sus penurias y sus deseos de prosperar.

La visita al campo de concentración de Buchenwald podemos darla por concluida. Antes de coger el coche para dirigirnos al monumento conmemorativo, le ofrezco a Pilar la posibilidad de volver al día siguiente para visitar el museo y asistir a la proyección de algún documental. Pilar me responde tajante que no quiere ver nada más y que no piensa regresar nunca a Buchenwald. La respuesta no deja de ser comprensible.

El elemento principal del monumento conmemorativo es un ciclópeo campanario de cincuenta y seis metros de altura que, situado en la cima de la colina, resulta visible desde varios kilómetros de distancia. El conjunto está concebido con unos criterios monumentales de claras resonancias fascistas y, considerado desde un punto de vista exclusivamente estético, resulta, a mi juicio, simplemente horrendo. Tengo que reconocer, sin embargo, que su monumentalidad y su carácter simbólico llegaron en algún momento a impresionarme, tarea en la que, sin duda, colaboraron las maravillosas perspectivas que se contemplan desde cualquier punto del mismo, un paisaje cuya solemnidad se veía subrayada por la soledad y el silencio de la tarde.

El acceso al recinto se lleva a cabo por la parte superior de una amplia avenida bordeada por estelas o bajorrelieves conmemorativos que, a modo de *via crucis* profano, van describiendo el tortuoso camino de la vida de los reclusos. La avenida desciende por la ladera del monte trazando una ligera curva hacia la derecha hasta llegar a la primera y más occidental de las fosas comunes, una enorme hondonada en forma de embudo o cono invertido, sin otra decoración que un alto muro que la rodea casi por completo. De esta primera fosa común arranca hacia el este la Avenida de las Naciones, que es, en realidad, una amplísima terraza que se abre sobre el paisaje de Turingia. A lo largo de esta avenida se levantan dieciocho pilares que sostienen otros tantos hachones de grandes dimensiones, dedicados cada uno de ellos a una nación europea, a cada una de las naciones europeas, supongo, representadas entre las víctimas de Buchenwald. Desconfío de los grandes conceptos colectivos, odio cualquier nacionalismo y me considero, creo que sinceramente, el menos patriotero de los mortales; sin embargo, tengo que decir que en la sucesión alfabética de las naciones busqué con ansiedad el nombre de España y, al verlo grabado en la piedra de uno de los pilares, sentí una profunda emoción, cuyo origen no puede estar sino en el destino de aquellos hombres que, en último término a causa de nuestra Guerra Civil, vinieron a morir en este bosque remoto y extraño, lejos de cuanto puede acompañarnos en las últimas horas, en el más terrible y definitivo de los exilios. El íntimo homenaje de mi emoción parecía exigir una equivalente manifestación sensible y quise por ello depositar un ramo de flores al pie del hachón que guarda la memoria de los españoles que murieron allí, en la cumbre del Ettersberg. Pero no pudo ser. Si hubiese sabido dónde encontrar flores, habría bajado a Weimar a por ellas, pero en Weimar no había visto ninguna floristería y, además, era ya muy tarde. Tuve la tentación de coger un pequeño ramo que honraba la memoria de las víctimas polacas y trasladarlo simplemente de sitio, pero me pareció que aquello significaba añadir una pequeña iniquidad a las muchas que allí se habían cometido y deseché rápidamente la idea. Me consolé pensando que los verdaderos destinatarios de mi ofrenda ya la habían recibido y que quizás al día siguiente encontrase en algún sitio algunas flores que me permitiesen dejar constancia de que, al menos por unos instantes, no todo había sido silencio y olvido.

La Avenida de las Naciones termina en la tercera y más grande de las fosas comunes, de la que a su vez arranca en dirección norte la pomposamente llamada Avenida de la Libertad, que en línea recta continuamente ascendente conduce a la base del campanario al que ya me he referido anteriormente. En el ascenso encontramos la Gran Plaza Solemne *(sic)* con un grupo escultórico de once figuras que proyectan sus siluetas sobre el telón de fondo de la enorme torre que domina el recinto. Las figuras, de aspecto más militante que doliente, «hablan sobre todo», según el folleto del centro, «de la inquebrantable voluntad de lucha de los antifascistas», explicación esta que, contra su voluntad manifiesta, ilumina y confirma la impresión de fascismo que inevitablemente se desprende no solo del grupo escultórico sino, en general, de todo el conjunto monumental. Si lo que por encima de cualquier otra cosa se considera digno de veneración en la historia de Buchenwald es la inquebrantable voluntad de lucha de los antifascistas, es que se tiene una sensibilidad de piedra, una concepción del mundo en la que el dolor o el sufrimiento humano nada significan; una concepción de la historia en la que el dolor ni siquiera sería, como piadosamente decía Teilhard, un accidente de la evolución, sino, mucho más cruelmente, un fenómeno despreciable ante el constante desarrollo de aquella hacia su imaginada perfección. Llegamos, por fin, a la base del campanario, desde la que se domina todo el recinto monumental y, más allá, el mar verde de la llanura de Turingia. El paisaje, a esta hora de la tarde, parece ausente, ensimismado, como si, dormido, soñase los múltiples pasos que, a lo largo de la historia, han recorrido sus caminos. Por unos instantes, llevado quizás por la magia del atardecer, me siento yo también imagen de ese sueño, caminante por esos senderos trazados en el tiempo, parte de un territorio hecho de bosques, suaves ondulaciones y siglos y siglos de una historia que ha sido capaz de iluminar el mundo, pero que todavía no ha encontrado la paz consigo misma. También yo me quedo abstraído, absorto, sumido en una meditación sin objeto en la que se agolpan inconexas la belleza de esas horas finales y las impresiones recibidas a lo largo de todo un día de especial intensidad. Me cuesta trabajo abandonar Buchenwald, como si una fuerza irresistible me impidiera apartar los ojos del abismo o como si, antes de la despedida, quisiera captar un matiz que hasta entonces me había pasado desapercibido, o memorizar un rasgo que, de otra forma, caería en el fondo insondable del olvido. Resulta difícil partir, pero ya es tarde y además es necesario dar tiempo al tiempo para que este, como el mar contra el acantilado, vaya dando forma, perfil, figura a unas imágenes que, como el sol en su plenitud, quizás resultasen demasiado luminosas para ser visibles. Conmigo me llevaba la sensación —quizás fuese mejor decir la absoluta certeza— de que Weimar ocuparía durante mucho tiempo mis pensamientos, de que Weimar era el punto, Compostela de mi imaginación, en el que concluía la peregrinación que yo, sin conocer la ruta ni el destino, había emprendido hacía ya muchos años. Con este bagaje, iniciamos el retorno a Erfurt donde, tras un par de infructuosos intentos en otros tantos restaurantes de la ciudad, terminamos nuestra jornada con una cena vulgar y pretenciosa en el comedor del hotel, único sitio donde nos admitieron.

* * *

Realmente, es una cruel ironía del destino que el campo de concentración de Buchenwald se encuentre situado en Weimar, que esta ciudad, que constituye el punto de mayor concentración de cultura alemana, haya quedado indisolublemente unida a un nombre que, como Auschwitz o Mauthausen, evoca una de las mayores tragedias de la humanidad. Este contraste violento, expresivo, perturbador, golpea inmisericorde sobre la conciencia de todo aquel que se acerca a la historia de Alemania (qué difícil ser alemán cuando el propio ser se confunde con esta historia) o que pretende comprender lo que ha sucedido en Europa durante este malhadado siglo XX que ya afronta su recta final. ¿Cómo es posible tanto horror junto a tanta cultura?; ¿cómo es posible que de un mismo tronco nazcan ramas tan diversas como la música de Bach y las cámaras de gas? Este brusco juego de luces y sombras se encuentra también en el origen de mi interés por

Alemania. En mis años de universidad, cuando en Europa comenzaban a entrar en la vida adulta las primeras generaciones nacidas tras la Segunda Guerra, todavía funcionaba con fuerza, como en parte sigue funcionando hoy, la perfecta identificación de los conceptos alemán y fascista. Sin embargo, la entonces llamada cultura progresista se alimentaba en la universidad española de bocados mejor o peor digeridos del gran menú de la cultura alemana. El santo Tomás de esta escolástica era Marx, sobre cuya doctrina giraban diversas interpretaciones derivadas de sus múltiples comentaristas o de los distintos movimientos políticos que se reconocían como marxistas. Más allá se veneraba a Hegel, a quien nadie había leído (a Marx tampoco, no nos engañemos), pero que poseía el prestigio de haber aportado los fundamentos metodológicos del pensamiento de Marx (que entonces era tanto como decir del pensamiento a secas, pues el resto era ideología) y de haber dado carta de naturaleza al concepto de dialéctica, que a ningún biempensante podía caérsele de la boca y con el que astutamente se adornaba cualquier vulgaridad para darle no solo una apariencia de profundidad, sino también una raigambre progresista. Freud era otro pilar fundamental de este edificio, y su doctrina se intentaba hacer compatible con el marxismo entonces imperante, lo cual supone, a mi juicio, una mezcla tan difícil de conseguir como la del agua y el aceite. Pero, por incongruente que resulte con el marxismo subyacente, el pensamiento de Freud contribuía a fundamentar el cambio de costumbres que, al margen de toda doctrina, se estaba produciendo entonces en España y, por consiguiente, ningún pretendido progresista podía dejarlo de lado. Manifestación de este cruce de sistemas diversos era Herbert Marcuse, un miembro menor de la Escuela de Fráncfort hoy casi olvidado pero que, en su momento, ejerció como padre espiritual de la llamada rebelión estudiantil. No sé si por él o contra él algunos llegaron a los padres mayores de Fráncfort, Horkheimer y Adorno, que, con la ayuda de Schopenhauer, intentaron sacar al marxismo de su atolladero dogmático, esfuerzo encomiable pero nada apreciado por sus alumnos que, dicho sea entre paréntesis, detenían las manifestaciones que en aquel tiempo discurrían por la Bockenheimer Landstrasse para increpar a sus maestros, pacíficos clientes del Café Laumer en el que ahora —¡las vueltas que da la vida!— coincido casi todos los días a la hora de comer con Daniel Cohn-Bendit. La atmósfera intelectual en la que transcurrieron mis años de universidad me remitía constantemente, a pesar de que muy pocos quisieran verlo así, a la cultura alemana. Pero además, mis gustos personales, con independencia de este ambiente general del que, como no podía ser menos, yo también me contagié, me hacían volver una y otra vez sobre Alemania, casi como se vuelve sobre un amor que ha despertado nuestra imaginación y al que nunca se acaba de conocer del todo. Yo entonces leía a Schopenhauer que, como dice Borges en uno de sus mejores poemas, quizás haya descifrado el universo, y a Thomas Mann y, aunque hoy lo tenga muy abandonado, a Kafka, al que, sin duda, deben mucho mis primeras letras, y a Hölderlin y Novalis, esas dos maravillas de esa maravilla que es el romanticismo alemán. Entonces descubrí también la música, reducto más puro de la belleza, en la que la producción alemana tan solo puede mover a asombro sin que sea necesario mencionar autores ni escuelas ni estilos.

Realmente parece como si una nación entera hubiese hecho un pacto con el diablo y de él manasen sin esfuerzo las notas de un *Lied* interminable. La música y la filosofía (obsérvese bien: junto con las matemáticas, quizás las dos formas más abstractas de la cultura) son ámbitos en los que Alemania ha dado las máximas pruebas de su potencia creadora sin que esto nos permita olvidar otras manifestaciones del espíritu, que a mí desgraciadamente me resultan menos familiares. La obra ingente, aunque ambigua, de la Reforma, producto típico de la mentalidad alemana y, en muchos aspectos, elemento constitutivo de dicha mentalidad, cruce de caminos en el que confluyen la luz y las tinieblas de una forma de entender el mundo, sería por sí misma suficiente para retener nuestra atención y obligarnos a reflexionar sobre las preguntas que inevitablemente plantea la cultura alemana. Pero esta reflexión se hace absolutamente inevitable si, junto con las cumbres, contemplamos los abismos, si no consideramos solo los momentos culminantes de la historia alemana, sino también los horrores que dicha historia ha producido. Quizás todo esté germinalmente contenido en la dura represión de los campesinos alemanes en 1525 pero, sin necesidad de remontarnos a fechas tan lejanas, lo cierto es que a partir de la unificación alemana a mediados del siglo XIX se pone en marcha un proceso histórico que, tras guerras sucesivas, desemboca en la más cruel de todas ellas y, lo que es aún más grave, en una de las más profundas simas morales, si no la más profunda, de la historia de la humanidad. El exterminio sistemático de judíos, los campos de concentración, las cámaras de gas y tantas y tantas otras barbaridades como trajo consigo el nacionalsocialismo, arrojan una sombra oscura sobre la historia precedente como si esta, incluidos los poemas de Heine o las lamentaciones del joven Werther o los cuentos de Hoffmann o las novelas de Theodor Fontane, no hubiese sido sino una larga preparación para las atrocidades del III Reich. No, la cultura alemana no es responsable de las barbaridades nazis, pero si realmente queremos comprender lo que sucedió en Alemania en aquellos años de dolor, tenemos que aceptar que entre Buchenwald y Weimar no existe una contradicción interna y que, nos guste o no, se trata de plantas que han crecido en un mismo suelo, a la luz del mismo sol y alimentadas por la misma lluvia.

La cultura alemana presenta algunas características que inducen a pensar que toda ella se encuentra traspasada por una profunda ansiedad. La búsqueda permanente de lo absoluto, la carencia del sentido del límite o, más aún, la pretensión de traspasar todos los límites, la tendencia al exceso formal y la falta de cualquier forma de ironía o de escepticismo son algunos de estos rasgos reveladores de una biografía compleja y atormentada, una biografía dominada por una permanente insatisfacción. La ingenua pretensión de alcanzar lo inalcanzable, unida al acentuado sentido de la intimidad del carácter alemán, ha producido obras de una espiritualidad rica y de una profundidad inigualable, pero también ha dado origen —aunque en estos casos nunca se sabe dónde está la causa y dónde el efecto— a esa sensación típicamente alemana de haber perdido el espíritu en el empeño o, para decirlo en términos fáusticos, de haber vendido el alma al diablo.

Goethe aprovecha la figura del doctor Fausto que, compuesta de materiales diversos, había arraigado hacía tiempo en el propicio suelo alemán, para dar expresión literaria a este cúmulo de inquietudes y anhelos, configurando definitivamente un arquetipo literario que posteriormente será múltiples veces reelaborado y que constituye, sin duda, una de las mayores aportaciones alemanas a la historia de la literatura. El Fausto, como en alguna medida el Don Juan con el que aquel guarda un estrecho parentesco, es el hombre al que un insaciable afán impulsa permanentemente más allá de sí mismo, el hombre que en nada encuentra paz ni descanso, pues una ansiedad sin límites le lleva siempre más allá de cualquier límite. «¿Pudo jamás ninguno de los tuyos comprender a un espíritu de hombre en su sublime anhelo?[15]», le pregunta orgulloso Fausto a Mefistófeles cuando este le ofrece el pacto diabólico. Y posteriormente añade desafiante para cerrar el trato: «¡Si alguna vez llego a reposar satisfecho en blanda cama deje yo de existir en el acto! ¡si logras lisonjearme, trapacero, con la idea de que podré yo alguna vez estar contento de mí mismo, si con el deleite puedes engañarme, sea ese para mí el último día de mi vida![16]». Adrian Leverkühn[17] consigue desentrañar los misterios de la música dodecafónica o, siguiendo la lógica del símbolo, penetrar en la intimidad de una cada vez más abstracta e inaccesible belleza, pero para ello tiene que pagar el precio

---

15. Goethe, *Fausto*, primera parte, acto único, escena V. Traducción de Rafael Cansinos-Assens. *Obras completas,* Madrid, Aguilar, 1964, vol III, pág. 1319.
16. Ver cita anterior.
17. Adrian Leverkühn es el protagonista del *Doktor Faustus*, de Thomas Mann y, quizás, el más nítido *alter ego* del autor.

de verse definitivamente apartado de la comunidad de los hombres —esta escisión entre el individuo y la sociedad es característica de la cultura alemana—, el precio de la más absoluta y dolorosa de las soledades. Esta soledad resulta nítidamente visible en el cuadro de Caspar David Friedrich *Paseante sobre el mar de niebla,* que constituye, a mi juicio, el mejor retrato que se haya hecho jamás de la complicada fisonomía de la cultura alemana: el caminante solitario, de espaldas al público, en la cumbre de la montaña, contempla por encima de las nubes un paisaje de unas perspectivas infinitas. El hombre solitario es, asimismo, el personaje central del romanticismo. El núcleo dramático de esta sensibilidad romántica es la lucha del hombre por alcanzar el absoluto, el conflicto entre su anhelo de plenitud y la imposibilidad de alcanzar dicha plenitud en nuestro necesariamente mediocre caminar sobre la tierra. Tal conflicto encuentra con frecuencia su plasmación literaria en un amor que no solo es imposible —trasposición de la imposibilidad de alcanzar la anhelada plenitud— sino que, más o menos conscientemente, se desea imposible, pues su realización sería la destrucción del ideal al que se aspira. El problema es desde su mismo planteamiento un problema radicalmente insoluble y, por ello, la respuesta romántica no puede ser otra sino la muerte o, más exactamente, el suicidio, que el romanticismo llegó a practicar —véase el caso de von Kleist[18]— como si de alguna de las bellas artes se tratara. La insatisfacción, la búsqueda de un permanente más allá, el impulso hacia

18. Heinrich von Kleist se suicidó de un tiro el 21 de noviembre de 1811 junto a la orilla del Wansee, acompañado de Henriette Vogel.

lo inalcanzable son elementos que configuran el espacio adecuado para que el escritor alemán pueda desplegar su máxima capacidad y, por ello, no es de extrañar que el romanticismo sea el movimiento literario alemán por excelencia y que la mejor literatura alemana tenga siempre, como sucede con el expresionismo, un trasfondo romántico. Sin embargo, creo que acierta Cansinos cuando en su prólogo al *Goetz von Berlichingen* de Goethe dice que el romanticismo es la expresión literaria de la Reforma («la Reforma, cuya expresión literaria será el romanticismo...»[19]), ya que es la Reforma el acontecimiento histórico que recoge todos los rasgos característicos de la cultura alemana para elaborar con ellos un cuerpo de doctrina que fijará definitivamente estos rasgos dándoles una más clara definición, un rango teórico del que hasta entonces carecían y una nueva realidad histórica, pues la Reforma, con su extraordinario despliegue de energía, supuso un cataclismo que habría de condicionar toda la evolución posterior de la nación alemana. La Reforma es el acontecimiento fundamental de la historia de Alemania, tan solo comparable al encuentro de las antiguas tribus germánicas con el Imperio Romano y, aunque en este caso además de faltarme perspectiva temporal es muy posible que me traicione el deseo, a la Segunda Guerra Mundial —o, más exactamente, al holocausto—, pues creo que la magnitud de la tragedia ha de pesar para siempre en las conciencias alemanas, constituyendo quizás el núcleo de una Contrarreforma que haga de la libertad el fundamento de una nueva convivencia y dé carácter social a lo que en

---

19. *Obras completas de Goethe*, Aguilar, Madrid, 1961, vol.III, pág. 1505.

el pensamiento de Lutero es un problema exclusivo de la conciencia. Pero cualquiera que sea la evolución posterior, lo cierto es que el romanticismo hunde sus raíces en la Reforma y que toda la cultura alemana tiene en esta no solo su fundamento más sólido, sino también su expresión más nítida. La característica ansiedad alemana se hace claramente perceptible en el pensamiento de Lutero, cuyo punto de partida es precisamente la angustia que en el entonces joven agustino causaba no solo la presencia del pecado sino, sobre todo, su incapacidad para redimirlo. Lutero pretende aplacar esta ansiedad con una vida cada vez más ascética, pero de esta forma lo único que consigue es aumentar su inquietud y, con ella, la sospecha de que el camino que sigue no conduce a ninguna parte, de que, por muchos que sean sus méritos, nunca serán suficientes para conquistar la gloria. Con esta intuición, emprende Lutero una nueva lectura de la Biblia en busca de esperanzas de salvación y de una paz que solo encontrará cuando consiga romper, con ayuda de la doctrina paulina, la vinculación existente entre la justificación y nuestro comportamiento externo. La voluntad divina no se puede comprar ni con indulgencias ni con buenas obras, pues estas, por excelentes que sean, nunca bastarán a redimir nuestra culpa, ni mucho menos podrán hacerse acreedoras a lo que solo gratuitamente nos puede ser concedido. Somos redimidos por la voluntad divina de la que la fe es signo y, por ello mismo, la fe es nuestra única posible justificación. En el pensamiento de Lutero, toda la problemática religiosa se reduce a una relación exclusiva entre el hombre y Dios, una relación que tiene un carácter estrictamente íntimo. Las obras, nuestro comportamiento, el mundo exterior en general son, desde el punto de vista religioso, absolutamente indiferentes, criterio este que si, por una parte, es capaz de tranquilizar la conciencia atormentada de Lutero, supone, por otra, abandonar a su suerte temporal el complejo entramado de la convivencia entre los hombres. El mundo de las relaciones sociales es extraño al pensamiento de la Reforma, lo que, además de consagrar el principio de obediencia —expresamente formulado por Lutero con ocasión de la sublevación de los campesinos—, dificultará sustancialmente la articulación de la sociedad alemana y la solución de su problema nacional que, durante mucho tiempo, será un problema exclusivo del espíritu.

Esta concepción espiritual de las cosas es característica de la mentalidad alemana y determinante de su evolución histórica. Mientras que España, Francia e Inglaterra llevan a cabo a finales del siglo xv y principios del xvi la gran revolución de la creación del Estado moderno, Alemania, enfrentada a similares circunstancias históricas, se consagra en esos mismos años a una revolución que no tendrá carácter político sino espiritual, a una revolución, la Reforma, que en el terreno político significará una grave perturbación en el normal desenvolvimiento de la sociedad alemana. Idéntico fenómeno se percibe a finales del siglo xviii; mientras que Francia y, en distinta medida, otros países europeos provocan el gran estallido de la revolución liberal, Alemania responde a las cuestiones del momento con otra revolución espiritual, en este caso el Romanticismo, que solo secundariamente tendrá una cierta trascendencia política, aunque en este punto resulte inevitable preguntarse cuál hubiese sido el destino de la nación alemana si el Rey de Prusia hubiese aceptado la corona constitucional que entonces le ofrecieron los parlamentarios de la *Paulskirche*. En cualquier caso, los acontecimientos históricos ponen claramente de relieve dos formas distintas de entender el mundo, dos formas radicalmente diferentes de reaccionar ante el espíritu de los tiempos.

Estas dos concepciones se hacen igualmente patentes en la polémica que enfrentó a los hermanos Mann durante la Primera Guerra Mundial y que fue el origen de una enemistad que duró muchos años. Thomas Mann publicó en 1918, cuando la guerra ya casi había terminado y él había perdido la fe en sus propios argumentos, un libro, *Consideraciones de un apolítico*[20], en el que defendía la posición alemana en lo que él creía que era —y en parte lo era— un conflicto entre dos culturas o, para utilizar los términos de la polémica, entre cultura y civilización. Thomas Mann salía en defensa de la cultura en la que él se había educado y de la que ya entonces era el máximo representante, una cultura puramente espiritual en la que, como en el pensamiento de Lutero, el mundo de las relaciones sociales carecía de lugar. Se enfrentaba así a su hermano Heinrich, que con anterioridad y en su célebre ensayo sobre Zola[21], había tomado partido por el humanismo y la democracia, ganándose a

---

20. *Betrachtungen eines Unpolitischen*. Traducción española de León Mames, Barcelona, Ediciones Grijalbo, 1978.
21. Heinrich Mann publicó su ensayo *Zola* el año 1915 en la revista *Die weissen Blätter* (Las hojas blancas) después de que su hermano Thomas publicase en noviembre de 1914 su ensayo *Gedanken im Kriege* (Pensamientos en la guerra). No conozco versión española.

pulso el calificativo de literato de la civilización —algunos dirían hoy escritor comprometido— con que su hermano menor le motejaba. El hecho de que Thomas sea un escritor incomparablemente mejor que su didáctico hermano no quiere decir que en este enfrentamiento la razón estuviese de su parte, como posteriormente él mismo reconocería con su conducta durante el nacionalsocialismo y la Segunda Guerra Mundial. Sin embargo, esta concepción asocial de la cultura o del problema religioso explica en parte el hecho de que la sociedad alemana, a pesar de que su cultura solo reconozca realidad al hombre solitario enfrentado a la divinidad o a su trasunto secular, no sea una sociedad individualista —el individualismo es en el fondo una forma, y quizás no la más insolidaria, de articular las relaciones sociales— sino gregaria, ya que en ella las relaciones sociales desaparecen sepultadas bajo un todo informe que, en principio, recibe una definición negativa —lo que no es o va más allá del individuo solitario— pero que también admite una formulación positiva, la nación o el pueblo. Este caminante solitario, modelado por el carácter fáustico de la cultura alemana y llevado de la crítica radical de los valores tradicionales, dará lugar en la filosofía de Nietzsche —tan luminosa cuando niega como torpe cuando afirma— al concepto de superhombre que, con su extraordinaria ambigüedad, ejerció una enorme influencia en el ambiente intelectual del primer tercio del siglo. Lo curioso es que con este carácter fáustico convive en la cultura alemana un profundo sentimiento de inferioridad, del que quizás este mismo concepto de superhombre no sea sino una manifestación invertida.

El tipo del alemán ingenuo y honesto que resulta o se siente engañado por una sinuosa fuerza del mal se encuentra bien documentado en la literatura y forma parte de la imagen que el alemán tiene de sí mismo. Esta fuerza podrá ser —e históricamente ha sido— Roma o Francia o el pueblo judío pero lo que nunca se le ocurrirá pensar al ingenuo héroe alemán es que, si ha sido engañado, no lo ha sido por un enemigo deseoso de su perdición sino por su propia ingenuidad. El *Goetz von Berlichingen* de Goethe resulta ejemplar en este punto. El noble Goetz, horrorizado por los excesos de los campesinos en su lucha contra los señores, acepta ponerse al frente de aquellos bajo la promesa de que obedecerán sus órdenes y pondrán fin a todos sus desmanes. Como no podía ser de otra forma, cuando Goetz asume el teórico mando, los saqueos continúan y él, incapaz de controlar la situación, se encuentra repudiado por sus iguales a los que ha traicionado y objetivamente responsable de unos hechos con los que había pretendido terminar. El final no podía ser otro sino la muerte, una muerte en cuyo origen se encuentra el sacrificio de Goetz por una finalidad que él consideraba justa. El alemán —y esta es una de sus grandes virtudes— es capaz de los más grandes sacrificios por un ideal, pero, quizás por ello, es tanto más grande su resentimiento cuando sus esfuerzos no conducen al éxito sino a un más o menos previsible desastre. En estos casos es inevitable la tentación de buscar un enemigo exterior y hacer de una presunta traición la explicación de todos los males. En las manifestaciones de los antisistema alemanes todavía se escucha el abominable pareado —*Wer hat uns verraten?*

Die Sozialdemokraten[22]— que, en su momento, pusieron conjuntamente en circulación nacionalistas y comunistas, y la teoría de la puñalada por la espalda jugó durante toda la República de Weimar un papel importante como explicación de la derrota en la Gran Guerra.

En el modo de ser de los alemanes hay algo que a los latinos siempre nos resulta naíf cuando no torpe o impertinente. A mí todavía me sorprende la forma en la que los alemanes, sin ni siquiera sospechar que su actitud pueda considerarse ofensiva, te lanzan a la cara juicios u opiniones que a nosotros nos parecerían, en el mejor de los casos, faltos de delicadeza; por su parte, los alemanes tienden a considerar nuestros circunloquios, medias palabras o corteses silencios como muestras de un comportamiento maquiavélico o incluso como elementos de una sutil intriga de la que ellos serían las víctimas inocentes. Esta apreciación concuerda plenamente con el carácter provinciano —y esto no significa ningún juicio de valor— de la cultura alemana. Alemania nunca ha tenido una auténtica capital ni una corte que sirvieran de caja de resonancia cultural y marcasen las pautas del comportamiento social. La nobleza alemana ha sido siempre una nobleza rural, encerrada en sus pequeñas posesiones y carente de verdadero interés por la política o la cultura. La nobleza cortesana que en fechas relativamente tempranas llevó a cabo en Francia, España o Inglaterra la enriquecedora fusión de ciudad y aristocracia es una clase o un grupo social prácticamente inexistente en Alemania, donde en ningún momento se llegó a producir ese proceso

22. «¿Quién nos ha traicionado? Los socialdemócratas».

de urbanización de la nobleza, ni su correspondiente incorporación a la vida cultural del país. La vida intelectual que se desarrolla en las ciudades alemanas es obra exclusiva de la burguesía, pues solo a la burguesía pertenece la vida de la ciudad. Esto resulta perceptible en todas las manifestaciones culturales alemanas rebosantes de la honradez, el amor a la obra bien hecha o el rigor luterano del buen burgués, pero carentes por completo de la más mínima dosis de ironía, escepticismo o simple aprecio de los placeres mundanos. De todo esto son perfectamente conscientes los alemanes, que constantemente dirigen sus miradas (y con demasiada frecuencia algo más que sus miradas) a Roma, Londres o París —sobre todo a París— con una mezcla de irritación, admiración y envidia provocada no solo por la magnificencia de estas ciudades y por el papel cultural que tradicionalmente han desempeñado, sino también por su capacidad para servir de aglutinante de una estructura nacional que Alemania todavía está luchando por conseguir. A mi juicio no hay duda de que en las tradicionalmente malas relaciones entre Francia y Alemania ha estado siempre presente esa ambigua fascinación que todo lo francés ha ejercido sobre Alemania (recuérdese que en la corte de Prusia se hablaba francés hasta fechas relativamente recientes) y por eso mismo pienso que el actual entendimiento entre estos dos países es no solo un logro histórico de importancia fundamental para el futuro de Europa sino, muy posiblemente, también un síntoma de que los demonios familiares germánicos, tras la convulsión de la Segunda Guerra Mundial, quizás pudieran estar empezando a desvanecerse. En la conciencia alemana siempre se han mezclado la evidencia de la propia capacidad creadora con la perturbadora sensación de que esa capacidad, hecha de voluntad de superación y espíritu de sacrificio pero, sobre todo, de un inestimable talento, nunca sería capaz de proporcionar a Alemania la grandeza política o cultural de otras naciones europeas o, lo que es peor, de que esa enorme potencia creadora había sido adquirida al precio del propio espíritu, a cambio de la posibilidad de gozar cuanto hace que la vida sea digna de ser vivida. Esta mezcla de orgullo y sentimiento de inferioridad es una combinación explosiva cuyo estallido estuvo sin duda presente en el desencadenamiento de los diversos conflictos bélicos en los que se ha visto envuelta la moderna historia alemana. Hoy ya nadie discute el hecho de que las condiciones impuestas en el Tratado de Versalles —y la forma de imponerlas— fueron desde todos los puntos de vista, político, económico, incluso psicológico, un enorme error histórico en gran parte responsable de la subida al poder del nacionalsocialismo y del posterior desarrollo de la Segunda Guerra Mundial[23]. Pero lo que ahora me interesa señalar es que si el efecto del Tratado de Versalles fue tan profundo sobre la sensibilidad alemana es porque las raíces de tal efecto se encontraban desde tiempo inmemorial insertas en lo más recóndito del alma germánica.

Esta íntima ambivalencia es el producto de una larga tradición histórica y sus primeros síntomas se confunden con

---

23. J. M. Keynes escribió en 1919 un opúsculo titulado *The economic consequences of the peace* en el que ya considera inevitable una Segunda Guerra Mundial, dada la incapacidad de Alemania para satisfacer las exigencias que se le han impuesto.

los mismos orígenes nacionales. Erich Kahler, el historiador que quizás haya puesto de relieve más nítidamente este aspecto, considera la confrontación de las tribus germánicas con el Imperio Romano como el punto de partida de la historia alemana propiamente dicha, así como uno de los acontecimientos fundamentales en la configuración de su posterior trayectoria[24]. La conquista del Imperio Romano nos ofrece el sugestivo espectáculo del vencedor que, a pesar de su victoria, no puede dejar de verse seducido por la cultura del derrotado, la imagen del triunfador que, a pesar de su fuerza, siente sobre sí, casi como un reproche, la superioridad de aquel a quien ha vencido. Esta fascinante inversión de papeles, casi consustancial a las relaciones amorosas, resulta insólita en las relaciones entre los pueblos y creo que no es erróneo afirmar que tal acontecimiento carece por completo de parangón histórico. Las tribus germánicas no destruyen el Imperio Romano, sino que, seducidas por su grandeza, procuran investirse de la misma y para ello, aunque en muchas ocasiones sea con carácter puramente nominal, mantienen las instituciones sobre las que se apoyó el prestigio político de Roma. La asimilación de las costumbres y tradiciones romanas no fue muy intensa, entre otras muchas razones porque el punto de partida cultural de las tribus germánicas no permitía grandes resultados en este terreno: baste decir al respecto que, a mediados del siglo VIII, la madre de Carlomagno tenía fama de mujer muy culta ya que sabía leer y, al parecer, también escribir. Por ello

---

24. Ver Erich Kahler, *Los alemanes*, México, Fondo de Cultura Económica, 1977, págs. 20 y ss.

resulta tanto más significativo el hecho de que el prestigio de Roma, la idea del imperio, permaneciese en el espíritu de estos pueblos constituyendo un elemento fundamental de su propia conciencia como entidad política, idea sobre la que se asienta una unidad que carecía de mayores apoyos en la realidad social del medievo. Igualmente significativo resulta el hecho de que el Imperio, tras un largo periodo de indecisión, acabase arraigando en el reino oriental de la herencia de Carlomagno, siendo olvidado en el reino occidental, que rápidamente empezaría a dar pasos importantes para su consolidación como nación en el sentido moderno del término.

A partir de la coronación de Otón I, se inicia una etapa de intensa vinculación, pero también de permanente confrontación entre el Imperio y el Papado, una confrontación llena de tensiones en la que no es difícil descubrir la prolongación de aquella que hacía ya algunos siglos había tenido lugar entre Roma y las primitivas tribus germánicas. El Emperador tiene el poder temporal, la fuerza, los ejércitos y, sin embargo, es tributario de una idea, la idea del Imperio y, a través de ella, de un Papado que, cada vez más, pretende afirmarse como poder terrenal. Las tensiones alcanzan su punto máximo con el conflicto de las investiduras cuando, tras el levantamiento de los príncipes sajones en 1073, el papa Gregorio VII niega al Emperador su derecho a nombrar a los obispos alemanes. El momento culminante de este conflicto, que duraría casi cincuenta años y en cuyo interior se desarrollaría una auténtica guerra civil entre los príncipes alemanes, fue la excomunión del emperador Enrique IV, que se vería obligado a desplazarse al castillo de Canossa y allí, a las puertas de la residencia del Papa, solicitar de rodillas durante tres largos días (las historias alemanas recogen el dato con precisión: del 25 al 27 de enero de 1077) el levantamiento de la condena eclesiástica. Canossa quedó desde ese mismo instante definitivamente incorporado a la conciencia histórica de los alemanes, que durante siglos han visto en ese rocoso paraje del norte de Italia el paisaje de su propia historia, la expresión más exacta de su injusta subordinación internacional. En 1872, Bismarck, en la contienda que durante dieciséis años le enfrentó a la Iglesia Católica y a su representante el Partido del Centro (la llamada *Kulturkampf*)[25] acuñó la expresión «nach Canossa gehen wir nicht[26]», que habla bien a las claras de la pervivencia en la memoria alemana de una herida que no sé si ha cicatrizado o llegará a cicatrizar algún día.

Esta perspectiva histórica proporciona una nueva luz a la obra de Lutero, que bien puede ser interpretada como un episodio más, quizás el último, en la larga confrontación entre el Imperio y el Papado, consideración esta que, por otra parte, contribuiría a explicar la rápida difusión de un movimiento religioso tan complejo como el de la Reforma. Lutero parece trasladar una polémica, que durante siglos se había desenvuelto en el ámbito temporal, a un terreno

---

25. El conflicto denominado *«Kulturkampf»* se desarrolló entre 1871 y 1877 y se puso de manifiesto en leyes como la que hacía obligatorio el matrimonio civil, la que establecía el control estatal de las escuelas o las que regulaban la formación y el nombramiento del clero, así como en iniciativas como la expulsión de los jesuitas.

26. «Nosotros no iremos a Canossa».

puramente espiritual, como si fuese un estratega que, con calculadora osadía, hubiese decidido atacar al enemigo allí donde nunca creía que podía ser atacado, en el punto que consideraba más inexpugnable, en el corazón mismo de su propia estructura defensiva. Lutero no prolonga el debate sobre los respectivos papeles del Imperio y del Papado, sino que, de forma mucho más radical, niega la misma institución romana reivindicando para la conciencia individual la plenitud de las atribuciones sobre las que se basaba la privilegiada posición de la Iglesia Católica. Con este giro de 180º en el planteamiento tradicional del problema, atacando al enemigo en su propio terreno, Lutero consigue una resonante victoria y con ella una merecida paz para su alma atormentada.

Sin embargo, esta rebelión contra Roma, que fue capaz de dar salida al profundo problema personal de Lutero, no parece que contribuyera en nada a la solución del problema nacional alemán, ya que la Reforma, contra lo que en aquella época estaba sucediendo en otros países europeos (¿por qué Carlos no hizo en Alemania lo que estaba haciendo en España?), acentuó la independencia política de los electores y rompió parte de los escasos vínculos existentes entre ellos. Lo que no pudo ver Lutero fue lo que con tanta claridad vio Maquiavelo, cuyo *Príncipe* es, por encima de cualquier otra cosa, una apasionada defensa del Estado nacional en el que el florentino descubre la tarea revolucionaria del momento. Si Lutero hubiese sido un reformador político, quizás hubiese podido ser el príncipe que para su patria propugnaba Maquiavelo, pero para ello tenían que haber sido otras no solo su personalidad, sino también la historia de Alemania.

La energía social desplegada por la Reforma fue extraordinaria, pero Lutero la encauzó en una dirección estrictamente religiosa y expresamente antipolítica, que dejaba la tarea de la organización del Estado abandonada en un dique seco del que a Alemania le va a resultar muy difícil salir.

Esta evolución de los acontecimientos abre una profunda brecha entre Alemania y aquellos otros países europeos que a una edad temprana consiguieron dotarse de una organización política nacional y que, con el transcurso del tiempo, llegarían a crear una estructura de potencias que daría al problema una dimensión internacional. Esta escisión da origen a una nueva fase de esa confrontación con los pueblos y culturas de su entorno que parece ser el sino profundo de la historia de Alemania. Esta, especialmente consciente a partir de las guerras napoleónicas de sus carencias políticas y de su débil situación internacional, pretende alcanzar el estatuto político de las naciones que, como Francia o Inglaterra, regían entonces el mundo y para ello, primero con una concepción puramente espiritual y posteriormente con instrumentos políticos que no excluían la guerra, busca la unidad nacional y, una vez conseguida esta, el acceso a la condición de gran potencia a la que su fuerza parecía darle derecho. La política de Bismarck no supone en este sentido ninguna novedad, pues se basa en los conceptos de Estado y relaciones internacionales que había inventado el Renacimiento y que, desgraciadamente, todavía siguen en gran parte vigentes. La trágica novedad que descubren horrorizados los combatientes de 1914 es la transformación de la concepción misma de la guerra que, si hasta el conflicto francoprusiano de 1870 había conservado ciertos rasgos caballerescos, es a partir de la Primera Guerra Mundial una vulgar y despiadada carnicería. Luego, el nacionalsocialismo llevaría esta lógica absurda al paroxismo, hasta el punto de que si la guerra había sido hasta entonces un instrumento de la política, es la política la que a partir de entonces parece tan solo un instrumento del exterminio.

Todos estos elementos tienen que ser tenidos en cuenta a efectos de comprender el verdadero carácter del nacionalismo alemán. Este no deriva de una más o menos enfermiza exaltación de lo propio sino, sobre todo, de la voluntad, de la necesidad de dotarse de una estructura nacional similar a la que otros países tienen desde el Renacimiento. El nacionalismo alemán no es chauvinista (y hablo de la anteguerra, porque en la actual mentalidad alemana es mucho más perceptible la tendencia a la autoflagelación que a la exaltación patriótica) sino un producto de esa íntima ambivalencia, de esa mezcla de sentimiento de inferioridad y conciencia de la propia capacidad creadora, que en el ámbito político tiene su manifestación práctica en la diferencia existente entre la potencia económica e industrial de Alemania y su relativamente modesta posición internacional. Esta discrepancia, no solo política sino también psicológica, es la que a partir de mediados del siglo XIX provoca continuos estallidos nacionalistas, en parte subproductos del proceso de unificación y consolidación del Estado nacional, en parte manifestaciones de una ansiedad de orígenes remotos y en gran medida independientes de las circunstancias históricas concretas. El primer nacionalismo alemán es, con todo, de carácter romántico y liberal y surge como reacción popular frente a las invasiones napoleónicas. Quizás sea de lamentar que este primer nacionalismo no fuese capaz de llevar a cabo, como se propuso, la tarea de la unidad nacional, ya que, de haber sido así, esta habría nacido hija de la revolución de 1848 y con carácter claramente constitucional y no, como posteriormente sucedió, fruto del militarismo prusiano. El Rey de Prusia, que no quiso ser monarca constitucional de una Alemania unida, tenía sin embargo la fuerza de la que carecía la Asamblea de Fráncfort y, con ella en la mano, el genio político de Bismarck pudo hacer realidad la anhelada unificación y dar de esta forma un giro definitivo a la historia de Alemania.

¿Podrían haber sido las cosas de otra manera? Borges nos dice que el tiempo es un jardín de senderos que se bifurcan hacia innumerables futuros que contienen todos los posibles desenlaces. Sin embargo, parece como si el propio tiempo fuera el que en cada caso decide qué camino han de seguir sus pasos hacia el desenlace por él mismo prefijado. Así, si atentamente seguimos sus huellas por el jardín de los senderos infinitos, podremos comprobar cómo en cada cruce de caminos indefectiblemente elige aquel que conduce a ese desastre en el que la historia parece precipitarse como en un abismo profundo e inescrutable.

La cultura alemana no es en sí misma responsable de lo sucedido, pero lo cierto es que si las circunstancias que desencadenaron la Segunda Guerra Mundial no hubiesen encontrado un terreno tan bien abonado, no habrían podido enraizar como lo hicieron o no habrían producido los frutos que en última instancia produjeron. La crisis de las democracias y el paralelo surgimiento de los regímenes totalitarios, en parte alentado por mentalidades de izquierda que aparentemente deberían haber sido los primeros garantes de la libertad, la inestabilidad política de la República de Weimar y la galopante inflación que asoló su economía, el *Krach* del año 1929, las fuertes indemnizaciones de guerra que soportó Alemania, la profunda humillación que produjo en los derrotados el Tratado de Versalles y la pervivencia de todos los factores desencadenantes de una Primera Guerra Mundial que solo terminó cuando lo hizo la Segunda, fueron semillas que cayeron en un terreno desgarrado por la ansiedad, íntimamente dividido, dolorosamente consciente de sus límites y deseoso de hacerlos saltar en mil pedazos; semillas que encontraron el suelo propicio de un país que siempre había contemplado su propia historia como una humillación permanente, de un país que, avanzado el siglo XX, todavía luchaba por establecer con precisión su territorio, definir su personalidad nacional y encontrar un hueco al sol del concierto de las naciones. (Erich Kahler lo dice expresamente: «carentes del sentido de una comunidad humana con límites y tradiciones establecidos, los alemanes carecen asimismo del sentido común que tal comunidad da a sus miembros[27]»). A todas estas cuestiones parecía dar respuesta el nacionalsocialismo, que ofrecía una esperanza de regeneración nacional y, sobre todo, un ideal con el que los alemanes, siempre deseosos de consagrarse a un ideal y dispuestos a sacrificarse por él, podían identificarse. Por ello no solo llevaron al poder a las hordas nacionalsocialistas sino que, con numerosísimas excepciones que no desvirtúan la afirmación general, se consagraron en cuerpo y alma a la

27. Obra citada, pág. 28.

revolución que estos proponían, «una revolución —lo dice Thomas Mann en sus diarios— entusiasta y apasionada, una revolución carente de ideas, opuesta a toda lógica, dirigida contra todo lo más elevado, lo más noble, lo más ético, contra la libertad, la verdad y la justicia, una revolución —concluye— sin precedentes en la historia de la humanidad». Pero Thomas Mann no lo duda, el nacionalsocialismo fue «un movimiento popular alemán que requirió un enorme derroche de energía, de fe y de entusiasmo»,[28] energía, fe y entusiasmo que, sin el contrapeso de unas dosis equivalentes de prudencia, ironía y escepticismo, condujeron a la humanidad al desastre, un desastre del que todavía estamos luchando por recuperarnos.

* **

El domingo 30 de abril amaneció sereno y luminoso. Me desperté temprano y lo primero que hice, tras unos inevitables momentos de indecisión entre el sueño y la vigilia, fue asomarme a la ventana para otear el horizonte y comprobar lo que nos podía deparar este segundo día de nuestra estancia en Turingia. La sensación que de ese primer contacto con la mañana ha quedado registrada en mi memoria es similar a la que produce un amanecer despejado tras una noche lluviosa, aunque quizás confunda esta serenidad con la soledad

---

28. Esta cita y las dos anteriores están extraídas de los diarios de Thomas Mann, concretamente de las anotaciones correspondientes al día 17 de julio de 1944. Ver Marcel Reich-Ranicki, *Thomas Mann y los suyos*, Barcelona, Tusquets, 1989, págs. 73-82.

y el silencio de una mañana de domingo en cualquier ciudad europea regida por el fin de semana y el calendario laboral. La calle estaba desierta, si exceptuamos algunos pasajeros que entraban y salían de la estación, como en la mayoría de las ciudades alemanas, uno de los núcleos fundamentales de la vida de la ciudad. Las banderas rojas alternando con las alemanas y la enorme pancarta que atravesaba la fachada de la estación me devolvieron rápidamente al lugar en el que me encontraba, rehaciendo la continuidad con las impresiones que habíamos recibido ayer y que el sueño tan solo había interrumpido brevemente.

Durante el desayuno comenzamos a hacer los planes de la jornada. En Weimar nos quedaban todavía algunas cosas que ver, pero, evidentemente, no íbamos a emplear todo el día en ellas, por lo que podríamos utilizar gran parte del mismo en conocer alguna otra ciudad de la RDA. Pilar insinuó la posibilidad de llegar hasta Halle, ciudad natal de Haendel, donde, según la *Polyglott* por la que nos orientábamos, había un interesante museo de instrumentos musicales, así como diversos edificios góticos dignos de ser visitados. La idea parecía atractiva, pero no sé por qué se me antojó excesiva la distancia y, solo por ello, abandonamos una posibilidad que siempre habría resultado mejor que la excursión que acabamos haciendo a Gera. La misma razón, unida al tamaño e importancia de la ciudad, que la hacían difícilmente abarcable en unas horas, nos hizo desechar una posible visita a Leipzig, ciudad a la que pensamos que debíamos dedicar una atención específica. Jena fue otra de las opciones que consideramos, pero de la lectura de nuestra guía sacamos la conclusión de que lo único que podíamos ver allí eran las metafísicas huellas de Fichte y Hegel, huellas a las que yo, fiel discípulo de Schopenhauer, no podía considerar de interés suficiente. Como no conseguíamos encontrar una solución plenamente satisfactoria —prueba de lo desconocida que nos resultaba la RDA, pues la solución que buscábamos era Erfurt, la ciudad en la que nos encontrábamos— decidimos posponer el problema hasta que hubiésemos terminado de visitar Weimar y entonces, sin mayores preocupaciones, dejarnos guiar tan solo por nuestro estado de ánimo y por la inspiración del momento.

Con esta no muy definida disposición, nos pusimos nuevamente en ruta para hacer por tercera vez un camino que empezaba a sernos, si no familiar, sí, al menos, no absolutamente desconocido. En Weimar mismo no paramos, sino que atravesamos la ciudad para dirigirnos directamente al Belvedere, palacio barroco perteneciente a un tipo de edificaciones cortesanas muy extendido en Alemania —el término Belvedere ha llegado a ser una denominación genérica— por el que no puedo ocultar una cierta predilección. El más importante y conocido de estos palacios es el de Viena, que siempre me ha parecido uno de los edificios más bellos de la ciudad. Sin embargo, los Belvederes alemanes son en general mucho más modestos, en consonancia con la importancia limitada de las provincianas cortes alemanas. Esta modestia les proporciona un carácter casi doméstico que, a mi juicio, no disminuye su atractivo, sino más bien al contrario, ya que aquellos compensan con encanto lo que les pueda faltar de grandeza o belleza. Estos palacios nos ofrecen conjuntos amables y acogedores que evocan no tanto la agitada vida cortesana como los pacíficos placeres de una existencia burguesa o, más aún, el distanciado retiro de una nobleza campesina. Sus frondosos jardines, sus parterres, sus, a pesar de todo, no muy grandes salones hacen surgir el deseo de una vida sin urgencias hecha de silencios, paseos solitarios o en escasa y amable compañía, lecturas sin objeto, amoroso cuidado de los libros y, si se hacen propicios, versos escritos sin afán de notoriedad ni anhelo de gloria, *vita beata* siempre presente en mi deseo, en el que convive con su contramodelo mundano en un difícil y mediocre equilibrio cuyo fundamento quizás se encuentre en la recíproca anulación de sus más agudas exigencias.

Desorientados por la falta absoluta de indicadores, nos detenemos poco antes de llegar al palacio en lo que resulta ser un cementerio soviético cuya razón de ser se me escapa por completo, ya que Turingia fue liberada por tropas norteamericanas y solo posteriormente, en julio de 1945, pasó a integrarse en la zona de ocupación del Ejército Rojo. Nada tiene aquel de especialmente relevante pero, ya que estamos allí, y retenidos quizás por las extrañas resonancias que la presencia de la Unión Soviética suscita en nuestra nacionalidad occidental, perdemos algunos minutos en recorrer sin mucha atención los senderos regularmente trazados que discurren entre los enterramientos. Llegamos por fin al Belvedere, situado en un altozano pequeño pero capaz de justificar el paisajístico nombre que lleva el conjunto. Accedemos a él por una plaza o explanada interior, flanqueada a ambos lados por sendas edificaciones no muy grandes, pero de notable belleza, mucho mejores, a mi juicio, que el palacio propiamente dicho. Uno de estos edificios laterales alberga una escuela de música para jóvenes especialmente dotados y a través de sus ventanas abiertas de par en par podemos oír los concienzudos ejercicios de un aplicado estudiante de violín, quizás una muchacha o una niña todavía lejos de la adolescencia. Siempre me ha gustado captar desde la calle cualquier manifestación de actividad interior, y para mí uno de los más reconfortantes espectáculos es el que en la oscuridad invernal ofrece al paseante el marco iluminado de una ventana, sobre todo si, como sucede con frecuencia en Holanda, la ausencia de cortinas nos permite contemplar el desarrollo de la vida doméstica, alumbrada en este caso por una acogedora sensación de intimidad. La música sonaba especialmente grata en aquel ambiente propicio, quizás carente de grandeza, pero armónico y recogido; por ello, retenidos por la belleza de la música y la paz del ambiente, nos sentamos en la escalera del edificio y nos quedamos un rato escuchando los ejercicios del joven intérprete que nunca podrá sospechar que, sin ni siquiera haber debutado, tenía ya un público atento y entusiasta.

Cuando nos levantamos no nos dirigimos directamente al palacio, sino que cogemos una alameda lateral que conduce a la acristalada estructura de la Orangerie. Este es uno de los elementos fundamentales de los conjuntos palaciegos denominados Belvederes, en los que, por encima de su finalidad estrictamente botánica, cumple la benemérita función de albergar la nostalgia del sur de sus señores centroeuropeos y conservar la memoria —quizás tan solo el deseo— del aroma, la luz y las caricias de una naturaleza más dulce y benevolente. («Kennst du das Land wo die

74

Zitronen blühen?»[29]). Si algún elemento físico es capaz de entristecer mi ánimo y hacerme sentir la añoranza de los cielos castellanos, no es el frío, sino la falta de luz; el cielo de Fráncfort, el cielo alemán en general, ni siquiera en los días más claros y despejados tiene la azul transparencia de una fría mañana madrileña, esa calidad de cristal que muchas veces nos hace contener la respiración ante el temor de que el aire se quiebre hecho añicos sobre nuestras cabezas. Los días grises, el agua en suspensión que muchas veces ni siquiera llega a ser lluvia, los anocheceres tempranos y los inviernos duros y prolongados dan su pleno sentido a esas Orangeries en las que encuentran refugio invernal no solo las plantas del sur, sino también las infinitas nostalgias de los corazones germánicos.

Pero lo que la naturaleza quita por un lado lo regala por otro. Después de visitar la Orangerie, damos un paseo por el parque —como Landschaftpark lo caracteriza nuestra guía—, que no es sino un verde tapiz sobre el que crecen árboles centenarios de troncos inabarcables y copas frondosísimas. Esta exuberancia vegetal produce en Alemania unas primaveras verdaderamente explosivas que, tras la larga travesía invernal, proporcionan una intensa sensación de retorno a la vida. Resulta difícil captar el verdadero significado espiritual o vital de la primavera sin haber vivido una temporada por estos parajes, y quizás sea esta, junto con la convivencia con el bosque —la literatura alemana es, desde muchos puntos de vista, una literatura boscosa— una de

---

29. «¿Conoces el país donde florecen los limoneros?». Es un verso del famosísimo poema de Goethe *Mignon*.

las experiencias fundamentales que podemos extraer de una prolongada estancia en este país umbrío y contradictorio. Aquí la sucesión de las estaciones es, en general, mucho más marcada que en España, lo que nos proporciona un conocimiento más íntimo de su modo de ser y de su ritmo interno al que, en gran medida, se ha de adaptar nuestra vida cotidiana.

El palacio propiamente dicho es un edificio pequeño y sin demasiado interés, compuesto por un cuerpo central sobresaliente y dos cuerpos laterales unidos con el anterior por sendos elementos de transición en forma de arco o puente. Sus fachadas —abordamos el palacio desde el parque por su parte posterior— se encuentran recubiertas con los característicos revocos rosáceos o amarillentos del barroco alemán, deslucidos en este caso por un estado de conservación que no podemos calificar de óptimo. El palacio, y en general los diversos elementos que componen el conjunto del que aquel es centro, ofrecen una imagen de abandono que, en teoría, no sienta mal a este tipo de monumentos, a los que presta un aire otoñal y melancólico que hace aún más palpable la desaparición del tiempo al que aquellos pertenecen. Sin embargo, todo posible encanto se pierde cuando el simple abandono se transforma en evidente suciedad, como sucede en el caso del Belvedere. Su no muy cuidada fachada principal se ve adornada por varios contenedores de basura roñosos y desbordantes que, de alguna forma, inclinan definitivamente la balanza, haciéndonos comprender que lo que allí vemos no es el efecto natural del tiempo que pasa, sino consecuencia del menosprecio de un tiempo que alguien puede considerar pasado, pero que sigue vivo y palpitante en cada uno de nosotros mismos. El socialismo tiene una concepción ahistórica del tiempo, basada en su fe, en la capacidad de crear, a partir de la nada revolucionaria, un hombre nuevo o una sociedad nueva. Las huellas del pasado no hay que conservarlas, porque el pasado no existe o solo existe para ser negado, ingenua conclusión que permitió —casi sería mejor decir exigió— la demolición en 1955 de la residencia de los Hohenzollern en Berlín para construir sobre sus deseadas ruinas el pretencioso y vulgar edificio del Palacio de la República. Esto, claro está, nada tiene que ver con la lucha por una sociedad más justa, sino con lo que en el colegio me enseñaron que se llamaba teología dogmática, disciplina que nunca pensé que me fuera a ser de utilidad, pero que ahora resulta capaz de arrojar alguna luz sobre el lamentable estado de conservación del patrimonio cultural alemán y sobre algunas otras cuestiones que ahora no vienen al caso. A pesar de todo, el Belvedere resulta un conjunto rebosante de dignidad y elegancia y Pilar todavía encuentra tiempo para volverse a sentar en nuestra ya silenciosa sala de música a fumar un cigarrillo, mientras yo hago unas fotografías más antes de partir.

Los enterramientos de Goethe y Schiller son los últimos objetivos que nos habíamos trazado en Weimar, y hacia allí encaminamos ahora nuestros pasos. Viniendo del Belvedere abordamos el cementerio desde el sur y junto a su límite sur dejamos aparcado el coche, en la errónea confianza de que las tumbas que buscamos no pueden encontrarse muy lejos. Entramos en el cementerio, donde no hallamos ninguna indicación que nos conduzca al punto deseado. Preguntamos y nos indican que el final de nuestra peregrinación se encuentra en una capilla pequeña al otro lado del camposanto. Nos da pereza volver a coger el coche y decidimos marchar a pie, aunque esto suponga una cierta pérdida de tiempo. Tras varias indecisiones en aquel laberinto de lápidas y cruces, divisamos una capilla pequeña con cuatro torres laterales y una central, todas ellas coronadas con cúpulas doradas en forma de bulbo, capilla que suponemos el destino de nuestros pasos. Una relativamente importante aglomeración de personas nos parece la confirmación evidente de nuestra suposición, y hacia allí nos dirigimos resueltamente. En un primer momento nos llama la atención la numerosa presencia de soldados soviéticos, pero en seguida pensamos que es domingo y, por consiguiente, natural que, extranjeros en un entorno desconocido, aprovechen los días de fiesta para visitar los lugares de interés que les pueda ofrecer un país al que, acabado su servicio militar, probablemente no regresarán nunca. La capilla es muy pequeña y el acceso a ella extraordinariamente difícil, pero bajo ningún concepto estoy dispuesto a, habiendo llegado hasta allí, dejar de visitar el *sancta sanctorum* del culto goethiano, el lugar en el que reposan los restos de Goethe y Schiller. Nos sumergimos —Pilar con menos decisión— en una corriente humana solo comparable en escala menor a las que se formaban —y supongo que se seguirán formando— los días de grandes acontecimientos a la salida del Bernabéu. Pegados los unos a los otros apenas conseguimos avanzar unos metros, pues nos encontramos con el flujo contrario de los que, habiendo cumplido su objetivo, pretenden salir de la iglesia. La pasión del Ejército Rojo por Goethe y Schiller comienza a hacérseme sospechosa, pues por grandes que hayan sido los logros educativos de la revolución, no es posible que aquellos soldados jóvenes y de evidente procedencia rural puedan poner tanto empeño en visitar las tumbas de unos escritores de los que seguramente ni siquiera han oído hablar. Madres con sus hijos pequeños, familias enteras completan un cuadro cuyo verdadero significado solo a mí me ha podido pasar desapercibido. Todo se aclara de golpe. Un impulso más fuerte o más eficaz que los anteriores me sitúa sin previo aviso frente a un pope revestido de pontifical que, según mi recuerdo confuso de aquellos breves segundos, sostenía en sus manos un icono pequeño que ofrecía a nuestra veneración. El descubrimiento de una explicación tan sencilla me produjo una indecible sensación de ridículo que, ante la estupefacción del oficiante, me hizo girar sobre mí mismo e intentar desaparecer lo más rápidamente posible, como si quisiera que nadie se diese cuenta de lo que allí había sucedido. Ya fuera, mi bochorno se transforma en casi incontenible hilaridad, a la que poco a poco también se incorpora Pilar que, muy rezagada respecto a mí, no había contemplado la escena. Luego comprobamos que nuestra guía, efectivamente, advierte de la presencia en el cementerio de la capilla ortodoxa rusa en la que se encuentra la tumba de la gran duquesa Maria Pawlowna, hija del zar Pablo I, en cuyo honor fue construida en 1862 y a la que nosotros, cegados por el brillo de Goethe y Schiller, no habíamos prestado la más mínima atención. La tumba de estos no puede sin embargo estar muy lejos. En cuanto nos hacemos otra vez cargo de la situación e intentamos orientarnos de nuevo, descubrimos que, adosada a la iglesia rusa, existe otra capilla igualmente pequeña que, esta sí, tiene todas las trazas de ser el lugar que con tanto ahínco buscamos. El mausoleo es un edificio cuadrado de una sola planta, con una linterna octogonal y un pórtico con columnas que, en vano, pretende recordar a los templos grecorromanos pero que, sin duda, concuerda mucho mejor con el clasicismo alemán que las cúpulas bulbosas a las que en un primer momento nos dirigimos. Si el exterior es de una austeridad rayana en la pobreza, el interior carece de otra decoración que no sea su solemne desnudez, tan solo alterada por sendos bustos de Goethe y Schiller situados junto a la teórica cabecera de la capilla funeraria. En el centro de la misma existe un orificio ovalado protegido por una barandilla de hierro, a través del cual se hace visible la cripta del edificio y los féretros de los escritores, situados uno junto a otro en la vertical de la linterna. El conjunto, a pesar de su sencillez —quizás por ello— no carece de cierta grandeza, aunque algo hay en él que no acaba de agradarme. En un primer momento no consigo identificar la causa de mi disgusto, aunque luego creo llegar a la conclusión de que lo que me desagrada es la misma disposición de los ataúdes, más propia de una pareja de amantes que de unos escritores a los que une tan solo la amistad y el genio literario. Al ver los féretros de Goethe y Schiller no puedo dejar de pensar en Romeo y Julieta o en Abelardo y Eloísa o en los amantes de Teruel según la relamida versión de Juan de Ávalos, asociación de ideas que produce en mí una desagradable confusión. El amor y la muerte no son esferas tan distintas y creo que la radical soledad de esta solo se puede compartir con quien se ha compartido el amor sobre la tierra. Pienso que si el puesto de Schiller tuviese que ser ocupado por alguien, tendría que haberlo sido por Christiane Vulpius, aunque lo cierto es que, tanto en un caso como en otro, la mejor solución hubiese sido un reposo sin otra compañía que la de la propia fama.

Cuando salimos de la capilla nos enfrentamos a la cuestión que no habíamos podido resolver por la mañana y que habíamos aplazado, con la esperanza de que el tiempo nos proporcionase una iluminación inesperada. La visita a Weimar podíamos darla por concluida y había llegado el momento de decidir hacia dónde encaminábamos nuestros pasos. Nada habíamos avanzado respecto a nuestras consideraciones matutinas, por lo que bien podíamos decir que nos encontrábamos en un punto muerto del que no sabíamos cómo salir. La razón por la cual acabamos decidiéndonos por Gera me resulta todavía indescifrable, aunque creo que, al final, el elemento determinante de nuestra decisión fue, por paradójico que pueda parecer, la falta de atractivos de la ciudad. Creímos que podía tener interés adentrarnos en una ciudad de la que nunca habíamos oído hablar, en la que ni la historia, ni el arte, ni la cultura jugaban un papel específico, una ciudad sin atributos especiales que por eso mismo, pensamos, podía resultar representativa de la forma de vida cotidiana en la RDA. Creo que, en el fondo, lo que hicimos fue dejarnos perder un poco, algo que se debe hacer siempre que se visita una ciudad o un país, aunque algunas veces, como en este caso, no se reciba la casi obligada recompensa de un descubrimiento inesperado.

Camino de Gera, pasamos por Jena que, desde la autopista, no es nada más que una acumulación informe de horrorosos bloques de viviendas. Cuando llegamos a nuestro destino tardamos algún tiempo en orientarnos, porque carecemos de un plano de la ciudad y, además, no encontramos en ella nada que pueda ser identificado como el centro de la misma. Al final, decidimos que este privilegio debe corresponder al lugar en el que se hallan dos grandes tribunas enfrentadas, preparadas para el desfile conmemorativo del primero de mayo que se ha de celebrar mañana. Mi recuerdo de Gera se encuentra vinculado a la decoración propia de tan señalada fecha. Las tribunas, revestidas de rojo, están presididas por un enorme cartel sin otros motivos que un inocente e igualmente rojo clavel y la fecha del primero de mayo de 1989; junto a las tribunas, un gigantesco edificio de diez plantas, en cuyas ventanas se van alternando regularmente y sin dejar huecos las banderas rojas y las de la RDA; por toda la ciudad mástiles en los que se reproduce machaconamente esta combinación de enseñas, en la que el carácter nacional de una se ve completado con el carácter ideológico de la otra. Albarda sobre albarda. Creo que jamás había visto un despliegue de banderas como este y lo menos que puedo decir al respecto es que posee el mal gusto de todo lo desproporcionado y la falta de convicción de todo lo excesivamente enfático.

Junto a las plataformas desde las que mañana será presidido el desfile del primero de mayo se encuentra el hotel Interhotel Gera en el que, antes de nada, decidimos entrar a comer, no solo porque ya empezamos a tener hambre sino, sobre todo, porque conviene solucionar el problema cuanto antes y si no lo hacemos en uno de estos hoteles estatales no sabemos muy bien dónde podríamos hacerlo. La decisión resulta plenamente acertada. Aunque, como en casi todas partes, nos hacen esperar una buena media hora, no nos importa demasiado porque, al menos, no nos han echado con cajas destempladas; el hotel, si exceptuamos algunos inevitables detalles *kitsch* de su decoración, es bueno, casi lujoso, y la comida resulta algo más que aceptable. Mientras comemos, nos llama la atención la cantidad de gente que, en oleadas sucesivas, se apea en la parada del tranvía situada frente a nuestra ventana —indudablemente estamos en el corazón de la ciudad— y cómo todos, una vez en tierra, se dirigen como hormigas hacia un punto que nos intriga, pero que no podemos identificar porque está situado fuera de nuestro campo visual. Al día siguiente, en el *Tagesschau*[30] que ya vemos en Fráncfort, nos ofrecen información sobre unos campeonatos de natación celebrados ese largo fin de semana en Gera e inmediatamente, aunque sin ningún fundamento, vinculamos esta noticia con la curiosa corriente humana, cuyo fluir habíamos contemplado el día anterior desde nuestro confortable observatorio.

Reconfortados por la comida, salimos a la calle habiendo olvidado ya la primera impresión negativa que nos ha producido la ciudad y dispuestos a descubrir todo lo que esta tenga a bien ofrecernos. Sin embargo, el desánimo va poco a poco haciendo presa de nosotros. El primer edificio que encontramos camino de la ciudad vieja es el que me conviene denominar centro cívicocultural de Gera (no consigo recordar su nombre oficial), que formalmente es

---

30. Es el informativo de las 20,30 del primer canal de la televisión alemana, ARD.

un pequeño mastodonte de características similares a las del Palacio de la República en Berlín. Por un momento me pasa por la cabeza la idea de que este edificio haya podido hacer escuela en la RDA, cosa que considero muy verosímil y que, a mi juicio de profano, constituiría una pequeña tragedia arquitectónica. Un poco más allá nos encontramos con la Plaza del Mercado, que contiene algunos edificios notables, entre los que destaca el antiguo Ayuntamiento, construido en el siglo XVI en el estilo renacentista propio de la época. En el centro de la fachada sobresale un cuerpo adosado del que arranca una torre de elevadas proporciones en la que se aloja la escalera de la casa que, a su vez, se hace perceptible desde el exterior por la forma escalonada en la que están dispuestas sus ventanas. El efecto giratorio que esta solución produce resulta muy original y da cierta gracia a un conjunto que, de otra manera, sería indudablemente digno, pero mucho más aburrido. Frente al Ayuntamiento se encuentra la Stadtapotheke, farmacia de la misma época que la casa consistorial, de la que recuerdo un magnífico ventanal en esquinazo con una riquísima decoración en madera labrada. Tras aquel, una plaza no pequeña pero sí recogida y silenciosa, en la que se conservan algunos edificios con el característico hastial alemán en forma de escalera, una plaza en la que no hay prácticamente ninguna ventana que no tenga su correspondiente bandera roja o de la RDA.

A partir de aquí, iniciamos nuestra búsqueda de la Iglesia del Salvador que, según nuestra guía, constituye un buen ejemplo del barroco alemán, estilo que en Gera tuvo cierto arraigo por influencia de la no muy lejana Dresde, cuyo *Zwinger,* obra de Mateo Daniel Poppelmann, es una de las cumbres de la historia de la arquitectura. A la iglesia llegamos después de recorrer varias calles tristes y no ya solitarias, sino con la desoladora apariencia de haber sido abandonadas. La fachada principal del Salvador está dominada por una elegante escalera de doble ala que salva el fuerte desnivel sobre el que está construido el templo y sirve de acceso al mismo. La escalinata y la diferencia de altura entre el pie y la cabecera de la iglesia hacen que esta parezca reposar sobre un basamento especialmente concebido para resaltar su armoniosa silueta. Subimos hasta el portal, pero lo encontramos cerrado. En una de las alas de la puerta descubrimos una nota que nos dice que si queremos visitar la iglesia podemos pedir las llaves en casa del pastor cuya dirección nos proporciona. Como es justo la casa de enfrente me decido a probar fortuna (imposible no recordar la visita a la iglesia de St. Vennec en Bretaña) y hacia allí encamino mis pasos mientras Pilar queda a la espera del resultado de mis gestiones. Llamo al timbre, pero tardan en abrirme. Durante la espera me contemplo a mí mismo y me encuentro absurdo y ridículo. ¿Qué hago yo en una ciudad de la que hasta hace unas horas ni siquiera había oído hablar, plantado a la puerta de la casa de un pastor evangélico al que probablemente voy a sacar de su letargo dominical con la única y no muy justificada pretensión de ver una iglesia, quizás de mérito, pero ante la que muy bien podría pasar de largo? A pesar de todo, creo saber lo que estoy haciendo y pienso por ello que esa fugaz sensación es tan solo una manifestación más de la profunda impresión de extranjería que nos produce encontrarnos en un ambiente desconocido y poco acogedor, en un paisaje urbano radicalmente distinto a aquel en el que habitualmente nos desenvolvemos y en un entorno social del que se nos escapan —y quizás esto sea lo más incómodo— incluso las más elementales normas de funcionamiento. Cuando por fin me abren, me explican que el pastor no está y que, si quiero, puedo preguntar en una casa situada en la misma calle dos portales más arriba, donde quizás haya dejado la llave. Ya que he llegado hasta allí decido quemar el último cartucho y me dirijo, aunque muy desganadamente, a la dirección que me han indicado. Aquí me encuentro con carteles portadores de mensajes teológicos, hojas más o menos volanderas con piadosos llamamientos a una paz universal y numerosos anuncios relativos a las diversas fiestas litúrgicas del mes de mayo, los cuales me llevan a la no muy difícil deducción de que la puerta a la que llamo corresponde a lo que bien podríamos traducir por un centro parroquial. Nadie me contesta ni yo percibo ningún síntoma de movimiento, por lo que pienso que ha llegado el momento de iniciar la retirada e intentar salvar lo mucho que todavía nos queda de tarde. Rindo novedades a Pilar y, dado que la guía no nos ofrece otras sugerencias, las calles están prácticamente vacías y nada hemos visto en nuestro paseo capaz de retenernos en Gera, le insinúo la posibilidad de regresar a Erfurt y aprovechar las últimas horas de la tarde visitando la ciudad. A Pilar le parece bien la idea e iniciamos el camino hacia el coche, siempre despacio y atentos a cualquier cosa que pueda merecer la pena. Pero no encontramos nada. Si en los países occidentales se ha producido una cierta homogeneización y allá por donde vamos nos encontramos con las mismas tiendas, similar arquitectura, idénticos automóviles y muy parecidos espectáculos, en los países del este se ha llegado a la uniformidad del producto único, un producto, además, tosco, gris y cochambrosamente utilitario, cuyo ejemplo paradigmático podría ser el popular Trabant. Así, si hacemos abstracción de los edificios de carácter histórico, nada encontramos en Gera que no sea perfectamente intercambiable con lo que hayamos podido ver en Weimar, Erfurt, Berlín o lo que, en viajes posteriores, podamos ver en Dresde o Leipzig. Ya en Fráncfort, leo en el siempre socorrido *Brockhaus*[31] que Gera sufrió en el año 1780 un devastador incendio, tras el cual solo algunos edificios históricos fueron reconstruidos, circunstancia esta que explica en parte la actual configuración de una ciudad que pronto dejamos atrás sin grandes remordimientos de conciencia.

El camino es corto y cuando llegamos a Erfurt el sol todavía está muy alto. Erfurt, digámoslo inmediatamente, es una ciudad que parece construida por el tiempo para servirle de morada, una ciudad en la que habitan los siglos, una ciudad en la que el poso de los años se hace claramente perceptible en cada una de sus múltiples encrucijadas. Erfurt ha sido desde la más temprana Edad Media un importante centro religioso y cultural. La ciudad bien puede ser considerada la cuna de la Reforma, pues en ella pasó Lutero los años fundamentales de su formación espiritual. En la universidad de Erfurt hizo el reformador su doctorado en filosofía y posteriormente, por voluntad paterna,

---

31. El *Brockhaus* es un famosísimo diccionario enciclopédico equivalente a nuestro Espasa.

los primeros estudios de Derecho. En 1505, tras una tormenta en Stotternheim que la historia hace coincidir con la revelación de su vocación religiosa, ingresa Lutero en el convento de agustinos eremitas de la ciudad, donde se ordena sacerdote y donde pasa tres años de silencio en los que se acumula toda su energía creadora y se fraguan las ideas fundamentales de su posterior pensamiento religioso. Cuando Lutero decide ingresar en el convento, la ciudad le ofrece ocho posibilidades distintas, entre ellas el convento de los dominicos en el que, a principios del siglo XIV, había ejercido su magisterio como provincial de la orden Meister Eckhart, uno de los primeros filósofos alemanes y quizás el más claro antecedente del pensamiento de Hegel. Sobre esta pluralidad de edificios religiosos que todavía hoy impregnan el carácter de la ciudad, se yergue la imponente mole de la catedral, cuya construcción comenzó en 1154 —el obispado de Erfurt data del año 742— y que con la inmediata Severinkirche forma uno de los conjuntos arquitectónicos más interesantes de Alemania.

La universidad ha sido otro de los núcleos fundamentales de la vida espiritual de Erfurt. Fue fundada en la muy temprana fecha de 1392, cuando en lo que actualmente es Alemania tan solo existían las universidades de Heidelberg y Colonia. (Las primeras universidades alemanas son, sin embargo, Praga y Viena, que fueron fundadas respectivamente en 1348 y 1365). La universidad de Erfurt alcanza su apogeo a principios del siglo XVI, cuando se transforma en el centro del humanismo alemán, un humanismo que rompe con las raíces cristianas de sus predecesores y sienta las bases de un liberalismo religioso de importancia fundamental en la configuración del ambiente intelectual en el que se desarrollaría la Reforma. La universidad —en esto insiste la literatura oficial— no fue fundada, como la mayoría de sus contemporáneas, por el clero o la nobleza, sino por la emprendedora burguesía local. Esto nos habla de otra característica fundamental de la ciudad. Erfurt no solo fue un núcleo religioso y cultural de primer orden, sino también un importante enclave comercial situado en el centro de una de las rutas mercantiles más importantes del medievo, a mitad de camino entre Leipzig y Fráncfort, dos ciudades que todavía hoy conservan en plena actividad su centenaria tradición ferial. Erfurt era asimismo una estación obligada en la comunicación entre Hamburgo y Hannover y las ciudades del sur de Alemania, lo que hacía que la ciudad fuese el punto de intersección de la cruz por la que discurría gran parte del tráfico mercantil alemán de la Edad Media. El comercio hizo surgir una próspera burguesía sobre la que se asentó la importante posición política que durante mucho tiempo tuvo la ciudad. Este doble carácter, místico y burgués, religioso y mercantil, constituye quizás el rasgo más claramente definitorio de la compleja personalidad de Erfurt, personalidad que se hace visible en la configuración física de la ciudad. Aunque esto pueda significar una simplificación abusiva de lo que es sobre todo una historia viva y llena de matices, bien podemos decir que Erfurt tiene dos núcleos fundamentales: por una parte, el conjunto gótico de la colina de la catedral, en el que idealmente confluyen las iglesias, conventos y acontecimientos religiosos en los que tanto abundan las crónicas locales; por otra, el Fischmarkt y esa arteria siempre palpitante que es el Anger, que, con su bellísima galería de edificios renacentistas y barrocos, nos habla de una floreciente actividad civil, de un pujante desarrollo comercial, de una vida mundana que en Erfurt se entrelaza permanentemente con la vida del espíritu.

Después de pasar un momento por nuestra habitación, iniciamos el recorrido de la ciudad. La Bahnhofstrasse nos produce una impresión mucho mejor que la que nos había producido la otra noche, quizás porque la luz del día le da un poco de animación y nos permite ver algunos edificios de gran dignidad que en nuestro anterior paseo habían quedado ocultos tras una oscuridad contra la que nada podían media docena de bombillas cuarteleras. Pronto llegamos al Yuri Gagarin Ring, amplia avenida con pretensiones de modernidad del que, para ahorrarme engorrosas descripciones, solo diré que constituye uno de los logros fundamentales del nuevo plan de urbanización municipal. El nombre de la calle, sin embargo, me resulta agradable porque, aunque nada tiene que ver con el espíritu de la ciudad (¿qué diríamos si la madrileña calle de Atocha hubiese pasado a llamarse calle Alan B. Shepard?[32]), sí tiene la virtud de dar nueva vida a mi heterogéneo panteón de héroes infantiles y hacerme recordar los primeros síntomas de mi *periodicomanía* cuando el *Ya*, el *ABC* o, los lunes, la *Hoja* —ahí se acaba el repertorio o, al menos, el repertorio de la mañana— llenaban sus titulares con las hazañas del primer cosmonauta soviético. A partir de este punto, la Bahnhofstrasse se hace más amplia y casi peatonal, pues por ella solo

---

32. Si Yuri Gagarin fue el primer cosmonauta soviético, Alan B. Shepard fue el primer astronauta americano.

circulan tranvías. La proximidad del Anger se hace sentir en el ambiente en forma de una creciente animación, que alcanza su plenitud cuando desembocamos en esta auténtica columna vertebral de la ciudad. Aunque quizás el camino más corto hubiese sido continuar de frente, al llegar al Anger, en la esquina del precioso edificio renacentista del Angermuseum, torcemos hacia la derecha en dirección este, buscando la fábrica del —o de la, si respetamos el género alemán— Krämerbrücke. Pasamos por delante del edificio de la oficina principal de correos y bordeamos la Kaufmannskirche, donde contrajeron matrimonio los padres de Juan Sebastián Bach; luego, un poco a ciegas pues el plano que llevamos es muy rudimentario, nos adentramos por unas callejas solitarias y en lamentable estado de conservación, que nos hacen comprender que no hemos elegido el camino más adecuado para alcanzar nuestro destino. Sin embargo, tras alguna que otra vacilación, conseguimos llegar al Krämerbrücke que, domingo y tarde avanzada, no tiene otra compañía que la que desde hace siglos le proporciona el rumoroso caudal del río Gera. El Krämerbrücke o puente de los mercaderes fue construido en 1325 en sustitución de otro de madera que existía en el mismo lugar al menos desde 1117. Ambos lados del puente fueron ocupados por pequeñas edificaciones tradicionalmente utilizadas como tiendas por los comerciantes de la ciudad. Así, si contemplamos la fábrica desde el exterior, observaremos que más que un puente parece un edificio construido sobre unos pilares que le permitirían sobrevolar el humilde cauce del Gera. El interior del puente sigue estando ocupado, como en la Edad Media, por pequeños negocios, entre ellos la tienda de música —*Der Musikfreund*[33] es su nombre— de Suzanne, con la que posteriormente trabaríamos una buena amistad. Las construcciones responden al modelo de la *Fachwerkhaus* —casas con paredes entramadas de madera—, uno de los tipos arquitectónicos más característicos de Alemania, que en este caso, además, produce un efecto especialmente bello, pues en realidad parece como si los ojos del puente no fuesen sino un elemento más en la enorme retícula de argamasa y madera, como si el río hubiese horadado el cuerpo del edificio dejando al desnudo la estructura sobre la que se sostiene. Pasamos por debajo del puente y desde la orilla del río me entretengo en hacer unas fotografías aprovechando la matizada luz del atardecer. El ambiente es tan perfecto que, a pesar del silencio de la tarde, resulta fácil percibir el bullicio mercantil que constituye el aliento vital del Krämerbrücke, ese tráfico continuo de terciopelos, lanas, sedas, azafrán o pimienta, especias aromáticas, harina, cera, miel o glasto —el producto más característico del comercio de Erfurt—, ese tráfico cotidiano sobre el que se asienta una tradición de la que nos hacen misteriosamente partícipes esas horas silenciosas que preceden al anochecer, el cadencioso discurrir del río Gera y la belleza de un entorno en el que todo parece dispuesto por el inmenso caudal de tiempo que allí se ha depositado.

El Krämerbrücke fue nuestra primera gran sorpresa en Erfurt o, quizás fuera más exacto decir, en este primer viaje a la RDA. A partir de este momento, sin embargo, los descubrimientos se sucedieron uno tras otro como si, inesperadamente,

33. El amigo de la música.

hubiésemos encontrado un filón inagotable del que continuamente extraemos nuevos matices, cada vez más brillantes, de la historia de la ciudad. Erfurt es, tanto por su belleza como por la forma en que se nos manifiesta, una auténtica revelación, una súbita aparición cuyo fulgor llena nuestro ánimo de un entusiasmo desbordante, un entusiasmo, todo hay que decirlo, que quizás no se hubiese producido, o se hubiese producido en tono menor, si hubiésemos sabido lo que allí nos estaba esperando. Lo cierto es, sin embargo, que a pesar de este aviso para caminantes con el que posiblemente pretenda conjurar una posible y futura decepción personal, Erfurt me deslumbra y, como si de una nueva amante se tratara, me hace sentir no solo el encanto de su belleza, sino también la emoción confusa y sutil de todo primer encuentro.

Desde el Krämerbrücke —apenas doscientos metros— nos dirigimos al Fischmarkt, quizás el núcleo fundamental de la vida de la ciudad. El Fischmarkt —mercado del pescado— es una plaza rectangular y de amplias proporciones, cuyos laterales se encuentran ocupados por diversos edificios renacentistas y barrocos, todos de gran calidad y algunos verdaderamente magníficos. Posiblemente sea el edificio neogótico del ayuntamiento, situado en la fachada este de la plaza, el menos interesante de todos, pero en ningún caso podemos decir que desentone del conjunto, aunque en semejante compañía se le note mucho su carácter relativamente moderno y su evidente pretensión de antigüedad. Los dos mejores edificios de la plaza son los llamados Zum Breiten Herd[34] al norte

---

34. «El amplio hogar».

y Zum Roten Ochsen[35] al oeste, ambos de estilo renacentista, similares características formales e, incluso, parecidas, si no idénticas dimensiones. Las fachadas tanto de uno como de otro están compuestas por tres niveles principales y dos bajocubierta, ocultos estos tras un frontón en forma de escalera que a primera vista produce la impresión de que, como tantas veces sucede en Alemania, es el hastial del edificio lo que se ofrece a la contemplación de los paseantes. Los límites entre los distintos niveles están subrayados por unos frisos longitudinales ricamente ornamentados, decoración que, en algún caso, tiene un claro carácter alegórico. Frente a tantas similitudes, las diferencias son relativamente escasas y, dignas de mención, tan solo encuentro la mayor riqueza ornamental del edificio llamado Zum Breiten Herd, el enorme portalón del Zum Roten Ochsen que determina la composición de su planta baja y el distinto revoco de sus fachadas que, como si se hubiese querido afirmar expresamente la distinta personalidad de cada uno de ellos, es ocre en el primero y amarillo muy claro, casi crema, en el segundo.

Junto a la puerta del Zum Roten Ochsen veo un enorme letrero en hierro forjado que dice «Galerie am Fischmarkt». La posibilidad de visitar una exposición de arte germanooriental me interesa vivamente, pero era tarde y cuando llego a la galería están ya cerrando. Un chico joven con aspecto que a final de los años sesenta hubiésemos denominado «progre» despide en funciones de cancerbero a una señora mayor, casi una anciana, a la que con tono benevolente e irónico desea —mañana es primero de mayo— «Schönen

---

35. «El buey rojo».

Feiertag…» para después añadir de forma regocijadamente imperativa «… und demonstrieren Sie richtig[36]». El comentario, de trazos negros como corresponde a todo verdadero rasgo de humor, me hace gracia y me obliga a reflexionar. La imagen de la anciana manifestándose resulta suficientemente divertida, pero todavía lo es más concebir la simple posibilidad de que la buena señora, con dos guerras y más de cincuenta años de dictadura a sus espaldas, pueda manifestarse de forma incorrecta. Sin embargo, lo más divertido y, al mismo tiempo, lo más serio de todo es la elegante y desvergonzada sencillez con la que el comentario del que yo supongo encargado de la galería pone de relieve los rasgos más grotescos del sistema político imperante en la RDA. Una broma como la que acabo de presenciar solo es posible cuando entre gobernantes y gobernados existe una gran distancia, cuando entre ellos se ha abierto un abismo que ni siquiera el puente del temor es capaz de franquear. El desmoronamiento del sistema se me hace evidente con una claridad que no me podrían proporcionar los más profundos estudios económicos ni los más sesudos análisis políticos. Las piezas de un enorme rompecabezas parecen encajar súbitamente y comprendo que, con independencia de la firmeza con la que, incluso contra la Unión Soviética, el régimen defiende su ortodoxia, este se encuentra definitivamente acabado, lo que sin embargo no significa

36. «Buen día de fiesta… y manifiéstese Vd. correctamente». Mantengo la traducción que entonces hice sobre la marcha, aunque la expresión pueda tener pluralidad de sentidos, ninguno de los cuales contradice la idea básica contenida en mi traducción espontánea.

que, amparado en la política de bloques, protegido por la especial situación internacional de la RDA y apuntalado por las complejidades del llamado problema alemán, no pueda aún subsistir muchos años.

* * *

El sistema político y económico de los países del este tiene en la mayoría de ellos un carácter absolutamente artificial, como prueban los sucesivos levantamientos que solo con la fuerza —y con la fuerza soviética— pudieron ser sometidos. Hungría, Polonia, Checoslovaquia y, por supuesto, Alemania tienen una tradición cultural, una experiencia política y una historia económica sumamente complejas y, por ello, en gran parte incompatibles con un sistema que tras una elaboración racional muy profunda tan solo puede ofrecer —quizás porque es una elaboración racional y la razón, incapaz de captar la infinita complejidad de la vida, tiene una brutal tendencia a la simplificación— soluciones sumamente primitivas, fórmulas sociales extraordinariamente rudimentarias, planteamientos políticos que por su tosquedad y falta de flexibilidad difícilmente pueden sobrevivir en ninguna parte, y menos en sociedades tan cargadas de historia y tan llenas de matices como son las sociedades centroeuropeas.

Polonia y Hungría ya han dado pasos sustanciales hacia la liberalización del sistema y Checoslovaquia (recuérdese que cuando Klement Gottwald y su gente suben al poder en 1948 Checoslovaquia tenía la renta per cápita más alta del mundo) podría hacerlo en cualquier momento dependiendo tan solo de la articulación interna de los movimientos de oposición, en gran parte sometidos todavía a los efectos de la «normalización» que siguió a la llamada primavera de Praga. Sin embargo, la posible evolución de la RDA resulta mucho más complicada, ya que en este caso a los problemas políticos y económicos se une el problema nacional que, sin duda, es más difícil de solucionar que los anteriores. Desde ningún punto de vista parece pensable una Alemania Democrática democrática (perdóneseme el fácil recurso) independiente de la actual República Federal, por lo que la liberalización de la RDA obligaría a plantearse la espinosa tarea de la reunificación o lo que desde hace tiempo, con antiguas y complejas resonancias, viene denominándose la cuestión alemana.

A su vez —y los problemas empiezan a encadenarse de acuerdo con el conocido símil del puñado de cerezas— la reunificación alemana traería consigo una nueva configuración del orden internacional en la que el sistema de bloques, tan brutal pero tan eficaz para el mantenimiento de un determinado *statu quo,* habría dejado de ser operativo; un nuevo orden internacional en el que sería necesario reconsiderar el papel y la formación de las alianzas militares, punto este en el que, casi con toda seguridad, la Unión Soviética exigiría, al menos, la absoluta neutralidad de la Alemania reunificada, neutralidad difícilmente aceptable para los Estados Unidos; un orden internacional, al cabo, en el que la Unión Soviética tendría que ver y consentir cómo los países que Churchill y Roosevelt cedieron a Stalin en Yalta pasaban a integrarse en mayor o menor medida en el ámbito occidental, quedando ella limitada a sus actuales fronteras políticas.

Y quizás ni siquiera eso, porque una actitud generosa de la Unión Soviética respecto al problema alemán podría estimular las tendencias independentistas de muchas repúblicas federadas, introduciendo un germen de disolución de la propia estructura interna. La mezcla de las reivindicaciones nacionales con los problemas políticos y económicos a los que pretende hacer frente la perestroika de Gorbachov podría conducir, como de hecho está conduciendo en Yugoslavia, a situaciones verdaderamente explosivas, a tensiones que quizás solo se podrían controlar con un difícil retorno a los rigores extremos de la dictadura soviética que, aun en el supuesto de que fuera posible, tendría a medio y a largo plazo consecuencias absolutamente imprevisibles. No creo que la desestabilización política de la Unión Soviética contribuyera en nada a la deseable democratización del país (no me parece aplicable el aforismo comunista de «cuanto peor, mejor») sino que, a mi juicio, conduciría a un callejón sin salida que sería fatal para el país y que, al mismo tiempo, plantearía graves problemas en todo el mundo.

Por otra parte, tampoco está claro que a los países occidentales les interese lo más mínimo la reunificación alemana. Creo que fue Giulio Andreotti quien, de forma ingeniosa pero frívola, dijo aquello de que «amo tanto a Alemania que prefiero que haya dos». Evidentemente, la posible reunificación alemana podría hacer resucitar el problema de sus fronteras orientales, al que Polonia es especialmente sensible, pero que afecta de forma sustancial al orden surgido tras la Segunda Guerra Mundial. Además, la unión de las dos Alemanias haría surgir, si la República Federal no lo es ya bastante, una gran potencia centroeuropea que, roto el sistema de bloques, atraería a su ámbito de influencia a los países hasta ahora dependientes de la Unión Soviética y rompería el equilibrio, artificial pero no por ello menos efectivo, actualmente existente en Europa que, justo ahora, parece querer empezar a dar pasos hacia la unidad política. Esta perspectiva no puede entusiasmar ni a Francia ni a Gran Bretaña, que son las grandes beneficiarias del *statu quo* actual, pero lo cierto es que, con independencia de los intereses de estos dos países, la reunificación alemana desplazaría hacia oriente el centro de gravedad europeo, lo que si, por una parte, agranda y enriquece el concepto de Europa, deja, por otra, a los países mediterráneos en una situación relativamente marginal, no ya respecto a los centros de decisión política sino, sobre todo, respecto a los centros de intercambio comercial.

Sin embargo, todos estos problemas de carácter político o económico, con ser importantes, no lo serían tanto si no se encontrasen psicológicamente reforzados por lo que, sin duda, constituye la clave de las reticencias europeas frente a cualquier eventual reunificación alemana. La posibilidad de una Alemania unida y sin las trabas políticas impuestas tras la Segunda Guerra Mundial provoca recelos en la mayoría de los países europeos —especialmente en Polonia—, reacciones atemorizadas que, si repasamos la historia alemana a partir de Bismarck, no pueden dejar de considerarse justificadas. Aunque quizás sea pertinente recordar ahora las invasiones napoleónicas que tanto contribuyeron a configurar el sentimiento nacional —incluso el nacionalismo— alemán, o las pretensiones territoriales de Stalin que, plasmadas en el tratado firmado el 23 de agosto de 1939 por Ribbentrop y Molotov, dieron alas a los proyectos de Hitler, lo cierto es que ambos fenómenos y otros muchos que se podrían traer a colación, son de naturaleza distinta y poco o nada tienen que ver con el expansionismo alemán que, justa o injustamente, ha llegado a identificarse como el *leitmotiv* eternamente recurrente de la política exterior alemana. No podemos olvidar, además, que tal expansionismo se ve políticamente alentado por la dispersión física de núcleos de población de cultura alemana —piénsese que Königsberg, la patria de Kant, pertenece hoy en día con el nombre de Kaliningrad a la Unión Soviética, Polonia por medio— y, sobre todo, por la inexistencia en estos países centroeuropeos de unas fronteras históricamente consolidadas, fenómeno este que en gran parte se debe a la tardía aparición o, más radicalmente, a la inexistencia de lo que en España, Francia o Gran Bretaña han sido los Estados nacionales. Prusia Oriental, Silesia o los Sudetes (mi primera estancia en Alemania fue en casa de una familia que había llegado a Aschaffenburg después de la guerra procedente de Karlsbad o, en la actualidad, Karlovy Vary) han sido en algún momento de su historia territorios alemanes y nadie puede excluir la posibilidad de que algún político irresponsable —Theo Weigel, presidente de la CSU bávara y ministro Federal de Finanzas, lo haría inmediatamente, aunque fue rápidamente acallado— vuelva a reivindicar la soberanía sobre todos aquellos territorios que alguna vez han sido parte del imperio alemán. Así las cosas, no es de extrañar que, sobre todo los países más directamente afectados, vean en la posible reunificación alemana el principio de un nuevo expansionismo, la resurrección de todos los fantasmas que parecían haber quedado conjurados con la división física del *Reich*.

La historia justifica los temores; sin embargo, lo que ahora hay que plantearse es si esos temores siguen siendo justificados. La pregunta es de tan difícil respuesta como obligado planteamiento. Ya he expresado anteriormente mi convencimiento de que el nacionalsocialismo (una revolución alemana según Thomas Mann) y la Segunda Guerra Mundial son acontecimientos absolutamente capitales en la historia de Alemania, quizás tan solo equiparables en trascendencia a la revolución espiritual de la Reforma y al encuentro de las tribus germánicas con el Imperio Romano. La trágica experiencia del holocausto y del Tercer Reich, en la que desembocan siglos de una biografía atormentada, constituye uno de esos terremotos del alma capaces de conmover hasta lo más profundo la conciencia colectiva de un pueblo y creo que bajo ningún concepto pueden utilizarse en la actualidad las categorías aplicables a la Alemania de los años treinta como si, mientras tanto, nada hubiese sucedido. El final de la guerra fue como el despertar de una pesadilla que, sin embargo, no trajera consigo el alivio, sino la pavorosa constatación de que la realidad supera con creces todo cuanto hubiésemos podido soñar, un despertar que, pasado el estupor inicial, obligó al pueblo alemán a llevar a cabo una descarnada reflexión sobre las raíces del desastre y, muy especialmente, sobre aquellos elementos de la propia manera de ser que hicieron posible esa brutal recaída en la barbarie. Si al final de la Primera Guerra Mundial el sentimiento dominante en Alemania era el de una injusta humillación, al final de la Segunda abrumaba la conciencia de los alemanes la idea de la propia responsabilidad, la sensación de una culpabilidad que no podía ser compartida por nadie y que era necesario asumir en su integridad si se quería evitar la repetición de la catástrofe. Desde entonces, Alemania vive bajo un inmenso complejo de culpabilidad, que en gran medida ha sido oficialmente fomentado como uno de los instrumentos fundamentales de la vía germanooccidental hacia la desnazificación. La situación me parece justo la contraria de la que creo detectar en la RDA. Aquí, como ya he señalado anteriormente, se soluciona tan complicado expediente mediante el sencillo procedimiento de considerar que la responsabilidad por el nacionalsocialismo corresponde a los nacionalsocialistas y que, por consiguiente, el estigma de la culpabilidad para nada afecta al pueblo alemán, ni mucho menos a sus numerosos luchadores antifascistas. Sin embargo, en la República Federal Alemana se asume sin reservas la historia de Alemania y se acepta —no precisamente a beneficio de inventario— la gravosa herencia del nacionalsocialismo, con la infinita carga de culpabilidad que tal aceptación lleva consigo. Jamás he oído en Alemania una sola queja por la división del país, ni por la, en otras circunstancias, humillante ocupación extranjera, ni por la pavorosa destrucción de sus ciudades que, ya al final de la guerra, no perseguía ningún objetivo militar sino el psicológico de castigar el ánimo de la población civil y arrancar así de raíz cualquier posible rebrote del espíritu militar alemán. Las palabras que ya he transcrito anteriormente de Thomas Mann sobre el carácter específicamente alemán del nacionalsocialismo me parecen un claro ejemplo de lúcida aceptación de tan abrumadora herencia por alguien que había combatido el régimen de Hitler, pero que se sabía producto y representante de la cultura alemana y, por consiguiente, responsable de todo lo que dicha cultura haya producido o pueda todavía producir. Quizás la imagen más representativa de la conciencia alemana de posguerra y también de su política exterior sea la del canciller Willy Brandt arrodillado en Varsovia ante el monumento dedicado a los judíos víctimas del nacionalsocialismo, en un gesto con el que, de la forma más gráfica posible, pedía perdón a Polonia y al mundo entero por los crímenes alemanes. La *Ostpolitik* que, en aquellas fechas, ponían en marcha Willy Brandt y su ministro de Asuntos Exteriores Walter Schell (la escena a la que me refiero tuvo lugar el 12 de diciembre de 1970) exigía como requisito previo este reconocimiento de culpabilidad, esta fotografía del Canciller arrodillado ante Polonia con la que Willy Brandt puso el fundamento de su apertura al Este y de una política exterior que, desde entonces y aunque pueda parecer lo contrario, no ha modificado de forma sustancial sus planteamientos básicos. La sombra de la guerra y sus efectos sobre la vida cotidiana de Alemania siguen presentes hasta nuestros días. El 9 de noviembre de 1988, el entonces presidente del Bundestag, Phillip Jenninger, pronunció en la sinagoga de Fráncfort el discurso oficial conmemorativo del quincuagésimo aniversario de la tristemente célebre «noche de cristal». El discurso, que leído con ojos desapasionados bien podía ser considerado un inteligente análisis de las causas que condujeron al nacionalsocialismo, fue interpretado en Alemania como un velado intento de justificación del régimen hitleriano y, como tal, inmediatamente condenado. La sala en que se desarrollaba el acto, presidido por el canciller Kohl y en el que estaban presentes las máximas instituciones del Estado, fue quedándose vacía a medida que avanzaba el discurso y Jenninger, que probablemente había querido dar en esta histórica ocasión su medida de hombre de Estado, tuvo que presentar al día siguiente su dimisión sin que, desde entonces, se haya vuelto a saber nada de él en la política alemana. Alemania ha interiorizado la herencia nacionalsocialista y, en parte por ello, la división —la huella más visible de dicha herencia— y la siempre hipotética reunificación no han llegado a figurar nunca en el orden del día de la política alemana, si hacemos exclusión de las disposiciones constitucionales, que tienen más el carácter de una declaración de principios que de una declaración de intenciones. Sin embargo, más sintomático resulta todavía que haya un porcentaje no despreciable de electores que acepten expresamente la división, fenómeno este que se explica porque cada vez son más los que no han conocido otra situación, porque cuarenta años son muchos años en un país que no llega a ochenta de tradición unitaria, y también, porque el sentimiento de culpabilidad que dejó tras de sí la guerra hace que se acepte la división como un justificado castigo a los pecados históricos de Alemania.

Este sentimiento de culpabilidad ha contribuido de forma sustancial a modificar muchos de los aspectos de lo que, utilizando la terminología marxista, podríamos denominar la ideología alemana. La República Federal, quizás con el fervor excesivo del neófito, ha hecho doctrina oficial de un pacifismo que, si quisiéramos criticarlo, podríamos calificar de excesivamente abstracto, blando e incondicional, del respeto a los derechos humanos —aunque quizás en su versión más tonta, aquella que tan emparentada se encuentra con el pensamiento de las sociedades protectoras de animales—, de un internacionalismo militante que aleje de la sociedad alemana toda sombra de nacionalismo y que contribuya a la creación de un entramado supranacional en el que Alemania, a la sombra tutelar de otros países, pueda desarrollar pacíficamente todo su inmenso potencial. Con esta actitud —pacifismo, internacionalismo, respeto a los derechos humanos—, Alemania pretende corregir los que, casi unánimemente, han sido considerados sus vicios históricos —militarismo, nacionalismo, sacralización del Estado—, y lo cierto es que en este cambio de rumbo se han llevado a cabo progresos fundamentales y, a mi juicio, absolutamente irreversibles. El comportamiento con los extranjeros es, en este punto, ejemplar. Durante el desarrollo del llamado milagro económico, Alemania incorporó a su sistema productivo una multitud de trabajadores extranjeros, italianos, yugoslavos, españoles y, algo más tarde, turcos, nacionalidad esta última que actualmente constituye en Alemania la minoría extranjera por excelencia. El fenómeno es bien conocido en España y, por consiguiente, no considero necesario detenerme en su descripción. Sin embargo, lo que quizás sea menos conocido es que Alemania, con independencia de esta importación de mano de obra, y a pesar de los problemas de paro originados por las sucesivas crisis del petróleo, está llevando a cabo desde hace años una generosísima política de extranjeros con una muy amplia interpretación de lo que debe ser el derecho de asilo y una muy activa protección de los emigrantes, protección que llega al extremo de pagar a los regímenes del Este

—especialmente Rumanía y Bulgaria— las elevadas cifras que estos exigen por la concesión de los correspondientes visados de salida. Desde el año 1953 hasta la fecha se han producido alrededor de un millón de peticiones de asilo y esta, en la actualidad, creciente ola inmigratoria, ha obligado al establecimiento de una institución social de acogida (Zentrale Sozialhilfestelle für Asylbewerber) y a unos gastos que, solo en asistencia médica, supusieron el último año algo más de quince millones de marcos. Una variedad tan compleja de situaciones ha originado una paralela variedad de denominaciones, un vocabulario complicado con el que me ha costado trabajo familiarizarme. Así, junto con el tradicional *Gastarbeiter,* se contempla en la actualidad al *Übersiedler* (emigrante procedente de la RDA que, automáticamente, recibe el pasaporte federal), al *Aussiedler* (emigrante perteneciente a alguna minoría alemana de las muchas que existen en los países del Este y que, en parte, llegan a Alemania gracias a la compra oficial de visados por parte de las autoridades federales), al *Asylant* (persona que goza del derecho de asilo) y al *Asylbewerber* (extranjero que ha solicitado acogerse al derecho de asilo y que, mientras se examina su expediente, permanece en la República Federal atendido por las correspondientes instituciones de asistencia), todo ello sin considerar al simple inmigrante clandestino ni a las fuerzas de ocupación extranjeras que, sobre todo los *Amis*[37], se hacen presentes de muy diversas formas en la vida cotidiana de las ciudades alemanas. Fráncfort

---

37. Así se denominaba coloquialmente a los soldados americanos acantonados en Alemania.

tiene una población de seiscientos cincuenta mil habitantes, de los cuales ciento treinta y seis mil son —o somos— extranjeros oficialmente inscritos en el *Ordnungsamt* de la ciudad, cifra que, se calcula, puede llegar a los doscientos mil si consideramos los extranjeros que se encuentran en situación irregular. En Berlín viven en la actualidad doscientos cincuenta mil turcos, lo que hace de esta ciudad una de las más populosas de Turquía. Una presencia tan masiva de extranjeros ha producido modificaciones importantes en la vida cotidiana de Alemania, cambios que se hacen visibles en los menús de los restaurantes, en los horarios y en algo menos definible pero más importante, como es una mayor cordialidad, un menor rigor, una más amplia tolerancia, una forma más relajada de afrontar los avatares de la existencia. Para quien, como yo, ha estado quince años sin venir por Alemania, estas transformaciones resultan claramente perceptibles y, aunque todo funciona peor —los trenes llegan alguna vez con retraso—, todo resulta ahora más agradable en este país, no solo porque, efectivamente, se ha abierto al mundo, sino también porque la situación económica por la que atraviesa le permite mirar el futuro sin preocupaciones y gozar con tranquilidad un presente extraordinariamente próspero. Utilizando la terminología del lugar, podemos decir que Alemania es, cada vez más, una sociedad multicultural —esta es la función que Cohn-Bendit desarrolla en el Ayuntamiento de Fráncfort: encargado para asuntos multiculturales— y la verdad es que esta integración se ha llevado a cabo con escasas tensiones sociales, en todo caso menores que las que la integración de la inmigración africana ha producido en Francia. El saldo resulta sumamente favorable y lo único que cabe desear es que la previsible invasión de los países del Este —un paseo por el mercadillo que los polacos montan los domingos junto a la Filarmónica de Berlín resulta, en este punto, ilustrativo— no tense en exceso una situación que de forma tan fundamental está contribuyendo a la transformación de la sociedad germanooccidental, peligro este que, dada la actual configuración psicológica de Alemania, hay que considerar posible pero por demás remoto.

El nuevo internacionalismo alemán se hace asimismo patente en su decidido apoyo a la unificación política europea en la que Alemania ve, además, el único marco en el que, a medio plazo, sería posible, no ya una reunificación carente de sentido en una instancia política superior, sino el simple hecho de que vuelvan a vivir juntas las familias que hoy lo hacen separadas. Los alemanes son conscientes de que su incardinación en una estructura política supranacional es una tutela, pero también una garantía, de que Europa es el mejor instrumento para conjurar los fantasmas del pasado y hacer olvidar los temores que —incluso a sí mismos— su historia y su fortaleza provocan. Alemania no solo está dispuesta a renunciar a parte de su soberanía, sino que es la más decidida promotora de dicha renuncia, porque en ella ve su libertad futura y, en gran medida, la todavía pendiente reconciliación con la propia historia. La República Federal no puede ejercer un liderazgo internacional ni, en cierto sentido, desarrollar una política exterior autónoma, porque en su actuación está siempre presente el temor a repetir los errores de otro tiempo, el miedo a mancharse de nuevo las manos. Su fuerza, tanto desde el punto de vista económico como militar, es grande y creciente pero el país, cualquiera que aquella sea, se encuentra moralmente desarmado, políticamente paralizado por el recuerdo, permanentemente sometido a una labor de autocensura que solo le permite ser amigo fiel de sus aliados en los que, a cambio de su colaboración, encuentra cobijo político y la garantía de la pureza democrática de su comportamiento. Se ha dicho que Alemania es un gigante económico y un enano político y esta idea que encuentra su confirmación, entre otros muchos ejemplos, en la posición de la República Federal en el seno de la Comunidad Económica Europea, ha sido íntimamente asumida por los políticos alemanes, que se encuentran cómodos en una situación que les permite atender los compromisos internacionales del país sin necesidad de entrar en otros terrenos que podrían resultar mucho más resbaladizos. Este es, en el fondo, el pacto, tácito o expreso, voluntario o forzado por las circunstancias, al que llegaron Alemania y los vencedores en la guerra, pacto que permitió a la entonces derrotada, iniciar, con ayuda del Plan Marshall, su fulgurante recuperación económica a cambio de aceptar la tutela política de los aliados. Alemania —¿qué otra cosa podía hacer?— ha sido fiel a este pacto, pero, además, quizás satisfecha por su extraordinaria prosperidad, ha hecho suya lo que, inicialmente, no era sino una imposición, hasta el punto —es mi impresión personal— de no desear un mayor protagonismo político en un escenario internacional que, por otra parte, solo admite el protagonismo real de las grandes potencias militares. El país, físicamente partido por el telón de acero, es consciente de su delicada situación en el entramado de bloques y se sabe necesitado del apoyo y de la protección de las que originariamente fueron fuerzas de ocupación, factor este que contribuye definitivamente a que Alemania, quizás haciendo de la necesidad virtud, haya asumido sin reparos la situación internacional en la que la colocó el final de la Segunda Guerra Mundial.

Pero Alemania ha hecho bastante más; en estos últimos cuarenta años, la República Federal ha establecido con Francia unas relaciones, no ya de buena vecindad, sino de mutua confianza e íntima colaboración, que superan definitivamente las tensiones que históricamente han existido entre estos dos países. Este me parece un hecho extraordinariamente relevante y, quizás, una de las modificaciones fundamentales que en el panorama político europeo ha producido la Segunda Guerra —o posguerra— Mundial. Sin la nueva amistad francogermana, hubiese sido imposible el nacimiento de la Comunidad Económica Europea, que constituye el fundamento imprescindible de cualquier futura unidad europea, inviable sin este nuevo entendimiento entre países que han tenido fuertes enfrentamientos históricos. Asimismo, Alemania ha establecido un profundo diálogo cultural, y no solo político o económico, con sus vecinos occidentales, hasta el punto de que difícilmente tendría hoy sentido la distinción entre cultura y civilización que, todavía a principios de siglo, dividía las opiniones de los hermanos Mann. A la derecha del Rin se ha desarrollado una cultura de la convivencia civil y han arraigado con fuerza unos principios democráticos, que ya no constituyen algo ajeno a lo que hemos de considerar cultura, sino parte fundamental de la misma. En general, tengo la impresión de que la casi enfermiza relación que a lo largo de la historia ha mantenido Alemania con Francia y con Gran Bretaña — relación hecha de admiración, desprecio, envidia y, a partir de finales del siglo XIX, pugna por la supremacía europea— se ha normalizado, tanto política como psicológicamente, de forma definitiva, a lo que, sin duda, ha contribuido el desplazamiento de los centros de poder político a Estados Unidos y la Unión Soviética. Ni Francia ni Gran Bretaña tienen ya la condición de grandes potencias y Alemania, por lo tanto, no necesita mirarse constantemente en ellas, pues la historia, a través de complejos vericuetos, las ha transformado en sus iguales, potencias de segundo orden sometidas a unos Estados Unidos cuyo liderazgo puede ser aceptado por Alemania mucho más fácilmente que el de cualquier otro país europeo, pues los Estados Unidos son, desde todos los puntos de vista, un mundo completamente distinto con el que toda comparación resulta imposible.

En similar orden de cosas, hay que poner también de relieve las modificaciones que se han producido en el límite oriental, al otro lado de la geografía alemana. El final de la Segunda Guerra Mundial trajo consigo una nueva fijación de fronteras en el este de Europa que, en parte artificial, ahora empieza a presentar grietas en los puntos más débiles de su trazado. Creo, sin embargo, que el tratado de Potsdam resolvió bien o, al menos, eficazmente, el problema de las fronteras germanopolacas que, desde entonces, parecen haberse consolidado. La línea Oder-Neisse, que nació como una imposición soviética contra la voluntad de los aliados, tiende poco a poco a adoptar la apariencia de una frontera natural, evolución que, sin duda, se ha visto facilitada por la tutela ejercida por la Unión Soviética tanto sobre Polonia como sobre la RDA. Pero la República Federal también ha reconocido estas fronteras y son muchos los pasos que se han dado para intentar normalizar unas relaciones que arrastran consigo siglos de una profunda enemistad. No creo arriesgado decir que la línea Oder-Neisse tiene carácter definitivo y que la misma no va a constituir obstáculo alguno para el desarrollo de unas relaciones germanopolacas que, casi por ley natural, han de ser más intensas y fructíferas a medida que se vaya desarrollando el proceso de democratización actualmente en marcha en Polonia, a medida que Polonia vaya deshaciéndose de sus forzados socios del Comecon y busque los correspondientes apoyos sustitutivos en la Comunidad Económica Europea y, más allá, en las democracias occidentales.

Todas estas son consideraciones sumamente alentadoras y constituyen otros tantos argumentos que nos permiten dar una contestación negativa a la pregunta previamente formulada sobre la justificación de los temores que, basados en la experiencia histórica, pueda provocar hoy en día una siempre hipotética reunificación alemana. Alemania ha modificado sustancialmente sus planteamientos políticos (quizás haya hecho más, quizás haya dado un giro definitivo a su propia historia) y, en la actualidad, no solo no es una amenaza, sino que se ha transformado en un factor fundamental de la estabilidad europea. Esto no quiere decir, sin embargo, que todo sea positivo en el estado de cosas anteriormente descrito. La situación de Alemania dista mucho de ser normal. Es natural que sea así y, muy posiblemente, todos debamos felicitarnos por ello, pero lo cierto es que el comportamiento de los alemanes, sus reacciones ante los acontecimientos políticos, se encuentran todavía fuertemente condicionados por la historia del régimen nacional-socialista. Es posible que este comportamiento no pueda normalizarse mientras el muro siga en pie y el país dividido en dos mitades obligadas a volverse la espalda, porque tal situación impide, no ya olvidar —que no se ha de olvidar nunca— sino, simplemente, considerar que la guerra, o la larga posguerra que tal división encarna, ha terminado para siempre. Mientras tanto, la actuación política de Alemania ofrece una imagen de gran indecisión, como si no supiese todavía cuál es su puesto en el concierto de las naciones, como si temiese interrumpir con sus actos la prescripción de sus faltas, o como si su iniciativa se encontrase parcialmente paralizada por la conciencia de que su futuro no depende de sí misma, sino de una situación internacional dominada por las grandes superpotencias. Esta relativa perplejidad puede tener en el futuro perturbadoras consecuencias. Si la evolución política de Europa continúa por las líneas por las que actualmente discurre (y así ha de ser si no se produce un cataclismo en la Unión Soviética), es decir, si Europa occidental sigue dando pasos hacia su unificación y la oriental desmoronándose lenta pero inexorablemente, es evidente que la República Federal Alemana va a verse enfrentada a la necesidad de asumir una posición más activa, un papel de mayor protagonismo para el que cabe dudar que se encuentre preparada. Es de temer que la República Federal, lastrada por su propia historia, no sepa estar en un momento como ese a la altura de las circunstancias y no sea capaz de cumplir la tarea a la que, por su situación geográfica, su potencia económica y su tradición cultural, está inevitablemente llamada. Pero este no es, de momento, el problema y, por ello, quizás lo mejor que podamos hacer sea dar tiempo al tiempo para que este vaya madurando la respuesta a una cuestión que, por importante que sea, no puede empañar la fundamental que ahora nos ocupa, el íntimo convencimiento de que Alemania no va a ser nunca más la portadora de la noche, de que Alemania ha visto su imagen en el espejo cóncavo del horror y no le es posible el olvido, de que Alemania sabe ya que no tiene que afirmar su destino contra nadie, sino que este es, para bien o para mal, parte del que a todos nos lleva por los senderos indescifrables de la historia.

* * *

Pero las alas doradas del pensamiento me han llevado demasiado lejos y quizás sea hora de regresar al punto en el que nos habíamos quedado. Estábamos en el Fischmarkt de Erfurt, justo en el momento en el que pretendíamos visitar la galería que se aloja en el edificio denominado «Zum roten Ochsen». Es tarde y nuestra pretensión inútil, pero no nos sentimos decepcionados pues el «Schönen Feiertag» con que el vigilante despide a la última de sus clientas constituye compensación suficiente a nuestro desencanto y una agradable premonición de lo que todavía nos queda por ver en Erfurt y de las sorpresas que nos tiene reservadas el primero de mayo socialista que celebraremos mañana. La despedida del encargado de la galería la consideramos dirigida a nosotros mismos y, con ella en nuestro equipaje, abandonamos la Plaza del Ayuntamiento para dirigirnos al conjunto formado por la catedral y la iglesia de St. Severin.

La calle que une estos dos puntos de la ciudad es la Marktstrasse que, como la plaza de la que procedemos, se encuentra bordeada por multitud de edificios renacentistas y barrocos de nombres tan evocadores como «El Oso Negro» o «El León Rojo» o «La Rueda de Oro», nombres que en su tiempo cumplían, con gran ventaja poética, la función que hoy cumple la prosaica numeración de las casas. La Marktstrasse se ve concurrida por un tránsito continuo de tranvías que aporta a la calle un ingrediente importante de su característica personalidad. El tranvía, cuya presencia se ha mantenido por igual en las dos repúblicas alemanas, constituye un elemento fundamental del paisaje expresionista y su paso metálico, por esta calle estrecha y solitaria, entre edificios de una belleza decrépita y polvorienta, hace pensar en un decorado del Babelsberg y en las imágenes fuertemente contrastadas de una película de la UFA. Desde la Marktstrasse y sin alejarnos de ella en ningún momento, emprendemos algunas rutas laterales que nos permiten descubrir rincones de interés, edificios que conservan restos de sus glorias pasadas, infinidad de detalles atractivos que, de uno en otro, como si se tratase de eficaces postillones, nos van llevando lentamente hasta la Plaza de la Catedral.

La Domplatz es un espacio enorme, vacío y destartalado, dominado por el impresionante conjunto que forman la catedral y la iglesia de St. Severin. Una y otra se encuentran situadas sobre una pequeña colina —el Domhügel— a la que se accede por una escalinata de amplias proporciones y estudiada solemnidad que arranca del flanco este de la plaza. Cuando, casi sin darnos cuenta, desembocamos en esta, el sol se está poniendo tras las torres de las iglesias que, situadas a gran altura y orladas por el sol del atardecer, parecen suspendidas en el aire, etéreas, como si ellas mismas no fuesen sino un último resplandor del día que agoniza. La catedral, originariamente románica, fue posteriormente reconstruida en estilo gótico, estilo que, en su versión más primitiva, es también el de la inmediata iglesia de St. Severin. Ambas edificaciones poseen fuertes volúmenes, sobre todo esta última, cuya fábrica se ve coronada por una torre de tres cuerpos y casi maciza, más propia, se diría, de una fortificación que de un edificio de carácter religioso. Sin embargo, la sensación que proporcionan no es de peso sino de ingravidez, quizás porque nuestro punto de vista recorta sus siluetas contra el azul del cielo, sin otra compañía que el aire dorado de la tarde y alguna nube que pasa tímida y silenciosa. No es frecuente encontrar dos monumentos de tan fuerte personalidad unidos en un conjunto en el que no solo no se anulan sino en el que mutuamente se complementan. La iglesia de St. Severin produce, al menos externamente, una mayor impresión de solidez y fortaleza, mientras que la catedral, cuyo estilo corresponde a un momento posterior, ofrece, dentro de su monumentalidad, una imagen más frágil y delicada. Las cabeceras de ambas iglesias, orientadas hacia la plaza de la catedral, pero, en el fondo, ajenas a ella, se encuentran muy próximas la una de la otra, casi juntas, observándose mutuamente, como si se tratase de dos amantes ensimismados desde hace siglos en un ininterrumpido diálogo amoroso. Esta sensación de recogimiento se ve acentuada cuando, tras superar los setenta escalones que dan acceso al Domhügel, llegamos a la pequeña plaza que forman los cuerpos abrazados de St. Severin y la catedral. Toda la sensación de intimidad que es capaz de producir el genio alemán se encuentra, a mi juicio, recogida en este espacio pequeño que, olvidado del mundo exterior, parece vivir concentrado sobre la profundidad de su propio ser, un espacio que no es, sin embargo, un espacio interior, sino un ámbito abierto y luminoso como el claro de un bosque cuyos árboles no fuesen hayas o robles sino los arbotantes y contrafuertes de las iglesias que nos rodean. A la plazoleta en la que nos encontramos se abren los pórticos de los dos templos que, sobre todo el más ricamente labrado de la catedral —seis vírgenes necias y seis prudentes y, en el parteluz, un bellísimo ángel lanceando al dragón— son dos auténticas maravillas. Nos dirigimos primero a la iglesia de St. Severin, que encontramos cerrada y, posteriormente, a la catedral, en la que podemos entrar, pero en la que están celebrando misa. El interior de la iglesia, configurado desde la cabecera a los pies por varios cuerpos sucesivos y perfectamente diferenciables, nos parece tan excelente como el exterior, aunque, para no perturbar el desarrollo del culto, renunciamos a contemplarlo con detalle, tarea que, en nuestro fuero interno, dejamos para una visita posterior que, evidentemente, hemos de realizar pronto. Permanecemos, sin embargo, un buen rato entre los asistentes a la misa, en parte arrullados por el ritmo antiguamente familiar de la celebración, en parte contemplando los tesoros que nos ofrece la catedral, entre los que recuerdo unas magníficas vidrieras, un altar de Lucas Cranach y un retablo, cuyo cuerpo central representa el tradicional motivo de la Virgen y el unicornio. Cuando regresamos al exterior, todavía permanecemos unos minutos deambulando por el pequeño recinto de la colina. Erfurt, a pesar de su importancia fundamental en la historia de la Reforma, mantiene una arraigada tradición católica pues, no en vano, es uno de los obispados más antiguos de Alemania. En diversos paneles exentos, situados entre las dos iglesias y junto a unos edificios que suponemos que corresponderán al servicio del cabildo, encontramos diversas fotografías que recuerdan la estancia del cardenal Meisner en Erfurt como obispo de la ciudad y saludan su reciente nombramiento como arzobispo de Colonia, nombramiento que ha levantado una fuerte polémica en la República Federal, pues el Papa no solo ha designado un obispo del Este, sino que lo ha hecho en contra de la voluntad del cabildo y de las normas que, al parecer, rigen estos nombramientos en la sede primada de Alemania. La historia nos interesa no solo porque no esperábamos encontrar en Erfurt huellas de un conflicto tan actual y que tanta controversia ha levantado en el sector occidental del país —los alemanes siempre a vueltas con el papado—, sino también porque nos parece una demostración más de los indisolubles vínculos existentes entre las dos Alemanias y de lo artificial que resulta su división. Paseamos entre los paneles hasta que, agotados estos, nos dirigimos a la embocadura de la escalinata con intenciones de emprender el retorno. Antes de iniciar el descenso, nos quedamos, sin embargo, un buen rato contemplando desde las alturas la Plaza de la Catedral y la silueta de la ciudad, toda ella erizada de iglesias y rematada al fondo por la perturbadora mole del hotel Kosmos. No podemos decir que, desde nuestra actual perspectiva, resulte más armoniosa la configuración de la Domplatz, pero sí nos damos cuenta de que los edificios que le dan forma son, por lo general, muy dignos y, algunos, francamente buenos. No sé cuál puede ser la solución arquitectónica a semejante problema, aunque quizás esta se encuentre en el mercado semanal que aquí se monta y que, con toda seguridad, llenará de vida y color lo que ante nosotros se ofrece como un espacio aburrido e inhóspito. Descendemos lentamente, retenido nuestro paso por el cansancio y por la amplia perspectiva de la ciudad que, como en un ocaso, se va ocultando a nuestros ojos a medida que vamos bajando los escalones que separan la colina de la Plaza de la Catedral. En el flanco sur de esta —todo él una colección de preciosas fachadas— encontramos nada más aterrizar un edificio renacentista llamado «die Hohe Lilie» —sobre su portal, un medallón ovalado contiene una flor de lis y una fecha: 1538—, que alberga uno de los restaurantes más antiguos de la ciudad, donde quizás ya se sentara Lutero. Tras esta breve parada, salimos de la plaza buscando el camino del hotel y, después de callejear un tanto a la deriva, llegamos a la Meister Eckehart Strasse que, según el plano que llevamos, nos ha de conducir al Anger donde se cerrará el círculo de nuestra primera visita a la ciudad. Desde la Meister Eckehart Strasse —solo por el nombre ya merece la pena recorrer esta calle con detenimiento— vemos la iglesia de los Descalzos, abierta a una plaza recoleta de idéntico nombre y, un poco más allá en la misma calle por la que transitamos, el edificio monumental de la Statthalterei, donde luego me entero de que se celebró la famosa entrevista entre Goethe y Napoleón el 2 de octubre de 1808. Este magnífico edificio fue construido a principios de siglo XVIII como residencia del Estatúder o gobernador designado por la corte de Maguncia y, más o menos de acuerdo con el espíritu de su finalidad originaria, sirve hoy de sede a la administración comunal del Kreis Erfurt[38]. Su fachada barroca posee una bella y abundante decoración escultórica que, de alguna forma, prefigura los enormes desnudos en bronce de la fuente que cierra el límite occidental del Anger. Llegados a este punto, nosotros, que ingenuamente creíamos que nuestra jornada había terminado con la visita a la catedral, nos encontramos con la que, sin duda, es la calle más bella de la ciudad, que no solo merece, sino que exige, un recorrido despacioso y atento. (El Anger que habíamos visto al comienzo de nuestra ruta es el tramo oriental del mismo que, a partir de la Bahnhofstrasse, se abre hacia el este en forma de plaza.)

Pilar, adivinando mis intenciones, me dice que está agotada, que ya no puede más y que se marcha directamente al hotel, donde esperará que termine mi visita; antes de irse, me insiste en que no tenga prisa porque a ella le vendrá bien descansar un rato antes de la cena. Estas espantadas, que al principio me producían una cierta incomodidad, han llegado a formar parte de nuestra mejor tradición viajera y hoy casi podría decir que me causan una relativa satisfacción, en parte por la sensación de permanencia que toda tradición produce, en parte porque en ella están contenidos

---

38. Distrito de Erfurt.

Oxford y Viena y Estambul y tantos lugares como hemos recorrido juntos. De todas formas, y a pesar de su cariñosa recomendación, tampoco tardo yo mucho en regresar al hotel. El Anger es una maravilla, pero no muy extenso y, además, carezco de la documentación adecuada para seguir paso a paso cada uno de sus avatares. Así, me limito a caminar lentamente entre sus magníficas fachadas que, en algún momento, quizás injustificadamente, me traen el recuerdo —no encuentro mejor elogio— del barroco ajado de Praga. Algunos edificios me obligan a detenerme para contemplarlos con detenimiento, en vano intento memorizar algún detalle que no quisiera que se llevara el olvido pero, en el fondo, comprendo que todos estos detalles, que todos los datos que sobre el Anger pudieran proporcionarme los libros, que, incluso, los mejores edificios aisladamente considerados, carecen por completo de importancia y que lo único verdaderamente fundamental es la belleza de la calle, una belleza extraña y de gran intensidad, una belleza que, a pesar de su carácter civil, tiene una profundidad casi religiosa. El último edificio de este tramo occidental del Anger es el Angermuseum, que hace esquina con la Bahnhofstrasse; cuando llego a este punto, también yo doy por definitivamente terminado el día, acelero el paso y, sin detenerme en ningún sitio, procuro llegar cuanto antes al hotel, porque ya es tarde y Pilar me está esperando para cenar.

Primero de mayo. No sé si fue el bullicio que se filtraba por la ventana lo que me despertó esa mañana, pero sí puedo asegurar que fue ese murmullo festivo lo primero que captaron mis sentidos cuando amanecieron ese primero de mayo de 1989. Había olvidado por completo el día que era, pero, aunque lo hubiese recordado, nunca habría podido establecer una relación entre una fecha para mí casi carente de significado y el rumor claro y constante que subía de la calle. Si algo era capaz de evocar en mí ese primer día del mes de mayo, era el recuerdo de las manifestaciones del treinta de abril con las que en España conmemorábamos la fecha durante los últimos años del franquismo, un recuerdo hecho de sentido de la responsabilidad, crispación y, en última instancia, miedo, miedo a los enfrentamientos con la policía, miedo a las detenciones que, inevitablemente, se producirían, miedo, sobre todo, a las repercusiones que cualquier incidente de este tipo pudiera tener en una estructura familiar conservadora y lastrada por una guerra civil que a mí entonces me parecía lejana, pero que para mis padres —el transcurso del tiempo así me lo explica— se encontraba extraordinariamente próxima. Lo que, por más que buscase, no podía encontrar en mi recuerdo, era ningún tipo de sentimiento festivo, algo que tampoco me habían sabido inspirar los múltiples, aunque sórdidos preparativos que yo había encontrado por todas partes en la RDA.

Así, nada tiene de extraña mi sorpresa al descubrir que la pequeña algarabía que me había sacado de la cama tenía su origen en lo que, según todas las apariencias, iba a ser una fiesta solemne. La puerta principal de la estación, situada justo enfrente de la ventana de nuestro dormitorio, vomitaba un flujo continuo de manifestantes —jóvenes, niños, a veces familias enteras— que, procedentes según mi personal deducción de los pueblos de los alrededores, se dirigían al Yuri Gagarin Ring para presenciar la procesión cívica que por ahí había de transcurrir o, voluntarios o forzosos, tomar parte en la misma. Las banderas eran innumerables y raro era quien abandonaba la estación sin llevar al hombro una pancarta o un estandarte o un retrato de algún gerifalte, con los que poner de manifiesto su profunda comunión con el espíritu de la fiesta. La plaza, punto natural de encuentro de los manifestantes, se iba llenando de corrillos que continuamente veían incrementado el número de sus miembros, hasta que llegaba el momento de dirigirse al lugar que a cada cual correspondiese en el desarrollo de los actos. Este ambiente hacía palpable el hecho de que nuestro viaje a Weimar nos iba a proporcionar la posibilidad, con la que no habíamos contado al salir de Fráncfort, de pasar un primero de mayo en un país del Este, un primero de mayo que, como luego tendríamos oportunidad de comprobar, era mucho más que una simple manifestación, pero, sobre todo, un primero de mayo —y esto sí que no lo podíamos ni sospechar— que iba a ser el último que con este carácter se iba a celebrar en la RDA.

Durante el desayuno, como ya habíamos hecho la víspera, organizamos el plan del día, que había de terminar con nuestro regreso a Fráncfort. Queríamos estar en casa a la caída de la tarde, por lo que teníamos algo más de media jornada para completar nuestro alemán y democrático itinerario. Yo, además de participar lo más activamente posible en la manifestación, tenía interés por visitar en Erfurt el Petersberg que, situado inmediatamente al norte de la Plaza de la Catedral, tenía —*Polyglott dixit*— una ciudadela del siglo XVII muy bien conservada y las ruinas de un antiguo monasterio de S. Pedro, pero cuyo principal mérito era, aunque no lo dijese la guía, una preciosa vista desde sus estratégicas alturas del conjunto urbano de Erfurt. A partir de ahí, pensamos en la posibilidad de comer en Eisenach o en Gotha, ciudades ambas situadas en nuestro camino hacia la frontera, inclinándonos al final por esta última, no solo porque nos atraían sus resonancias heráldicas y genealógicas, sino también porque pensamos que Bach y Lutero eran platos demasiado fuertes para una comida de circunstancias y que bien merecían un viaje especial que podríamos hacer en cualquier otro momento.

Con estos planes en la cabeza, recogimos nuestros bártulos, pagamos la factura (121,25 marcos orientales que abonamos en marcos occidentales, más los 240 marcos por noche que ya habíamos pagado en Fráncfort) y salimos a la calle en busca del primero de mayo sin clases ni opresión (entonces me acordé del «demonstrieren Sie richtig» de la tarde anterior) que nos estaba esperando.

Después de hacer unas últimas fotografías al hotel en el que nos habíamos alojado, nos incorporamos a la corriente que fluía de la estación, dispuestos a dejarnos arrastrar por la misma. El ambiente en el que nos habíamos sumergido era un ambiente festivo pero despolitizado, relajado pero carente por completo de entusiasmo, como si la gente, una inmensa familia de extracción pequeñoburguesa, hubiese salido a la calle a dar un paseo y disfrutar así ese verdadero milagro alemán que es un buen día de primavera. Poco a poco nos fuimos contagiando de ese ambiente que, en nuestro caso, se veía, además, enriquecido por el sentimiento de ser espectadores privilegiados de una fiesta nueva y desconocida, de algo supongo que banal en Erfurt, pero insólito para nosotros, de algo cuya contemplación directa nos podía proporcionar más información sobre la RDA que el más sesudo de los manuales. Este estado de ánimo se traducía en un deseo de observarlo todo, de no perdernos detalle, de acumular el mayor número posible de sensaciones para su posterior digestión en la calma doméstica de Fráncfort.

Cuando llegamos al Yuri Gagarin Ring, la procesión ya había comenzado. Los aspectos formales de la misma son fáciles de describir pues su composición era sencilla y su ritual fácilmente perceptible; en realidad, se trataba tan solo de una innumerable sucesión de *Kombinaten* portadores de las banderas, pancartas y retratos que yo había visto salir de la estación desde la ventana de nuestra habitación, acompañados por la ilustración musical de bandas y grupos de *majorettes,* de los que no sé si subrayar su similitud o su diferencia con los conjuntos que amenizan los carnavales renanos, pues era como si sobre los uniformes de los mismos hubiese caído una capa gris de polvo, estrechez y tristeza.

Yo entonces no sabía lo que era un *Kombinat* pero de su protagonismo en la manifestación del primero de mayo era fácil deducir su importancia fundamental en la estructura productiva de la RDA. Investigaciones posteriores me enseñaron que un *Kombinat* era una forma de organización consistente en la integración vertical de una industria o centro de producción con sus industrias accesorias para la fabricación de un producto final. La economía nunca ha sido mi fuerte y es posible que me equivoque, pero me parece que el concepto mismo de *Kombinat* habla bien a las claras de una estructura productiva rígida, de rasgos autárquicos, con escasa flexibilidad comercial y graves problemas de suministros. A medida que cada una de estas grandes empresas iba haciendo su desfile, los altavoces instalados a lo largo de la comitiva iban declamando, como madrileños niños de San Ildefonso, las cifras de producción del correspondiente *Kombinat* que, cuanto mayores eran, mayor impresión de desolación producían en mi ánimo. La situación era francamente ridícula. Lo primero que hay que decir es que en la RDA no existen estadísticas económicas mínimamente fiables. Las cifras de producción se establecen burocráticamente, lo cual me induce a pensar, conociendo como conozco el funcionamiento de las administraciones públicas, que cada escalón productivo o, lo que aquí viene a ser lo mismo, cada escalón burocrático inflará sus correspondientes cifras de producción con la tolerancia o la complicidad de toda la escala jerárquica. Esas cifras, además, no son contrastadas por ninguna de las varias organizaciones económicas internacionales que, muchas veces, formulan observaciones no solo sobre las cantidades, sino también sobre los sistemas estadísticos que sirven para su obtención. Así no existe ninguna garantía de que los datos económicos de la República Democrática no sean una enorme pompa de jabón que, en cualquier momento, podría explotar en el aire. Pero, con independencia de las cifras concretas, que pueden ser mayores o menores, lo cierto es que si la RDA pone su orgullo en sus logros económicos, tiene la batalla definitivamente perdida, pues hace ya mucho tiempo que resulta evidente que la República Federal produce más y mejor que su hermana oriental y es capaz de proporcionar a sus ciudadanos un nivel de vida muy superior al que disfrutan aquellos que, por unas u otras razones, han permanecido en el Este. Hoy en día nadie discute ya que las economías de mercado han demostrado una mayor eficacia económica que las de planificación centralizada, por lo que una hipotética superioridad de estos sistemas habrá que buscarla en consideraciones de otro carácter. Para los países del Este, el socialismo ha sido una catástrofe no solo económica, pero también económica, una catástrofe que ha tenido su fundamento en planteamientos políticos e ideológicos. El punto de partida de las dos Alemanias era en 1945 aproximadamente el mismo, aunque pronto los diferentes puntos de vista políticos se hicieron sentir en el terreno económico; sucesivas medidas económicas culminan en la reforma monetaria occidental de 1948, que marca, por una parte, el principio de la recuperación económica de las zonas que un año más tarde se integrarían en la nueva República Federal y da origen, por otra, al bloqueo de Berlín, al puente aéreo y, en último término, a la definitiva separación de las dos Alemanias y a lo que posteriormente se conocería como Guerra Fría. Al mismo tiempo, los aliados se dan cuenta de que la aplicación estricta de la política de reparaciones acordada después de la guerra impediría la recuperación de Alemania, por lo que pronto, aprendida la lección de Versalles, abandonan la misma y ponen en marcha ese ambicioso proyecto que fue el Plan Marshall; los soviéticos, mientras tanto, llevaban hasta sus últimas consecuencias su reclamación de indemnizaciones de guerra, que supuso, entre otras cosas, el traslado de gran parte de la industria germanooriental a suelo soviético. Los países del este, con independencia de las deficiencias intrínsecas de sus sistemas productivos, han visto siempre lastrado su desarrollo económico por su sometimiento a las necesidades de superpotencia de la URSS y por sus enormes gastos de seguridad y defensa. Según estimaciones occidentales, que parten siempre de las carencias estadísticas de los países socialistas, los gastos de defensa de la RDA significaban en 1984 el 6,3% de su PNB, mientras que en Alemania Federal este porcentaje era tan solo el 3,3%. (12,6% la URSS frente a 6,3% USA; 10,7% el Pacto de Varsovia frente a 5,1% la OTAN); los gastos per cápita en la República Democrática eran en ese mismo año de 619 dólares, mientras que en la República Federal eran tan solo de 360 dólares, diferencia que, si es grande en términos absolutos, lo es aún más en términos relativos. A pesar de los enormes sacrificios que los países del este imponen a sus ciudadanos, el Pacto de Varsovia nunca podrá ganar la carrera de armamentos, porque los países que lo integran nunca podrán competir económicamente con sus rivales occidentales. Los ciudadanos de los países que, en tiempos mejores de la Guerra Fría, se llamaban del telón de acero, tampoco parecen dispuestos a tolerar indefinidamente una permanente elección de los cañones en detrimento de una forma más confortable de vida, ni la perpetuación de un sistema económico claramente ineficaz, por lo que, incluso en la Unión Soviética, se empiezan a considerar reformas similares a las ya adoptadas por Polonia y Hungría. Porque sucede, además, que tampoco se ve por ningún lado la superioridad moral capaz de compensar la inferioridad económica de los sistemas socialistas. Cuando se tiene a todo un país encerrado tras una alambrada, cuando todo un país se encuentra transformado en un inmenso campo de concentración, no hay sutilezas que valgan, y sobran todas las explicaciones, especialmente si estas son las que, en forma de cifras de producción, surgían de los altavoces al paso de la manifestación del primero de mayo.

Pilar empezó a ponerse nerviosa cuando yo decidí saltar a la arena y mezclarme con los manifestantes, con objeto de obtener las más detalladas y mejores fotografías posibles. En su temor creo que estaba implícita la presunción de que cualquier actividad había de estar en la RDA estrictamente regulada por una normativa tan absurda como minuciosa. La manifestación del primero de mayo tendría, como todo, sus normas, unas normas que, en el ánimo de Pilar, yo estaría infringiendo con mi inusual comportamiento. Desde luego, no resultaba fácil localizar a nuestro alrededor nadie que pudiese ser identificado como turista, y cámaras de fotos no se veían ni siquiera las previsibles de los periódicos locales que, al día siguiente, tendrían que dar cumplida noticia a sus lectores de la brillante jornada de afirmación socialista. Mi actitud me singularizaba, lo que entonces para Pilar —y para mí en cualquier otra circunstancia— era casi equivalente a un acta formal de acusación. Pilar sabía lo que yo pensaba de esa manifestación y, quizás por ello, no podía evitar la sensación de que mi forma de actuar hacía evidente lo que la prudencia aconsejaba que permaneciese oculto, como si los disparos de mi cámara no fuesen sino el mecánico redoble de mi irritación y de mi escepticismo. Las cautelas de Pilar me indujeron a ser cauteloso y a moderar mis ímpetus iniciales, conformándome con aquellas fotografías que pudiese obtener desde mi primitiva posición de espectador. Los enormes retratos de los dirigentes del régimen, entre los que entonces solo reconocí a Erich Honecker y a Willy Stoph, eran objetivos inevitables de mi curiosidad, no solo porque me fascinaban, sino también porque era difícil hacer una fotografía en la que no apareciese alguno de aquellos rostros grandilocuentes. En ocasiones, eran conducidos uno junto a otro en hileras que ocupaban totalmente la anchura del Yuri Gagarin Ring como si formasen, codo con codo, una iconográfica vanguardia de la manifestación o, lo que es lo mismo, la vanguardia del socialismo en suelo alemán. El culto a la personalidad es, en apariencia, una de las más contradictorias características del comunismo, que ha dejado en la historia del siglo una retahíla de grandes timoneles que abarca desde el padrecito Stalin a Enver Hoxha o, para situarnos en otro continente, desde Mao Tse-Tung a Kim Il-sung. Este fenómeno, que podría ser considerado una manifestación degenerativa del comunismo, me parece, sin embargo, constitutivo del mismo y, casi diría, una consecuencia natural de la usurpación por el partido, como vanguardia de la clase obrera, de la voluntad y la representación populares, usurpación que, a su vez, es capitalizada por los órganos dirigentes del mismo y, en último término, por personajes tan sombríos o tan crueles como Gomulka o Nicolás Ceausescu. Yo sabía que esto era así y cientos de veces había visto reportajes de acontecimientos similares y, sin embargo, los enormes retratos que pasaban por las calles de Erfurt me sorprendieron hasta el punto de hacerme pensar que no podía ser cierto lo que estaba viendo, incrédulo ante tan impúdica manifestación de señorío y vasallaje, deprimido por ese «vivan las caenas» entonado, aunque fuese a su pesar, por los habitantes de una de las ciudades de mayor tradición cultural de Europa, en algún momento, lleno también de regocijo, no solo por la forma que el sistema tenía de enseñar sus vergüenzas sino, sobre todo, porque comprendía que la mayoría de los que me rodeaban estarían viendo igual que yo —mucho mejor que yo— que los personajes de los retratos iban, como el rey del cuento, absolutamente desnudos. Para completar el espectáculo, me hubiese gustado ver la tribuna presidencial de la manifestación, que suponía similar, en su correspondiente escala, a la fantástica tribuna de la Plaza Roja de Moscú, pero la tal tribuna no resultaba visible desde nuestra posición; la intuía lejana, si no en distancia, sí, al menos, en tiempo y relativamente inaccesible a causa de la multitud y de las presumibles medidas de seguridad, por todo lo cual preferimos quedarnos donde estábamos, próximos al coche y a la continuación del plan que habíamos fijado durante el desayuno. Durante un rato estuve haciendo algunas fotografías a un grupo de cornetas y tambores estacionado a nuestro lado que, con su aire adolescente y su infinita vulgaridad, me sirvió, al menos, para descansar de la tediosa grandilocuencia de banderas, cifras de producción y consignas propagandísticas. Pronto, sin embargo, la manifestación fue haciéndose idéntica a sí misma y su prolongación, la reiteración de algo que ya habíamos visto y que, perdido el atractivo de la novedad, comenzó a resultar aburrida. Aquello no daba más de sí y era mucho lo que todavía nos quedaba por ver, por lo que decidimos volver sobre nuestros pasos, recoger el coche, que había quedado aparcado junto al hotel y completar nuestra visita a Erfurt, que tenía su próxima y última estación en la ciudadela del Petersberg.

El camino teóricamente más directo para llegar a nuestro destino atravesaba el centro de la ciudad y se encontraba cortado por la manifestación, lo que nos hizo dirigirnos hacia el sur, bordear la ciudad vieja siguiendo la Schiller Strasse y la Strasse des Friedens[39] y entrar en el Petersberg por el oeste o, lo que es lo mismo, por lo que, visto desde la perspectiva de la catedral, podía considerarse parte trasera del recinto. Este obligado rodeo nos proporcionó una nueva visión de la ciudad que nos enseñó en este breve recorrido un ángulo desconocido de su rostro, un ángulo más amable y residencial con amplias zonas verdes, viviendas de aspecto acogedor y un tono general que me hizo pensar —no he comprobado si acertada o equivocadamente— que bien podíamos encontrarnos ante un ensanche de la ciudad promovido por una burguesía floreciente en el primer tercio de este siglo XX.

El Petersberg me produjo una cierta decepción, pues lo único digno de mención que en él encontré fue un bonito portalón de acceso con un magnífico escudo de armas, flanqueado por dos grandes leones heráldicos. El recinto albergaba en su interior un jardín agradable, pero sin ninguna característica especial excepto la magnífica vista de la ciudad y, muy especialmente, de la catedral y de la iglesia de St. Severin, de las que ya he hablado. El conjunto,

---

39. Calle de la Paz.

aun careciendo de atractivos especiales, resultaba grato y extraordinariamente adecuado para, desde sus alturas y con la panorámica de Erfurt a nuestros pies, despedirnos sin prisas de una ciudad a la que habíamos llegado un tanto a ciegas —no olvido la lúgubre impresión de nuestra llegada y del primer paseo por la Bahnhofstrasse— y de la que nos marchábamos con la seguridad de que no habría de pasar mucho tiempo sin que regresásemos a ella.

Gotha no era para mí una ciudad, sino un nombre de resonancias aristocráticas que me hacía concebir la esperanza de un entorno amable y cortesano. Gotha tuvo un papel destacado en la historia del socialismo, pues en el año 1875 se llevó a cabo en esta pequeña ciudad de Turingia la fusión de la Unión General Alemana de Trabajadores de Ferdinand Lassalle con el Partido Socialdemócrata de los Trabajadores —los llamados Eisenachianos—, dando lugar al Partido Socialdemócrata Alemán. El planteamiento político de la operación fue objeto de las consideraciones de Marx, que plasmó sus opiniones en el famosísimo opúsculo *Crítica del Programa de Gotha,* que provocó el giro ideológico del congreso de Erfurt de 1891 y que, con el transcurso del tiempo, llegó a ser uno de los libros más significativos de la biblia marxista-leninista. Sin embargo, Gotha era para mí un libro pequeño pero grueso, encuadernado en tela roja y con hierros dorados que había comprado en Ámsterdam durante nuestro viaje de novios. Justus Perthes, fundador de la *Geographischen Anstalt,* era también el editor de los llamados almanaques de Gotha que, con el subtítulo de anuario genealógico, diplomático y estadístico, ofrecen una amplia información no solo sobre las familias de la nobleza, sino también sobre los gobiernos, cuerpo diplomático y altos funcionarios de cada país, así como sobre la población y economía de los mismos, lo que de ninguna manera ha impedido que la palabra Gotha, por obra y gracia de estos almanaques, haya pasado al lenguaje coloquial como sinónimo de la más alta aristocracia. El ejemplar que yo compré en Ámsterdam —*cent-dixième année*— es el correspondiente al año 1873, que incorpora cuatro preciosos grabados con los retratos de la archiduquesa Gisela de Austria —la hija mayor de Francisco José y Sissi—, de Leopoldo, príncipe de Baviera, de Marie, princesa de Sachsen-Weimar y, para que no todo sea sangre azul, del presidente de la República Argentina D. F. Sarmiento. La razón por la que estos personajes acaparan la actualidad del año 1873 me pasa desapercibida, pero supongo con curiosidad que, detrás de cada uno de estos retratos, habrá algún pequeño acontecimiento o alguna anécdota histórica que den sentido —más allá del puramente decorativo— a las ilustraciones del anuario. Sorprende realmente en el mismo la profusión de príncipes alemanes, que habla bien a las claras de la complejísima estructura política del país y de una historia que, a través de sus múltiples avatares, no ha conseguido todavía una sólida plasmación terrenal. En la relación de soberanos reinantes que recoge el almanaque, podemos identificar veinte príncipes alemanes y, sin salir de Sachsen, encontramos los ducados de Sachsen-Meningen, Sachsen-Altenburg y Sachsen-Coburg-Gotha, el gran ducado de Sachsen-Weimar-Eisenach y la casa real de Sachsen, todos ellos, ya lo he dicho, soberanos reinantes. Tal abundancia de tronos viene a confirmar el hecho de que Alemania no ha tenido nunca un auténtico soberano y que a lo largo de los años la nación se ha visto políticamente fragmentada en múltiples principados, a los que el Imperio ha dado una articulación, quizás profunda, pero más operativa en el mundo de las ideas que en el de la práctica política cotidiana. Dos años después de la coronación del emperador Guillermo en el salón de los espejos del palacio de Versalles, el Gotha se publica en francés, idioma al que, de esta forma, se rinde pleitesía y se le reconoce su carácter preeminente en el mundo diplomático y cortesano y su condición de depositario de cuanto de inteligencia y elegancia —de *esprit,* estoy yo también tentado de decir— existe en la cultura europea. Tras la victoria sobre Austria en 1866, la guerra francoprusiana de 1870 marca la definitiva incorporación de Berlín al anhelado rango de primera potencia europea, culminando así un proceso histórico en el que, en poco más de un siglo, Prusia pasa de ser un oscuro reino perdido en las llanuras del norte a ser el punto de referencia obligado en la política europea. Guillermo, de la mano de Bismarck, se hace coronar emperador en Versalles, pero Alemania sigue mirando a Francia con esa mezcla de altivez, complejo de inferioridad, irritación y respeto que tradicionalmente ha caracterizado la actitud de los alemanes hacia sus vecinos del oeste. Parece como si en 1870 Alemania volviese a asumir esa fascinante inversión de papeles entre vencedor y derrotado que marca el origen de su existencia histórica, como si su incontestable fuerza militar no fuese suficiente para afirmar una superioridad que humildemente se le reconoce al enemigo derrotado. El gesto de Guillermo haciéndose coronar emperador en Versalles me parece no tanto la actitud del conquistador que quiere hacer sentir su poder en el corazón mismo del territorio conquistado como la del pariente pobre recientemente enriquecido, que, haciendo alarde de su nueva posición, toma posesión de unos salones en los que hasta entonces le había estado vedada la entrada.

La situación no era esta, sin embargo, cuando, tras la firma de la paz de Tilsit, Fichte pronuncia, en el invierno de 1807 a 1808, sus famosos *Discursos a la nación alemana*. Entonces, Alemania entera sufre la ocupación napoleónica y lo que se debate es la supervivencia misma de la nación, amenazada por el prestigio de las ideas revolucionarias y por la fuerza de las tropas invasoras. Fichte, que en su juventud había hecho suyos los postulados revolucionarios, reacciona ante esta amenaza como reaccionaron los elementos más jóvenes, dinámicos e idealistas de la sociedad alemana, reacción que se plasma en sus catorce celebérrimos discursos, que constituyen otros tantos himnos patrióticos en los que, con la profundidad de su bagaje intelectual y la pasión de su voluntad política, busca los fundamentos de la independencia alemana y los instrumentos que, consumada la derrota militar, puedan garantizarla en el futuro, unos cantos con los que Fichte buscaba —y consiguió— poner nuevamente en pie —ya veremos a qué precio— a la nación alemana.

Fichte encuentra la raíz última de la idiosincrasia alemana, la diferencia sustancial entre los alemanes y los otros pueblos germánicos, y el elemento fundamental de la configuración del pueblo alemán como pueblo, en la lengua, y no tanto en sus cualidades como tal, sino en el hecho de que se trata de una lengua originaria, que se conserva como algo propio y que se ha continuado hablando ininterrumpidamente generación tras generación. Este carácter originario que solo se predica de la lengua alemana es lo que, a juicio de Fichte, hace que un pueblo lo sea, lo que, inevitablemente, lleva a la conclusión de que «solo el alemán tiene verdaderamente un pueblo y tiene derecho a contar con un pueblo y solo él es capaz del amor verdadero y racional a su nación»[40]. Solo en un pueblo de lengua viva la formación espiritual penetra en la vida, y solo él, en consecuencia, puede tener una auténtica filosofía y una auténtica poesía en el sentido superior en que Fichte las entiende; los pueblos de lengua muerta —añade— «reconocerán como su mayor obra filosófica unos mediocres poemas didácticos sobre la hipocresía escritos en forma de comedia»[41]. Dado que solo en el pueblo alemán es posible que la formación espiritual y la vida formen una íntima unidad, solo el pueblo alemán estará capacitado para llevar a cabo la revolución educativa que Fichte propugna y en la que, por otra parte, ve el único medio posible para la conservación de la nación alemana.

Fichte parte de la situación de dependencia política de Alemania y de la constatación de que «ninguna nación que haya caído en este estado de dependencia puede escapar de él valiéndose de los medios utilizados tradicionalmente

---

40. Fichte, *Discursos a la nación alemana*, traducción y estudio preliminar de Mª Jesús Varela y Luis A. Acosta, Madrid, Tecnos, 1988, Discurso octavo, pág. 135.
41. Fichte, obra citada, Discurso quinto, pág. 86.

hasta ahora»[42]. Para ello «tendría que hacerlo valiéndose de unos medios totalmente nuevos y todavía no utilizados hasta ahora, tendría que crear un nuevo orden de cosas[43]». Este medio de salvación que Fichte propone «consiste en la formación de un yo completamente nuevo que puede que haya existido ya antes y de manera excepcional en individuos aislados, pero nunca como un yo nacional y generalizado, consiste, además, en educar a la nación, que no tiene vida propia y está entregada a una vida extraña, para una vida completamente nueva que o bien siga siendo exclusiva propiedad o, caso de que pasase a otros, siga siendo completa e irreductible a infinitas divisiones; en una palabra[44]» lo que Fichte propone «para lograr la continuación de la existencia de la nación alemana es un cambio radical de la esencia de la educación que ha venido practicándose hasta ahora[45]».

La educación nacional alemana defendida por Fichte —«una educación completamente nueva y que nunca ha existido en ninguna otra nación[46]»— encuentra su verdadera esencia en la formación del educando en la más pura ética, en la configuración de una «voluntad firme y siempre decidida de acuerdo con una norma segura y eficaz en todo momento[47]» impulsada por «un tipo de amor que nos lleve directamente al bien como tal… y en cuanto tal y no por

---

42. Fichte, obra citada, Discurso primero, pág. 19.
43. Fichte, obra citada, Discurso primero, pág. 20.
44. Esta cita y la inmediatamente posterior corresponden a: Fichte, obra citada, Discurso primero, pág. 23.
45. Ver nota anterior.
46. Fichte, obra citada, Discurso segundo, pág. 29.
47. Fichte, obra citada, Discurso segundo, pág. 32.

la utilidad que nos pueda reportar[48]»; «lo que la nueva educación tendría que proporcionar sería» en definitiva «esta íntima complacencia» en el bien «como forma de ser firme e inmutable del educando[49]».

Pero junto con este planteamiento ético de raíz kantiana para el que el pueblo alemán estaría especialmente preparado e, incluso, destinado por su espiritualidad y, en último término, por el carácter originario de su lengua, Fichte, como ya hemos visto, considera que la nueva educación alemana constituye el fundamento de la configuración de un yo nacional y generalizado y que, solo ella y ningún otro medio, puede salvar la independencia alemana. La educación fichteana sería así un elemento, capital eso sí, pero elemento al cabo, de una reflexión más amplia y extraordinariamente ambiciosa, tanto desde el punto de vista intelectual como desde el punto de vista político, sobre el problema nacional alemán. La postura de Fichte es claramente nacionalista, pero de lo dicho hasta ahora podría pensarse que se trata de un nacionalismo meramente cultural, congruente en esto con la tradición alemana, para la que su problema nacional había sido hasta entonces un problema del espíritu. Sin embargo, el punto de partida y el *leitmotiv* permanente de los discursos de Fichte son esencialmente políticos. Agobiado por el sometimiento de Alemania, busca el instrumento capaz de liberarla de la dominación napoleónica y, ante la inexistencia de otros recursos, encuentra dicho instrumento en el concepto de nación, que deja de ser una referencia

---

48. Fichte, obra citada, Discurso segundo, pág. 33.
49. Fichte, obra citada, Discurso segundo, pág. 33.

cultural para transformarse en la palanca capaz de movilizar las paralizadas energías alemanas. «Con dicha educación —dice Fichte— se conseguirá, sin duda alguna, el objetivo que nos propusimos en un principio y del cual han partido nuestros discursos. Ese espíritu que hay que crear lleva directamente consigo el mayor patriotismo, la concepción de la vida terrena como eterna y de la patria como portadora de esa eternidad, y en caso de que se infunda entre los alemanes, considera el amor a la patria alemana como uno de sus componentes necesarios; de este amor surge por sí solo el valiente defensor de la patria y el ciudadano pacífico y auténtico».

Fichte, más allá quizás de su propia conciencia y en el marco de un discurso político que admite múltiples interpretaciones, lanza a la arena política el concepto de nación que, si con otro significado, había alcanzado alguna resonancia en la Francia revolucionaria, no había sido anteriormente abordado por ningún pensador político. Con la profundidad de su pensamiento filosófico y la pasión de la causa política que le mueve, Fichte elabora un mito nacional alemán (algunas de sus afirmaciones sobre el carácter alemán producen sonrojo) y le dota de un estatuto político, sembrando así una semilla que habría de ir fructificando a lo largo del siglo XIX y que, todavía hoy, sigue produciendo sus amargos frutos de violencia e intolerancia. En los *Discursos a la nación alemana* está contenida en germen toda la evolución posterior del ideal nacionalista que, a partir de este momento, mantendrá una tensión permanente con el cosmopolitismo ilustrado del que Fichte partía. Simplificando un tanto las cosas, bien podríamos decir que

Napoleón hizo del ilustrado, demócrata y, en algunos aspectos, socialista Fichte, un patriota alemán. Los ejércitos napoleónicos, mensajeros, en principio, de las ideas de la revolución, fueron sembrando los territorios por los que pasaban de actitudes nacionalistas que, enraizadas en sentimientos primarios, pero sumamente efectivos, acabaron transformando el pensamiento político y los límites fronterizos europeos. El nacionalismo decimonónico irá socavando lentamente las estructuras políticas centroeuropeas en un doble proceso que conducirá, por una parte, a la creación del estado nacional alemán en torno al reino de Prusia y a la disgregación, por otra, del Imperio Austrohúngaro en varios Estados nacionales. La dispersión nacional en varias entidades políticas independientes y la convivencia, no siempre fácil pero culturalmente enriquecedora, de distintos grupos nacionales bajo una misma estructura política, dejan paso, ante la fuerza del vendaval nacionalista, a la supersticiosa vinculación de los conceptos de Estado y Nación, que vienen a hacerse interdependientes, como si la existencia del uno fuese consecuencia necesaria de la existencia de la otra, o como si el Estado solo pudiese subsistir sobre una sólida base nacional de la que sería natural emanación. Esta concepción rompe con el pensamiento ilustrado que, con diversos matices, tenía una visión contractual y, en el fondo, utilitarista del Estado para perderse en una consideración casi mística del mismo, basada en una similar consideración del concepto de nación, tendencia esta que, unida a ese otro misticismo estatal que procede del pensamiento de Hegel, habría de desembocar en esa orgía estatista que ha sido el siglo xx europeo. La división —pienso cuando ya casi entramos en Gotha— no es fenómeno extraño a la historia alemana y esto quizás contribuya a explicar por qué parte de la juventud alemana occidental acepta la actual existencia de dos Estados alemanes como si se tratase de un fenómeno casi natural.

Gotha era, tal como yo la había imaginado, una ciudad pequeña articulada en torno a una residencia cortesana, la de la casa ducal de Sachsen-Gotha. El núcleo fundamental de la ciudad estaba constituido por el palacio barroco de Friedenstein que, encaramado en sus estratégicas alturas, la hacía claramente visible en el extenso paisaje de Turingia; junto a él, formando parte inseparable del mismo, el palacio Friedrichsthal, el museo de la naturaleza, la correspondiente Orangerie y los jardines circundantes de amplias perspectivas y extensos parterres. El ambiente con que nos recibió Gotha, dejadas atrás las manifestaciones patrióticas y los actos de afirmación socialista, era primaveral, festivo y provinciano, un ambiente perfectamente endomingado. El parque de la Orangerie por el que, tras cruzar la Karl Marx Strasse, accedimos al palacio Friedenstein desde el lugar donde habíamos dejado el coche —un parque de cuerpo versallesco y alma espartaquista— estaba repleto de soldados soviéticos que, en grupos de diez o doce y con sus pulcros uniformes de paseo, parecían estar pidiendo a gritos las correspondientes niñeras de cofia blanca y delantal almidonado. Eran, como todos los soldados soviéticos que habíamos visto en la RDA, jóvenes, casi niños, que con su acentuado aspecto rural, su corte de pelo cuartelero y uniformes que poco tenían que ver con los cuerpos que cubrían, parecían la contemporánea reencarnación de los quintos españoles de finales de los años cincuenta. Su extrema juventud, su aire ingenuo y la imagen de indefensión que, en general, ofrecían, llegaban a inspirar cierta ternura y un equivalente temor ante la posibilidad de que, alguna vez, tuvieran que enfrentarse a los soldados americanos acantonados al otro lado de la frontera.

Atravesamos el parque de la Orangerie entre las pacíficas tropas soviéticas hasta alcanzar su límite oeste, una amplia escalera de doble ala que marcaba nuestro camino ascendente hacia el Friedenstein; a derecha e izquierda dejamos dos pequeños pabellones que en la guía identificamos como el Alte Münze[50] y el Teeschlösschen[51], dos de esos típicos pabellones cortesanos que, cualquiera que fuese su finalidad real, siempre inducen a pensar por su recogimiento e intimidad en discretos —quizás no tan discretos— encuentros amorosos. A medida que avanzábamos, resultaba más claramente perceptible el contraste entre el carácter cortesano de los jardines y el aspecto casi militar que el palacio de Friedenstein ha conservado desde sus orígenes a través de sus varias reconstrucciones, la última a mediados del siglo XVII. Los poderosos volúmenes del edificio y los macizos cubos de sus esquinazos frontales transmiten una clara impresión de fortaleza que poco tiene que ver con el aire mundano —siempre en homeopáticas dosis alemanas— de los edificios anexos, posteriores en el tiempo y de líneas y proporciones mucho más suaves y acogedoras. Al parecer, el interior del palacio Friedenstein responde a cánones menos

---

50. Moneda vieja.
51. Palacete del té.

austeros, con un salón del trono riquísimamente decorado y un precioso teatro cortesano, pero esto solo lo sé por las informaciones turísticas de mis guías pues, por diversas circunstancias, nos limitamos a la visita del exterior y del patio del edificio. El ambiente de este parecía extraordinariamente animado; cuando entramos en el amplio espacio del mismo, lo encontramos sumamente concurrido e iluminado por una luz transparente que rebotaba en la blancura inmaculada de las paredes interiores del palacio. La gente se concentraba en la esquina nordeste del patio —la más soleada a esas horas del día— en torno a una plataforma o escenario de madera sobre el que, en un primer momento, no acertamos a comprender qué espectáculo se estaría desarrollando. Las inevitables banderas rojas y sus hermanas de la RDA constituían toda la decoración de la tribuna, lo que, filtrado por nuestra corrupta lógica occidental, nos indujo a pensar que estaríamos ante un nuevo acto de afirmación socialista, aunque la actitud de los espectadores, distendida y nada militante, parecía contradecir esta hipótesis inicial. Pensé en un concierto matutino o en alguna representación folclórica, cosas ambas que casaban bien con la tradición alemana y con el carácter del día, pero lo que nunca pude imaginar es que al acercarme al estrado iba a encontrarme con la proletaria caricatura de la más característica puesta en escena del lujo y de la sociedad de consumo, que lo que Gotha nos ofrecía para celebrar esta primera mañana del mes de mayo era, aunque pudiera parecer increíble, un desfile de modas. Unas cuantas esforzadas amas de casa, en general bajitas y regordetas, se paseaban por lo que pretendía ser una pasarela ofreciendo a la más bien indiferente contemplación del público unos modelos que en nada se diferenciaban de los adquiridos por las espectadoras del certamen en el economato del *Kombinat* de turno, unos modelos que no solo no estimulaban la imaginación, sino que parecían destinados a recordar a quien pretendiera dejarse llevar por ella, cuál era la triste realidad a la que tenía que enfrentarse todos los días del año. Hasta entonces, distraído por cuestiones que me parecían de mayor importancia, no había prestado atención a la forma de vestir de los ciudadanos de la RDA, aspecto este nada intrascendente que probablemente me hubiera pasado desapercibido si no hubiese sido por el desfile al que, por casualidad, asistía. En realidad, nada era capaz de llamar la atención en las indumentarias que habíamos visto en las calles de la RDA, excepto su carácter gris y extraordinariamente uniforme. Tan solo algunos esporádicos rojos alteraban una gama de colores que se limitaba a los distintos matices existentes entre el blanco y el negro y a los tonos más apagados del marrón y el azul. La gente joven había abrazado unánimemente la causa de la tela vaquera, elección en la que supongo que confluirían su precio económico y el carácter informal y presuntamente occidentalizante de la misma. Faldas, pantalones, cazadoras, chaquetones, abrigos, todo podía ser hecho con tela vaquera y de todo vimos durante nuestros paseos por Erfurt y Weimar. Sobre la pasarela del palacio Friedenstein de Gotha, la más joven de las participantes en tan inesperado desfile de modas empleaba sus mejores energías en el vano intento de poner de relieve los ocultos atractivos de una sencillísima falda vaquera combinada, en este caso, con una blusa de algodón blanca, unas espesísimas medias negras y unos zapatos de puntera tan afilada como los afiladísimos tacones sobre los que se apoyaba todo el conjunto. La calidad de los tejidos, la confección, el diseño, todo era de una extraordinaria vulgaridad, lo que, si podía resultar triste o aburrido en las calles, resultaba francamente ridículo encima de un escenario. En realidad, lo que resultaba a todas luces ridículo era la pretensión —evidente en este caso y latente en otros muchos similares— de imitar las formas y los modos de actuación de los sistemas sociales occidentales, lo que, en el fondo, venía a poner de relieve una muy malamente reprimida veneración de los mismos. El espectáculo producía un cierto sentimiento de vergüenza ajena; sin embargo, la ingenuidad del desfile de modas al que asistíamos y los comprensibles anhelos que le subyacían, hacían que contemplásemos todo cuanto sucedía con una mirada indulgente y una íntima sonrisa que, en muchas ocasiones, solo por educación y por un elemental sentido de la prudencia, no desembocó en la carcajada franca y abierta que la representación, por lo demás, extraordinariamente divertida, merecía. El espectáculo era contemplado con una indiferencia de la que, pronto, también nosotros nos contagiamos. Pasada la sorpresa inicial y reprimido el posterior regocijo, nada nos retenía allí, así que, después de diez o doce minutos de entretenidísima contemplación, decidimos continuar nuestra ruta.

El itinerario que, sobre la marcha, nos habíamos trazado, continuaba hacia el sur donde, a los pies del palacio Friedenstein, se encuentra el edificio neoclásico del Museo de la Naturaleza. A él se accede sin salir del parque por un camino amplio y descendente, cubierto por una arboleda frondosísima. Cuando iniciamos el descenso, nos encontramos de frente con un grupo de soldados soviéticos que subían en dirección contraria a la nuestra. Su extrema juventud, su aspecto ingenuo y su contagiosa jovialidad, más propia de una excursión escolar que de una manifestación castrense, me impulsaron a hacer aquello a lo que en anteriores ocasiones no me había atrevido. El grupo ofrecía una bonita composición y, sin pensarlo dos veces, me planté ante ellos y, cámara en ristre, hice varias fotografías seguidas. Mi comportamiento no solo no les molestó, sino que encontraron en él un nuevo motivo de diversión; su regocijo aumentó, sus sonrisas se hicieron todavía más amplias y se prestaron sin problemas a colaborar conmigo adoptando las poses que a ellos les parecieron más adecuadas a mis intenciones.

Nada en la actitud de estos muchachos podía hacer pensar en el significado real de su presencia en Gotha y, sin embargo, ellos eran la encarnación de esa guerra fría sobre la que, desde hacía cuarenta años, se sostenía el equilibrio del mundo. A pocos kilómetros de allí, casi a un tiro de piedra, los soldados norteamericanos ofrecían la imagen del otro platillo de la balanza, una balanza que, con la mera contemplación de ambas fuerzas opositoras, se comprendía que estaba profundamente desequilibrada.

La Guerra Fría era el clima en el que había crecido mi generación. Nuestras inquietudes juveniles, nuestras ideas políticas, nuestros planteamientos filosóficos y morales —aunque tal cosa pueda sonar muy grandilocuente— se formaron bajo la influencia del profundo desgarro que sufrió el mundo durante los años de nuestro despertar, una fractura que todavía se hacía visible en las calles de Gotha.

Para mí la Guerra Fría era el «Ike» formado por las ventanas iluminadas de la Torre de Madrid y Foster Dulles y Gromyko y el zapato de Krushov y la Bahía de Cochinos y el «ich bin ein Berliner» de Kennedy y, naturalmente, el muro, un muro tras el que todos estábamos encerrados. La primera vez que estuve en Berlín fue en enero de 1977 y de aquella visita guardo el recuerdo imborrable de las estaciones, desiertas y fuertemente vigiladas por los *Vopos,* que había que atravesar desde que se abandonaba la zona occidental hasta que se llegaba a la estación de Friedrichstrasse. Mis primeros recuerdos de lector de periódicos, unos recuerdos infantiles anteriores a la llegada de la televisión, tienen por objeto la invasión soviética de Hungría y aún recuerdo como si fuese hoy el día, la hora y el lugar en el que me encontraba cuando recibí la noticia de la entrada de los carros soviéticos en Praga.

«La Guerra Fría» es una expresión afortunada que esconde, sin embargo, una profunda mentira, pues esta guerra solo tuvo de fría la apariencia. El conflicto entre ambos bloques económicos e ideológicos se plasmó en múltiples episodios bélicos que, en ocasiones, adoptaron la forma de guerras abiertas, entre las que la del Vietnam es, sin duda, la más representativa. Todo el proceso de descolonización de África se llevó a cabo en el contexto de la Guerra Fría y esta sea quizás la razón más importante de su clamoroso fracaso. Chile, Cuba, Angola, Camboya son nombres que nos recuerdan la cantidad de sangre y de sufrimientos que provocó esta guerra, que fue de todo menos incruenta.

Pero, junto a estos conflictos abiertos, la Guerra Fría nos trajo también una intensísima guerra ideológica cuyas trincheras estaban en nuestras universidades, en nuestros medios de comunicación, en nuestros cines y en todas las manifestaciones de lo que podemos denominar cultura comprometida. Nuestros veinte años se vieron sometidos a la fortísima presión de un combate ideológico en el que éramos a la vez soldados, municiones y objetivos y que nos enfrentó a profundos conflictos intelectuales y morales que en muchos, muchísimos casos, desembocaron en posiciones políticas fantásticamente izquierdistas. Así, la Guerra Fría fue levantando en el espíritu de mi generación un solidísimo muro cuya demolición no ha terminado todavía —dudo que alguna vez termine— y que exige de nosotros las mismas energías que, en su momento, requirió su construcción. Quizás la Guerra Fría no existiese y no hubiese existido nunca para esos muchachos que, con un uniforme soviético que, desde todos los puntos de vista, les sentaba mal, disfrutaban de un maravilloso día de primavera en los jardines del palacio de Gotha, pero la contemplación de sus rostros sonrientes hacía a mis ojos más visible, más absurdamente visible, la realidad de un conflicto que se confundía con la más reciente historia de Europa y que de forma tan evidente había marcado el desarrollo de nuestra juventud.

Cuando llegamos al Museo de la Naturaleza, lo encontramos cerrado a causa, creo recordar, de unas obras de renovación. Entre unas cosas y otras la mañana había transcurrido y la hora de comer se nos había echado encima. Teníamos que pensar en buscar un restaurante y resolver todos los problemas burocráticos que nuestra insensata pretensión de comer llevaba consigo. La idea de recorrer sin rumbo fijo la ciudad, negociar una mesa a cara de perro y, con toda seguridad, aguantar una cola que el primero de mayo haría especialmente larga, nos produjo una pereza infinita. Gotha está cerca de la frontera y esto nos hizo pensar que, si lo hacíamos a hora española, podíamos comer en la República Federal. No tardamos nada en decidirnos pues, perezas aparte, queríamos llegar pronto a Fráncfort y no sabíamos las sorpresas que nos podían deparar los trámites fronterizos. Así que en la puerta del Museo de la Naturaleza decidimos dar por terminada nuestra visita a la RDA y emprender el regreso a casa. Aunque ya en el coche y sin detenernos, todavía tuvimos tiempo de ver la Plaza del Mercado (Hauptmarkt) con el edificio del Ayuntamiento y una preciosa fuente barroca.

Cuando, tras pasar a los pies de Eisenach, llegamos a la frontera, nos encontramos con el peor panorama imaginable. Larguísimas colas de automóviles esperaban su turno para pasar al otro lado de Alemania, previo el minucioso registro al que todo vehículo era sometido por la policía fronteriza. Pensábamos ya que nos íbamos a eternizar y que, con un poco de suerte, podríamos merendar en Herleshausen cuando descubrimos que la *Spur* 14 estaba reservada para diplomáticos y prácticamente vacía. Mi pasaporte rojo, que nunca me había servido para nada, me iba a prestar en aquellas circunstancias un servicio impagable, aunque no evitó el pertinente interrogatorio y un detenido examen de todos los recovecos del coche. Pero, a pesar de todo, en apenas diez minutos habíamos resuelto todas las formalidades y entrábamos de nuevo en lo que entonces nos pareció literalmente nuestra casa.

Lo primero que hicimos al volver a la normalidad fue buscar un teléfono y llamar a Fráncfort para comprobar que los asuntos domésticos estaban en orden y comunicar nuestros planes de regreso. Las niñas estaban bien, todo parecía haber funcionado a la perfección y, en consecuencia, nosotros podíamos comer tranquilos. Atrás quedaban tres días en los que habíamos acumulado años de ideas, noticias e imágenes, impresiones que enriquecían mi larga relación con Alemania y que, sin duda, exigirían un dilatado periodo de asimilación. Pero había algo más. Conmigo me llevaba la sensación de que en Weimar confluían todos los caminos de mi juventud. Mis reflexiones de tantos años, las preocupaciones que las animaban, todas las cuestiones que verdaderamente me interesaban parecían haberse encarnado en esa pequeña ciudad de Alemania, una ciudad de la que me alejaba con la certeza de que pronto habría de regresar, una ciudad de la que, como sucede con los grandes amores, por mucho que me alejase —entonces ya lo sabía— nunca podría partir.

II

Las semanas que siguieron a mi primera estancia en Weimar las dediqué no solo a asimilar las impresiones que había recibido, sino también a buscar datos y recabar cuanta información me permitiese arrojar nueva luz sobre lo que había visto en la otra Alemania. Con el transcurso del tiempo se fue sedimentando el aluvión de noticias e imágenes que había recibido pero, al mismo tiempo, fue creciendo mi interés por conocer mejor todo lo relacionado con Turingia y con la RDA, cuyo futuro inmediato, además, no dejaba de plantear urgentes interrogantes.

Noticias a las que unos meses antes hubiese prestado, quizás, una atención superficial, reclamaban ahora mi tiempo y mi dedicación como si, súbitamente, hubiesen adquirido una presencia física de la que anteriormente carecían. Mi estancia en la RDA, aunque corta, había transformado lo que hasta entonces había sido una referencia próxima pero abstracta en un paisaje concreto, en una imagen dotada de luz y de color, en un drama del que conocía el escenario y a cuyos personajes podía poner un rostro con rasgos definidos, unos rasgos, además, nítidamente alemanes. Había cruzado la frontera, había peleado con la burocracia socialista, había escuchado el silencio de un campo de concentración, había visto a los soldados soviéticos pasear bajo un sol primaveral a pocos kilómetros de donde acampaban los soldados americanos, había vivido el contraste entre la escasez alemana y la abundancia alemana, había contemplado la casa de Goethe cubierta de polvo, de desidia y de abandono. Y todo aquello era también parte de la historia de Alemania.

En aquellas fechas —primavera y verano de 1989— los periódicos alemanes publicaban un día sí y otro también informaciones y reportajes sobre la historia y la situación política, tanto de la República Federal como de la RDA, pues, no en vano, ambas Repúblicas celebraban entonces su cuadragésimo aniversario. La Ley Fundamental de Bonn entró en vigor el 23 de mayo de 1949 y unos meses más tarde, el 7 de octubre del mismo año, se proclamó formalmente la RDA, por lo que bien se puede decir que ambas cumplían en esos meses cuarenta años, los mismos que había cumplido yo el pasado 27 de mayo.

La creación de dos Estados alemanes independientes, idea que, en principio, no figuraba en las planes de ninguna de las potencias ocupantes, fue la consecuencia de la división del país en distintas zonas de ocupación, de la voluntad soviética de no dar ni un solo paso atrás en la configuración de su zona de influencia y de la implantación de dos sistemas económicos radicalmente distintos, circunstancia esta que se puso de manifiesto con claridad a partir de la reforma monetaria occidental de 1948 que fue, en último término, el factor que precipitó el proceso que condujo a la división política de Alemania.

La respuesta de las autoridades soviéticas a la introducción del nuevo marco alemán fue el bloqueo de Berlín, hecho que demuestra que el muro, del que aquel es un claro precedente, no es un accidente en la historia de la RDA sino, por el contrario, el elemento fundamental de la misma, presente en todo momento como condición de posibilidad de su propia existencia.

Los aliados occidentales, ante la evidencia de la pérdida de valor del viejo marco del Reich —en parte por la compulsiva actividad emisora de los soviéticos, en cuyas manos habían quedado las prensas del banco central— abordaron, en junio del 48, una profunda reforma económica en la que, tras establecer una zona de libre comercio entre sus respectivos territorios de ocupación, implantaron una nueva moneda a un tipo de cambio 1/1.

El 18 de junio de 1948 dejó de circular en la zona occidental el Reichsmark y el día 24 del mismo mes comenzaba el bloqueo de Berlín. A partir de este momento la lógica de la división se desarrolla por sus propios pasos con el resultado final que ya hemos mencionado: el establecimiento en Alemania de dos Estados independientes, situación fáctica que adquiriría su plena consolidación jurídica con el reconocimiento mutuo en el llamado *Grundlagenvertrag* de 21 de diciembre de 1972 y el posterior ingreso de ambos Estados alemanes en Naciones Unidas en septiembre de 1973. Pero la división política de Alemania era ya una realidad en 1949, y en 1989 ambos Estados celebraban el cuadragésimo aniversario de su salomónico nacimiento.

Esta efemérides dio lugar, como ya he dicho, a que los medios de comunicación alemanes y, en distinta medida, los de todo el mundo publicasen en aquellas fechas numerosos reportajes en los que se analizaban estos cuarenta años de turbulenta historia y se establecían hipótesis sobre el porvenir de las dos Alemanias, lo que suponía, también, formular hipótesis sobre el futuro de las relaciones este-oeste y sobre la evolución de la Guerra Fría de la que aquellas eran el epicentro. Porque en la primavera de 1989 era evidente, además, que después de cuarenta años de inmovilidad o de, al menos, aparente inmovilidad, algo estaba sucediendo en la Unión Soviética y en los países de su ámbito de influencia. La subida al poder de Gorbachov en 1985 había supuesto, entre otras cosas, un cambio en las tradicionales relaciones de tutela existentes entre la URSS y los países de su entorno, y estos, conscientes de su mayor margen de maniobra, estaban empezando a dar pasos importantes hacia su democratización.

El día dos de mayo de 1989, al día siguiente de nuestro regreso de Weimar, el Gobierno húngaro anuncia su intención de desmantelar el llamado telón de acero a lo largo de toda su frontera y poco después, el 22 de julio del mismo año, se celebran en cuatro ciudades húngaras, por primera vez desde 1947, elecciones al Parlamento con participación de partidos de la oposición.

El 4 de junio se celebran elecciones legislativas en Polonia, unas elecciones que gana de forma aplastante el sindicato Solidaridad al obtener noventa y dos de los cien escaños del Senado y el 85,7% de los votos para la Cámara Baja.

Por su parte, el secretario general del PCUS realiza el día 13 de ese mismo mes de junio una histórica visita a Bonn, donde firma con Helmut Kohl una declaración conjunta en la que se establecen unas nuevas bases para las relaciones este-oeste.

Es cierto, sin embargo, que el Gobierno rumano de Ceausescu comienza en esas mismas fechas la construcción de un muro que cierre las fronteras de su país con Hungría y Yugoslavia, pero este gesto más parece fruto de una desesperada voluntad de poner puertas al campo que producto, como sucedió en 1963, de una determinada forma de entender las relaciones entre occidente y los países del bloque soviético.

En esos meses y en esa situación todos los ojos se volvían hacia la RDA, que entonces preparaba los fastos de su cuadragésimo aniversario. Alemania oriental siempre había gozado la fama de poseer la estructura productiva más potente entre las economías socialistas y sus principales dirigentes eran octogenarios, que estaban pidiendo a gritos el relevo. Las condiciones parecían propicias para que los vientos de cambio que soplaban en Polonia o en Hungría soplasen también en la RDA y, sin embargo, Honecker y sus colaboradores no ahorraban críticas a la política de Gorbachov en la URSS y, por extensión, en todo el bloque soviético. El SED[52] y el Gobierno entonces presidido por Willi Stoph, a pesar de algunos pasos dados en los últimos años, parecían encastillados en la defensa numantina de sus posiciones. El muro, como siempre, era la clave.

---

52. SED son las siglas alemanas correspondientes a la denominación oficial del Partido Comunista de Alemania Oriental: Partido Socialista Unificado de Alemania.

Los periódicos rebosaban información (así me di de bruces con la fotografía de Willy Brandt asomado a la ventana de nuestra habitación en Erfurt) y yo leía con renovado interés todo cuanto caía en mis manos; pero, al mismo tiempo, buscaba, preguntaba, indagaba no solo los datos de una actualidad que, poco a poco, iba adquiriendo una velocidad vertiginosa, sino todo aquello que me pudiese proporcionar un conocimiento más profundo de aquella parte de Alemania que, por razones que no necesito explicar, me resultaba más desconocida.

Puedo decir que en aquellas semanas hice varias veces con la imaginación el viaje que había hecho aprovechando el puente del primero de mayo y que el vuelo de aquella me llevó no solo a recordar, sino también a ampliar las rutas que entonces había recorrido, a trazar nuevos itinerarios, a profundizar en lo que, a pesar de mi interés, tan solo había entrevisto.

Eisenach, Weimar, Erfurt, hasta hace poco simples referencias históricas o geográficas, fueron haciéndoseme cada vez más próximas y familiares, y con esta mayor familiaridad, con este más cercano conocimiento, fue creciendo también el deseo de volver a ver unas ciudades de las que no podía alejarme.

Por ello, cuando mis hermanos, Cuca y Juanjo, y mis sobrinos, Armando y Pino, que habían venido a pasar sus vacaciones con nosotros, hubieron visto todo lo que había que ver en Fráncfort y sus alrededores, no pude resistir la tentación de proponerles una nueva excursión a Weimar, que para ellos podía significar un enriquecimiento inesperado del viaje y para mí el reencuentro con unas ciudades a las que necesitaba volver. Estaba seguro de que a ellos les iba a interesar la excursión y yo quería no solo regresar a Weimar, sino, también, hacer partícipes a mis hermanos de lo que a mí tanto me había interesado.

Mi propuesta fue aceptada inmediatamente pero su realización no resultaba sencilla. No teníamos hotel, no teníamos visados y, sobre todo, no teníamos tiempo para conseguir una y otra cosa, porque el mes de agosto estaba llegando a su final y mis hermanos tenían que regresar a España. No sé quién, sin embargo, me había dicho que era posible resolver todas estas cuestiones directamente en la frontera y, un tanto a ciegas, pero sin nada que perder, decidimos probar fortuna y presentarnos en el paso fronterizo de Herleshausen. Antes de salir de Fráncfort, preparamos una excursión alternativa por si fracasábamos en nuestro intento y con este sencillo equipaje nos pusimos de nuevo en camino hacia la RDA; era el día 26 de agosto de 1989.

El muro de Berlín es la imagen de la Guerra Fría pero quizás tan solo una parte —la más agresiva, la más inhumana, sí, pero tan solo una parte— de la inmensa frontera que se extendía desde el Báltico al Adriático. La RDA tenía más de quinientos kilómetros de frontera con la República Federal y toda ella estaba protegida por amplios espacios muertos de acceso limitado, alambres de espino, torretas de vigilancia y búnkeres de vigilancia, que hacían de la evasión una tarea prácticamente imposible. Los ciudadanos de la RDA eran prisioneros en una cárcel que se llamaba Turingia o Pomerania o Brandenburgo, donde antes habían vivido espíritus tan libres como Goethe o Schiller y donde, sin duda, todavía seguía alentando el anhelo de la libertad.

Herleshausen —ya lo he contado con anterioridad— era un paso físico y espiritual, una sucesión de controles entre suaves colinas verdes, donde el ánimo se te encogía agobiado por la desconcertante sensación de estar bajo permanente observación y de tener sobre ti la amenaza de varios cañones de ametralladora.

Herleshausen, sin embargo, nos ofreció en esta ocasión una recepción inesperada, que solo puedo calificar de amable. Una funcionaria de edad indefinida, pelo gris y aspecto maternal, aunque abandonado, nos recibió en el barracón que servía de oficina para la recepción de los turistas y en poco más de media hora, en la que no nos faltó conversación, obtuvimos los imprescindibles visados y tres habitaciones en un hotel de Weimar de cuyo nombre soy incapaz de acordarme. Todo había resultado fácil; habíamos encontrado una persona amable —especialmente amable con las niñas que, en esta ocasión, nos acompañaban— que nos había resuelto muy satisfactoriamente un problema que nosotros creíamos insoluble: teníamos visados y tres habitaciones en un hotel que no pertenecía a la cadena Intertourist y que, por tanto, nos iba a permitir conocer un aspecto más de la vida cotidiana de la RDA. Todo se había resuelto de la forma más satisfactoria posible, mucho mejor, incluso, de lo que yo nunca había llegado a imaginar.

Entramos en la RDA con la intención de parar a comer en Eisenach. Con los visados en la mano, nos atrevemos a hacer los planes que habíamos esbozado en Fráncfort. El verano empieza a declinar, pero los días son todavía largos y podemos ver muchas cosas si aprovechamos bien la tarde que tenemos por delante. Necesitamos solucionar cuanto antes el problema de la comida y por ello, aunque para nuestros horarios españoles sea aún muy pronto, paramos a comer en Eisenach. Yo quería, además, dar un paseo por la ciudad y ver, al menos, la casa de Bach, de modo que esta excursión a Weimar no fuese una mera repetición del viaje que habíamos hecho a finales del mes de abril, sino una ampliación del mismo.

La distancia entre el paso fronterizo de Herleshausen y el centro de Eisenach no es muy larga, pero sí suficiente para proporcionarte la nítida sensación de que has entrado en otro país, una diferencia que se hace perceptible en infinidad de detalles físicos elementales como el color de la luz o los sonidos que te rodean.

Si la primera vez que crucé la frontera me llamó la atención la continuidad natural existente entre los dos países, en esta ocasión me sorprendió la profunda diferencia existente entre los mismos. Tan pronto como entré en la RDA, mis sentidos reconocieron unos olores o unos colores que en mayo todavía no conocían pero que, mientras tanto, habían llegado a vincularse en mi memoria con un territorio cuya presencia ahora identificaban.

La RDA tiene una luz y unos colores propios, que la caracterizan aún más que el compás o el martillo de su artificiosa enseña nacional. La RDA tiene sus propios olores y sus propios sonidos, también diría que sus propios sabores, aunque entonces no fuese capaz de identificarlos.

El color de la RDA es el gris, un gris producto de la masiva combustión de lignito, que flota en el ambiente impregnándolo todo, el gris adherido a las fachadas cuyos infinitos desconchones producen sucesivas matizaciones de un mismo color, el gris de las obras sin el más mínimo síntoma de actividad que nos encontramos a cada paso, el gris en el monótono vestir de la gente, el gris de los escaparates cubiertos de polvo, el gris, esa tenue oscuridad, de las calles mal iluminadas, el gris de esa indefinible sordidez que nos encontramos por todas partes. El verde y dulce paisaje de Turingia se ve oscurecido por ese filtro gris a través del cual lo vemos todo, un filtro que deja un poso gris en el ánimo al cruzar la frontera de Herleshausen.

El silencio de Eisenach, el silencio de una pequeña ciudad de provincias, pero también de un importante centro industrial, el silencio profundo de la RDA convive en las calles con el peculiar traqueteo de los motores de dos tiempos y el abrupto caminar de los coches por el irregular empedrado de las calzadas. El bullicio occidental de los sábados, el ir y venir en los comercios, los puestos de venta ambulante, el sonido ambiental de los músicos callejeros, el permanente runrún de un tráfico incesante, todo parece haber enmudecido al cruzar la frontera. De pronto se ha hecho el silencio, un silencio que, sin embargo, no produce una tranquilizadora sensación de paz, sino una vaga y desconcertante inquietud. El sonido de la RDA es una mezcla de silencio y ruido, un silencio interrumpido por el chirrido de un tranvía que pasa o el ronquido de un coche que arranca en una calle vacía, un silencio que es, en sí mismo, un estruendo ensordecedor.

En este verano de 1989, la contaminación ambiental es, según informan los periódicos occidentales que yo he leído con tanta avidez estas últimas semanas, una de las cuestiones recurrentes en la actividad de los incipientes grupos de oposición. El lignito de las calefacciones, la baja calidad de las gasolinas que utilizan los coches y el mal funcionamiento de una planta industrial envejecida, ineficaz y carente por completo de instrumentos correctores de su propio funcionamiento, producen, en conjunto, un entorno sucio y degradado, un aire impregnado de un olor acre y espeso.

Este olor es el que nos recibe en Eisenach, una ciudad cuyos habitantes encuentran su principal fuente de actividad en la fabricación de los automóviles Wartburg, que hacen de distinguido hermano mayor de los pequeños *Trabis*. Todo en la RDA, la armonía del paisaje, la limpieza de los ríos, la claridad del aire, la estética de las ciudades, todo está supeditado como, en general, en todos los países socialistas, a la eficacia de la producción, lo que trae consigo una más o menos intensa, pero, si no permanente sí muy frecuente, agresión a los sentidos que, sin duda, forma parte de esa sensación de sordidez característica de la Alemania Oriental.

Olores, colores, sonidos se mezclan en la RDA con un ritmo especial de la vida cotidiana, con un determinado *tempo* que quizás no sea lentitud sino inmovilidad, como si todo hubiese quedado momentáneamente suspendido en el aire junto con las minúsculas partículas de carbón o las emanaciones de unos vehículos renqueantes. Todo ello hace que la RDA sea no solo, como señala la retórica oficial, el primer Estado socialista en suelo alemán, sino también un universo sensorial perfectamente reconocible y, por lo tanto, con una enorme capacidad de evocación. Existen olores RDA, capaces de traer a la memoria de la forma más directa y evocadora las angustias de una sordidez cotidiana, existen colores o sonidos con la misma capacidad de identificación que la hierática silueta de los *Vopos* haciendo guardia ante el neoclásico edificio de la Neue Wache. Alonso Alvárez de Toledo, en el prólogo a su libro *En el país que nunca existió,* al que volveré en sucesivas ocasiones, dice: «Mi convicción es que, en el caso alemán, la existencia de un Estado reconocido internacionalmente no llegó a crear un país diferenciado».[53] La afirmación de Alonso Álvarez de Toledo —que, siendo exacta, solo podría aceptar con algunas matizaciones importantes— va mucho más allá de lo que yo ahora pretendo y no es mi intención profundizar por el momento en ella; pero sí es cierto que, haya creado o no un país diferenciado, pocos sistemas políticos han intervenido de forma tan intensa en la vida cotidiana de sus ciudadanos como la RDA, hasta el punto de condicionar, literalmente hablando, hasta el aire que respiran, radicalmente distinto al aire que respiraban entonces sus vecinos del otro lado de la frontera.

Comemos en Eisenach y lo hacemos, además, pronto y bien. Dejamos los coches enfrente de la *Postamt,* junto a la Plaza del Mercado, y entramos directamente en un *Stube* situado en la fachada oeste de la plaza, enfrente de la iglesia de San Jorge, que domina desde su centro la totalidad de la plaza. Nos atienden de forma amable sin largas colas ni

---

53. Alonso Álvarez de Toledo y Merry del Val, *En el país que nunca existió*, Muchnik Editores, Barcelona, 1990, pág. 14.

esperas desproporcionadas. Comemos lo que tradicionalmente se entiende por comida alemana acompañada de una buena cerveza; todo aceptable, incluso de buena calidad, excepto el café, que resulta, como ya nos pasó en Weimar, una pócima imbebible.

Tan pronto como terminamos de comer, nos ponemos en movimiento para dirigirnos a la casa natal de Bach. Encontramos cerrada la iglesia de San Jorge, donde me hubiese gustado entrar. En el coro de esta iglesia cantó Lutero, en ella se celebraron los esponsales de santa Isabel de Hungría y en ella fue bautizado Juan Sebastián Bach, por lo que bien podemos decir que la iglesia ocupa no solo el centro físico de la plaza, sino también el centro espiritual de la ciudad, al estar sus muros vinculados a los tres nombres más representativos de la historia de Eisenach.

Dejamos a nuestra izquierda el Stadtschloss, palacio barroco mandado construir por el duque Ernst August von Sachsen-Weimar-Eisenach en 1742, y nos dirigimos por el sur hacia la casa de Bach. Nada más salir de la Marktplatz nos encontramos con la casa de Lutero, una preciosa casa de entramado de madera donde Lutero residió durante sus años de estudiante (1498-1501). La excursión que iniciamos puede ser contemplada desde distintas perspectivas, pues la concentración cultural de la zona permite distintos enfoques o diferentes puntos de vista. Para la historia de la música, Turingia será siempre la patria de Bach, el lugar en el que este creció y al que siempre volvieron los recuerdos de su infancia; Weimar es para la historia de la literatura el clasicismo alemán y quizás también el germen del romanticismo, si tomamos en cuenta no solo las obras de Goethe y Schiller, sino también el pensamiento de Herder, que desde la iglesia de Santo Tomás dinamitó los postulados básicos de la Ilustración; pero para la historia del espíritu religioso y también para la historia de Alemania, Eisenach, Erfurt, Turingia siempre serán la cuna de la Reforma, que es también la cuna de la primera revolución alemana. El verdadero templo luterano de Eisenach es, sin embargo, el Wartburg y no esta pequeña casa, a cuyo lado pasamos con curiosidad, pero también con relativa indiferencia, camino de la casa natal de Juan Sebastián Bach.

La casa de Bach, un pequeño museo todavía carente del edificio anexo que se construyó unos años después, nos recibe de una forma amable y acogedora. La encargada de la venta de entradas sonríe a las niñas y les pregunta la edad. Elena contesta con un escueto *sieben,* pero su rostro estalla de satisfacción, pues ha entendido la pregunta y ha sido capaz de contestar sin vacilaciones, construyendo de esta manera su primera conversación alemana, un hito, sin duda, en su historia personal.

La casa-museo de Bach reúne lo que habitualmente suelen reunir esta clase de instituciones, sin que difiera mucho lo que aquí vemos de lo que se puede ver en la casa natal de Beethoven en Bonn. Hay en la casa-museo de Eisenach una buena colección de instrumentos musicales; la obra de Bach supuso una auténtica revolución musical, pero él personalmente contribuyó también a la innovación técnica en los instrumentos de la época, asesorando y sugiriendo modificaciones a los grandes fabricantes del momento.

La pequeña crónica de Ana Magdalena Bach[54] es un pastiche, pero un pastiche muy bien hecho, en el que a mí me parece descubrir la misma devoción sencilla, el mismo sentido de la intimidad que percibo en la música de Bach. Nada siento más que mi falta de aptitudes musicales, que percibo como una dolorosa limitación; pero mi carencia de conocimientos técnicos no me impide apreciar hasta el asombro la grandeza de la música de Bach, una grandeza hecha de cosas sencillas, del recogimiento del hogar, del amor a la familia, de una fe capaz de descubrir la presencia de Dios en cada una de las criaturas.

El recogimiento, el sentido de la intimidad, el permanente retorno hacia el interior de uno mismo es, a mi juicio, uno de los rasgos característicos del espíritu alemán, un componente esencial de todas sus grandes obras, de las mejores y de las peores, desde el idilio lleno de lirismo de los poetas románticos o los pequeños *impromptus* de Schubert, hasta las grandes y perturbadoras construcciones del idealismo, que llegan a hacer de ese yo íntimo un absoluto que se identifica con la misma realidad.

Bach posee el sentido de la intimidad de la espiritualidad luterana, una intimidad doméstica construida en torno al hogar y la familia, una familia cuyo centro es la Biblia y la intimidad cotidiana con Dios. En las cantatas religiosas de Bach está presente la Biblia de Lutero, una religiosidad en la que la relación casi familiar con Dios se hace compatible con los pequeños placeres domésticos, como los plasmados

---

54. *La pequeña crónica de Ana Magdalena Bach*, traducción de Carlos Guerendiain, Editorial Juventud, Barcelona, 2003.

en la *Cantata del café* o en la *Cantata nupcial;* Dios para la espiritualidad luterana es uno más de la familia, de esa familia que hace música mientras Ana Magdalena Bach, buena cantante que, con cierta frecuencia, se une a los pequeños conciertos familiares, repasa la ropa desgastada de sus innumerables hijos.

Bach es el músico de la Reforma como Cranach es su pintor; Bach no es un genio, porque el concepto de genio es muy posterior, quizás un concepto del romanticismo. Bach permanece todavía en la tradición artesanal, en la que la música es una actividad que se transmite de padres a hijos, en la que la música es una profesión en la que, poco a poco, se van ascendiendo grados y categorías, en la que la música no es el producto de una inspiración exaltada sino, muchas veces, la respuesta a un encargo que ha de ser entregado a tiempo, como entrega el zapatero un par de botas nuevas o el sastre una casaca, que ha de ser estrenada el Domingo de Resurrección. Bach hace música para esos artesanos que asisten cada domingo a la iglesia de Santo Tomás de Leipzig y él mismo pertenece a esa tradición gremial, a esa burguesía industriosa, que constituye también la base sobre la que se asienta la reforma luterana. Bach no es un genio; el músico solitario y atormentado por sus ansias creativas como Beethoven, como Wagner o, en otros aspectos, como Schubert, está todavía muy lejos. Bach no es un genio, lo que no impide que sea, sin duda, una de las cumbres indiscutibles de la humanidad.

La historia de Europa es una historia de simas profundas y cumbres luminosas; la historia de Europa es una historia de profundas contradicciones, pero siempre una historia en la que se ha plasmado lo mejor y, quizás también, lo peor de la humanidad. Sin embargo, tengo la sensación de que Europa vive ahora un momento de profunda decadencia, un pacífico abandono, que quizás sea posible interpretar como una simple y vulgar abdicación.

La decadencia europea tiene evidentes causas políticas, algunas ya muy antiguas, como la transferencia de poder que se llevó a cabo al final de la Primera Guerra Mundial, a favor de los Estados Unidos. La división de Europa después de la Segunda Guerra Mundial acentuó, sin duda, este cambio de escenario, privando al viejo continente no ya de parte de su autonomía política, sino también de gran parte de su tradición —de su creatividad— cultural. Praga es el centro geográfico de Europa y nada puede irritar más a un checo que la consideración de su país como parte de la Europa del este. La cultura europea es impensable sin Centroeuropa; esto ha sido históricamente así y lo ha sido quizás con especial intensidad en la primera parte del siglo XX, un periodo en que muchos de los movimientos más renovadores se expandieron por el mundo a partir de esos países en los que ahora unos autoproclamados guardianes de la ortodoxia deciden qué se puede publicar y qué no se puede publicar. Rilke, Kafka, Freud, Canetti, Ionesco o Bela Bartok, por citar solo personalidades determinantes de la cultura del siglo XX, hubiesen sido ciudadanos de esos países, cuyos vínculos culturales con el resto de Europa han quedado seriamente dañados por un espesísimo telón de acero, tras el que quedan también semiocultas la gran cultura rusa o la cultura específicamente alemana que tuvo en Berlín, durante los años de la República de Weimar, un escenario privilegiado. Europa ha perdido con su división gran parte de la savia cultural a la que debe su grandeza.

Sin embargo, la pérdida de confianza de Europa en sí misma no tiene solo causas políticas. El final de la Segunda Guerra Mundial marca asimismo el final de las vanguardias y con este final se extiende la perturbadora sensación de que las formas artísticas tradicionales, aquellas que de alguna manera han cimentado la gran cultura europea, están llegando o han llegado ya al límite de sus posibilidades. Las formas expresivas de la pintura, la escultura, la música, la poesía o la gran narrativa europea que se extiende de Cervantes a Joyce parecen agotadas y su renovación imposible. El arte se hace conceptual y se transforma, en el mejor de los casos, en una reflexión sobre sí mismo, un ejercicio desesperado de escasa capacidad expresiva y nula capacidad comunicativa, una, quizás, culta reiteración generadora del tedio infinito de lo ya visto.

Europa se ensimisma; Europa, cuando tiene que dar cuenta de sí, se aferra al *Himno a la alegría* pero lo hace presa de una profunda melancolía, agobiada por la conciencia de que su tarea está ya hecha y sus posibilidades agotadas. Europa acepta que su gran cultura ha llegado al final de su trayecto y lo hace no solo con la resignación que exige el cumplimiento de un hecho natural, tal como lo predijera Spengler, sino, lo que es más importante, con el convencimiento de que su experiencia histórica ha sido un estrepitoso fracaso y que, por lo tanto, es mejor dejar paso franco a nuevos bárbaros capaces de renovar un imperio agonizante.

Europa tiende a abdicar, Europa —y esta es, a mi juicio, la causa fundamental de su decadencia— vive moralmente agobiada por una historia que apenas ha conocido la paz, por la gran tragedia del holocausto y por la persistencia de un muro que niega los principios fundamentales de su propia concepción del mundo. La gran cultura europea ha conducido al campo de concentración de Buchenwald, al archipiélago Gulag, al muro de Berlín y al sometimiento de una parte sustancial de la población continental a un sistema político que nació en Europa, pero que supone la negación de los pilares fundamentales de su existencia.

Europa tiende a abdicar, pero no de su poder político o de su potencia económica que ya perdió hace tiempo, sino también y fundamentalmente, de su propia cultura, que ha interiorizado como culpable de esa gran tragedia que es la historia. La conciencia de la propia culpabilidad late, sin duda, en ese blando humanitarismo que impregna la política europea y en una consideración de las otras culturas que no es manifestación de una tolerancia presente en nuestra mejor tradición, sino un expreso reconocimiento de nuestros errores; incluso el expreso, aunque tantas veces contradictorio, antiamericanismo circulante en Europa me parece en parte, solo en parte, una manifestación más de esa actitud de renuncia y autoflagelación, como si hubiese que borrar las huellas de nuestra herencia en el código genético de nuestros más legítimos herederos.

La historia europea —ya lo he dicho con anterioridad— es una historia de simas profundas y cumbres luminosas, una historia de contrastes en la que, sin embargo, las luces siempre han sido capaces de alumbrar los más oscuros recovecos de su devenir, haciendo claramente visible la grandeza y la extraordinaria dignidad del ser humano.

En 1685 toda Europa —y muy especialmente Alemania— estaba todavía recuperándose, a pesar del tiempo transcurrido, de esa gran tragedia que fue la Guerra de los Treinta Años, una guerra en la que Alemania perdió un tercio de su población y que produjo en términos relativos más víctimas que la Primera Guerra Mundial. Pero en 1685 nacía también en el Frauenplan de Eisenach Juan Sebastián Bach, cuya música habría de llevar a la humanidad a uno de los puntos más altos de su propia configuración histórica. El fulgor de la música de Juan Sebastián Bach, luego mucho tiempo oscurecida hasta su recuperación por Felix Mendelssohn, podía iluminar las tinieblas o, al menos, proporcionar una esperanza en la capacidad del hombre para iluminar el mundo con la luz de la bondad y de la belleza. La casa de Juan Sebastián Bach en Leipzig se transformó en un lugar de peregrinación al que acudían discípulos deseosos de escuchar al maestro y de recibir sus lecciones magistrales; la casa de Bach podía ser un lugar de peregrinación, pero ¿dónde está hoy la casa de Bach?, ¿dónde ese lugar capaz de alumbrar con su luz la oscuridad de la noche?

No lo sé; esta es una pregunta para la que no tengo respuesta. Tengo la impresión de que Europa, a pesar de tantos ministerios de Cultura, de tantas subvenciones y de presupuestos culturales cada vez más estrambóticos, vive con la oscura sensación de que la casa de Bach quedó convertida en escombros por las bombas de la Segunda Guerra Mundial y que, hoy en día, es imposible su reconstrucción. Europa parece asistir inerme al final de la representación, como si solo quedase la oscura tarea de barrer la sala para que otros, si acaso, pongan en escena una obra distinta, con otros autores, otros actores y, sobre todo, con un argumento radicalmente diferente. Pienso, sin embargo, que si yo insisto en volver a Weimar es porque parto del quizás inconsciente convencimiento de que la casa de Bach sigue estando allí donde ha estado siempre, en el Frauenplan de Eisenach o en la escuela de Santo Tomás de Leipzig, y de que allí sigue habitando una belleza que espera que nosotros acudamos a su encuentro con humildad, sin pretender apoderarnos de sus encantos, ni hacer nuestro algo que solo como donación puede ser adquirido. La belleza no nos pertenece, sino que, por el contrario, nosotros pertenecemos a una belleza que exige de nosotros dedicación y fidelidad. No somos los creadores de la belleza sino su creación; es la belleza la que nos crea a nosotros, haciéndonos partícipes de su luz y de su dignidad, es la belleza la que nos proporciona su calor y su aliento, siempre que nosotros seamos capaces de permanecer a su lado con la fidelidad de una amorosa dedicación. La fidelidad a la belleza es parte de la fidelidad a nosotros mismos y esta exige la plena aceptación de los límites que nos constituyen. Somos límites, y dentro de esos límites tenemos que organizar nuestra intimidad con la belleza sin pretender ir más allá ni hacer de esta una emanación de nuestra propia personalidad. No podemos servirnos de la belleza para intentar romper los límites que nos constituyen, sino, por el contrario, hemos de servir nosotros a esa belleza con la conciencia de que en esa dedicación está toda nuestra recompensa. Quizás por ello debamos olvidarnos de intelectuales, genios, faustos y superhombres y recuperar la humilde tradición artesanal de la que es producto la obra de Bach, un fiel servidor de la belleza de la que nada exigió y de la que recibió a manos llenas la luz que todavía hoy nos ilumina.

Hay en la herencia cultural de Europa algunos elementos que no podemos traicionar sin renunciar, como ha hecho Europa en sus peores momentos, a todo lo más digno que hay en nosotros mismos. Esté donde esté, no podemos renunciar a la belleza, como no podemos renunciar a la libertad individual sin renunciar al mismo tiempo a la dignidad esencial del ser humano, nuestro único patrimonio. La casa de Bach es nuestra casa, la casa donde hemos crecido y donde nos hemos educado, la casa desde cuyas ventanas hemos aprendido a mirar el mundo, la casa que guarda la herencia de nuestros antepasados, la casa que solo podremos ampliar y enriquecer si somos capaces de mantener intactos los pilares que la sostienen.

En esta ocasión no entramos en el Wartburg; la visita al Wartburg la haremos unos meses más tarde, ya con Joachim, Katarina y sus hijos, partiendo de la Eselstation que se inauguró en 1900 y que, desde entonces, ha supuesto para tantos el arranque de la encrespada ascensión que conduce a esa fortaleza de la imaginación. En esta ocasión, el Wartburg es para nosotros tan solo un paisaje, una silueta aislada y altiva que se alza como un sueño sobre el paisaje de Turingia. El Wartburg, entonces unas ruinas cargadas de historia[55],

---

55. Goethe ve en el Wartburg solo un «nüchternen öden Kasten mit einem ungeheuren Dach und kleinen Fenstern, in dessen Innern eine unbeschreibliche Unbehagenheit herrscht». (Una caja fría y abandonada con un enorme tejado y pequeñas ventanas en cuyo

también fue tan solo un paisaje para Goethe, el paisaje que se contemplaba desde su recinto abandonado.

Goethe visita el Wartburg en septiembre de 1777 e, impresionado por el panorama que desde el recinto se contempla, escribe a Charlotte von Stein una carta llena de entusiasmo en la que describe a su amiga un paisaje en el que, a la luz de la luna, se mezclan praderas, montes, bosques y claros, valles y arroyos, cumbres y despeñaderos y en el horizonte, confundiéndose con el cielo, el ondulado paisaje de Turingia, una descripción que por sus trazos bien podría corresponder a la de un cuadro de Caspar David Friedrich.

El Wartburg permaneció prácticamente abandonado hasta su recuperación por el romanticismo a principios del siglo XIX. Ya el hecho de que en 1521 sirviera de refugio a un perseguido Junker Jörg es indicativo de la poca importancia de un lugar, que podía dar albergue a un prófugo sin levantar sospechas ni poner en peligro su seguridad. Solo a principios del siglo XIX escritores como Friedrich Schlegel, Novalis, los hermanos Grimm o el barón de la Motte-Fouqué redescubrieron el Wartburg y construyeron sobre él una imagen ideal de la Edad Media, tomando como punto de partida el mismo que luego serviría como base argumental al *Tannhäuser* de Wagner: las justas poéticas que, de acuerdo con la tradición, tuvieron lugar en 1206 por iniciativa del Landgraf Hermann I y su esposa Sophie. Con la recreación musical de la leyenda de Tannhäuser en el que Wagner cree reconocer la

interior reina una indescriptible desolación) Citado por Etienne François en *Deutsche Erinnerungorte. Die Wartburg,* Verlag C.H. Beck, München, pág. 141.

figura de Enrique de Ofterdingen, se completa la reelaboración romántica del Wartburg que, a partir de entonces, pasa a ser la imagen de la lírica tradicional alemana y el vínculo de unión entre los nuevos poetas románticos y aquellos trovadores que, como Walther von der Vogelweide o Wolfram von Eschenbach, encarnan la primera poesía alemana y componen el *dramatis personae* de la ópera de Wagner.

Simultáneamente tiene lugar una segunda recuperación que es la que, a partir de 1817, llevan a cabo los jóvenes estudiantes alemanes, románticos, liberales y nacionales, que quieren construir sobre el pasado del Wartburg el futuro de la nación alemana. El Wartburg se transforma en lugar de peregrinación de todos cuantos sueñan con una constitución alemana que dé sustancia política liberal al espíritu tradicional de la nación, como posteriormente se transformó en lugar de peregrinación de todos aquellos que, comunistas o nacionalsocialistas, quisieron incorporar a su bandera el viejo espíritu del Wartburg.

La recuperación física del Wartburg será obra, sin embargo, del gran duque Carl Alexander von Sachsen-Weimar-Eisenach que, un poco en la línea de Luis II de Baviera y su *Neuschwanstein,* decide, en colaboración con el arquitecto Hugo von Ritgen, hacer del Wartburg una auténtica obra de arte y un museo vivo de la historia de Alemania, una tarea que a la muerte de von Ritgen, en 1889, se encuentra ya prácticamente terminada. Ellos dan al viejo Wartburg esa fisonomía idealizada de cuento de hadas o de ensoñación medieval, que nosotros contemplamos al pasar camino ya del campo de concentración de Buchenwald.

Pilar había jurado no volver jamás a Buchenwald y yo nunca hubiese dejado de visitar el Wartburg por volver a un lugar que no creía que pudiese decirme nada que no me hubiese dicho ya en una primera y, por lo demás, muy reciente visita. Pero en esta excursión nosotros éramos guías y anfitriones y pensamos que nada podría interesar más a Cuca y Juanjo y a Armando y Pino que la visita a Buchenwald y que, por lo tanto, este alto en el camino antes de llegar a Weimar resultaba absolutamente imprescindible.

El campo de concentración, tras el horror de la Segunda Guerra Mundial, ha llegado a ser un monumento representativo del siglo XX, como puede ser una catedral gótica representativa de la religiosidad medieval y, como tal, una referencia ineludible, trágica pero ineludible, para conocer nuestra propia historia. Por otra parte, aunque el campo de concentración no sea un monopolio alemán, tampoco es posible conocer la historia de Alemania, o asomarse, al menos, a su extraordinaria complejidad, sin pararse a contemplar, aunque sea un momento, los aspectos más desoladores de la tragedia del nacionalsocialismo. Una visita a Weimar exige una visita a Buchenwald por lo que, si queríamos cumplir con rigor nuestro papel de guías, no teníamos más remedio que hacer una parada en Buchenwald, una estación que, desde cualquier punto de vista, resultaba imprescindible en nuestro recorrido: quería enseñar Alemania a mis hermanos y enseñar Alemania significaba también enseñar aquello que nunca hubiésemos querido ver.

Buchenwald nos recibió con una lluvia fina pero persistente que incrementaba la melancolía del lugar. Muchas veces en Alemania no sabría qué contestar si me preguntasen si estaba lloviendo o no, pues la lluvia, más que lluvia, parece agua en suspensión, un aire cuya humedad se adhiere a la piel hasta hacer cuerpo con ella. Esta humedad pegadiza, casi palpable, es la que nos recibió en Buchenwald bajo un cielo gris, que impregnaba el paisaje de una tristeza en la que se anunciaba ya el final del verano. En Buchenwald, sin embargo, por una de esas extrañas asociaciones de ideas que tantas veces se imponen a nuestra conciencia, me recibió también un nombre vinculado al campo de concentración, pero representativo de un mundo incompatible con él. Lee Miller, ayudante, musa y amante de Man Ray, fotógrafa ella misma, llegó al campo de concentración con las fuerzas americanas de liberación como corresponsal de la revista *Life* y a ella le debemos muchas de las imágenes que documentan y atestiguan el horror vivido en ese bucólico paraje cercano a Weimar. Las imágenes que me recibieron al llegar a Buchenwald no fueron, sin embargo, las que Lee Miller tomó del dantesco espectáculo que allí se encontró, sino la famosa imagen de su chapuzón en la bañera de la residencia de Hitler en Múnich, o las mucho más famosas que de ella tomó Man Ray, o la bucólica imagen de un pícnic en el que participan con ella Paul y Nusch Éluard, Man Ray y su novia de entonces Ady Fidelin, pequeño grupo surrealista que no creo que ni siquiera en sus más osadas visiones pudiese llegar a imaginar nada como aquello de lo que luego Lee Miller daría cuenta con la fría objetividad de una cámara fotográfica. Pero la perturbadora belleza de una Lee Miller desnuda pronto se difuminó ante la más contundente presencia de un campo de concentración, cuya desoladora desnudez dejaba poco margen a las ensoñaciones mundanas.

No hay nadie en el campo, a pesar de que hoy nos lo hemos encontrado abierto. Con la absoluta libertad de movimientos que nuestra soledad nos proporciona, nos desperdigamos por su extenso territorio haciendo cada uno el recorrido que sus pasos le van dictando en cada momento. Visitamos primero el campo propiamente dicho y luego, ya todos juntos, el monumento conmemorativo, siguiendo el mismo itinerario que seguimos Pilar y yo hace tan solo unos meses.

Observo a los que me acompañan y me sorprende lo único que no debería haberme sorprendido, la absoluta ingenuidad de las niñas, para las que aquel páramo abandonado es tan solo un magnífico espacio donde corretear a sus anchas. Las veo cubiertas por las capuchas de unos chubasqueros azules y me sorprende no solo su inocencia, sino también su vitalidad, como si sus risas y sus carreras fuesen incompatibles con un lugar como aquel. Las niñas nada saben, pero tendrán que aprender, y me inquieta este largo aprendizaje en el que tendrán que aceptarse a sí mismas e integrar en tal aceptación ese páramo desolado del que quizás dentro de unos años no conserven ni siquiera la memoria de que una vez estuvieron en él. Pero la realidad del campo es insoslayable. Existe una tendencia natural al olvido o incluso a pensar que el horror es un producto del pasado y que el transcurso de la historia, el progreso de la humanidad, ha de traer inevitablemente un mundo mejor en el que tales atrocidades no sean ni siquiera concebibles. Existe la necesidad de una esperanza, pero no creo que podamos basar esta esperanza en un concepto de progreso que el campo de concentración ha echado por tierra para siempre.

El campo de concentración ha cambiado algo definitivamente en el curso de la historia. La Primera Guerra Mundial supuso una transformación radical de la concepción de la guerra, pero aquella seguía siendo una guerra; la Segunda Guerra da, sin embargo, un paso más para transformar no ya el concepto de la guerra, sino para transformar la guerra en otra cosa, en algo cuya definición no tenga quizás cabida en el diccionario. El campo de concentración es lo que distingue a la Segunda Guerra Mundial de cualquier otra guerra o, si tenemos en cuenta los campos soviéticos, anteriores, contemporáneos y posteriores a la guerra y, por lo tanto, independientes de esta, el campo de concentración es lo que distingue al siglo xx de cualquier otro siglo de la historia.

El siglo xix tuvo su gran motor en el concepto de progreso, en una fe por la que luchó con ardor en los foros y en las barricadas. El siglo xix, que probablemente empiece con la revolución francesa y termine con la soviética, que avanza al ritmo de la revolución industrial y que encuentra en su camino dos revoluciones tan importantes como las de 1848 y 1870, vive de un impulso revolucionario que, a su vez, se nutre de una íntima confianza en un mundo mejor y en las posibilidades de transformación moral del hombre. El siglo xix alimentó este sueño revolucionario con transformaciones políticas, económicas y sociales que, a pesar de su carácter parcial y de las dificultades de su implantación, incrementaron la libertad de los ciudadanos y mejoraron de forma sustancial sus condiciones de vida, cambios presentes en nuestra vida cotidiana a los que en ningún caso podemos renunciar. Sin embargo, este decimonónico sueño progresista se ve bruscamente interrumpido por la Primera Guerra Mundial que, en muchos aspectos, supone el auténtico cambio histórico de siglo y, de forma todavía más brusca y contundente, por la Segunda Guerra Mundial y, más específicamente, por los campos de concentración, que llevan a la humanidad a una de sus más profundas simas morales y echan por tierra el sueño de un hombre mejor; el campo de concentración supone el final del sueño del progreso.

No es posible la poesía después de Auschwitz, nos dice Adorno, afirmación que suscribiría al cien por cien, si dijese que no es posible ninguna poesía que no integre en su seno el horror que Auschwitz supuso o que no sea capaz de mantener los ojos abiertos y la mirada despierta ante el espectáculo de los campos de concentración. Quizás sea posible la poesía después de Auschwitz (Europa entera piensa que no es posible) pero esta no será tal si olvida este nuevo nombre del horror.

Es verdad que en el curso de la historia las sociedades han ido introduciendo formas de organización de la vida social que, como la garantía jurídica de la libertad individual o la protección social frente al infortunio, hacen más fácil nuestra vida cotidiana; transformaciones sociales que, desde este punto de vista, constituyen progresos evidentes que tenemos que defender e incrementar en defensa no solo de una existencia más amable, sino también de nuestra propia dignidad personal. Menospreciar estos avances ha conducido con frecuencia al desastre, pero no podemos por ello engañarnos. La naturaleza moral del hombre permanece inalterable a lo largo del tiempo, lo que hace que nuestras penosísimas conquistas civiles tengan un carácter superficial y extraordinariamente frágil y sean susceptibles de ser derribadas cuando el viento de la historia sopla con fuerza contra ellas.

Buchenwald, Auschwitz, Mauthausen, Treblinka o Katyn nos enfrentan a nosotros mismos y nos obligan a aceptarnos tal como somos; los campos de exterminio marcan un punto de inflexión en la historia moral de la humanidad, aquel en el que el hombre, perdida toda esperanza de regeneración, ha de aprender a convivir consigo mismo y a basar en esta pérdida su libertad personal y su convivencia social. Los campos nos enseñan que, perdida hace siglos la esperanza en un paraíso celestial, tampoco es posible una regeneración terrenal y que, por tanto, solo nos es posible aceptar los límites que nos constituyen y construir sobre ellos los cimientos de nuestra irrenunciable libertad política y de nuestra anhelada felicidad personal.

Pero si los campos de exterminio han cambiado algo definitivamente en el curso de la historia, con más intensidad lo han hecho aún en la específica historia de Alemania, donde la culpa difusa que corresponde a toda la humanidad se hace concreta, familiar o, incluso, personal.

Existen en la historia de cada país acontecimientos que, por su capacidad para influir en el rumbo de la misma, adquieren el carácter de constitutivos o fundacionales. Son aquellos hitos que suponen un punto de inflexión en el devenir de los siglos y que son capaces de alterar el curso de la historia y de configurar el futuro de una nación. No resulta fácil determinar el nacimiento de una nación (a veces es más sencillo y quizás se pueda decir sin riesgo de equivocarnos demasiado que los Estados Unidos nacen el 4 de julio de 1789), pero es evidente que las naciones —como, en realidad, todo en una vida que es esencialmente histórica— son producto de una evolución histórica que cabalga a lomos de grandes acontecimientos capaces de imprimir su huella en una realidad que se va modelando con el transcurso del tiempo. Es posible —en algún punto existe unanimidad— que los acontecimientos constitutivos de la historia de Alemania sean el encuentro de las tribus germánicas con la cultura de Roma, la asunción espiritual de la idea del imperio y la reforma luterana, sin que esto signifique infravalorar la importancia de otros acontecimientos como podrían ser Canossa, la Guerra de los Treinta Años o la revolución romántica. Todos estos acontecimientos no son caprichos de la historia sino productos de la misma y, al mismo tiempo, generadores de una historia que ya nunca será la misma tras su transcurso huracanado.

El holocausto no es un capricho de la historia y simultáneamente pienso que esta ya nunca será la misma tras la extinción del fuego de los hornos crematorios. Tengo el indemostrable convencimiento de que la gran tragedia del nacionalsocialismo se ha de inscribir dentro de la historia de Alemania en el limitadísimo capítulo de los acontecimientos fundacionales y de que tal cataclismo ha de abrir un nuevo período histórico, en el que Alemania quizás pueda establecer por fin una convivencia armoniosa consigo misma más allá de los fantasmas que han perseguido su caminar a lo largo de los siglos. La ruptura de todos los límites que el nacionalsocialismo trajo consigo ha mostrado con claridad la existencia de unos límites que Alemania, al menos la concreta República Federal que yo conozco, ha aceptado como fundamento de su nueva libertad. Alemania ha de aprender —está aprendiendo— a convivir consigo misma dentro de unos límites físicos claros y concretos (esto en términos políticos quiere decir dentro de unas fronteras definitivamente aceptadas; pocos cuestionan hoy en la República Federal, al margen de la literalidad constitucional, el hecho de la división), pero también dentro de unos límites espirituales, sin pretender hacer de su extraordinaria cultura una fuente de afirmación política ni un elemento de diferenciación —cuando no oposición— frente a otros países o culturas. No solo Alemania tiene una lengua originaria (con independencia de qué sea tal cosa), por bella que sea la lengua alemana, ni el pueblo alemán estaría, más que otros, destinado por su espiritualidad a la más pura ética, como pensaba Fichte. Sobre todo, la cultura de Thomas Mann no puede pretender afirmar su superioridad frente a la civilización de su hermano Heinrich sin poner en peligro los cimientos de toda civilización. La cultura es, en gran medida, aceptación de los límites.

La violenta sacudida del holocausto quizás haya sacado a la cultura alemana de su tradicional ensimismamiento, obligándola a iluminar rincones hasta ahora abandonados a su suerte terrenal. La cultura no puede ser cuestión exclusiva del espíritu, ni la libertad un problema estrictamente íntimo. La cultura alemana ha de aceptar sus límites, pero estos no son los de la propia intimidad sino aquellos que se desprenden de nuestra escueta condición humana. La cultura —aunque pueda parecer paradójico— ha de ser mundana, sin que pueda permitirse el lujo de desdeñar el mundo o de abandonarlo a su incierto destino pues, de hacerlo, el mundo acabaría sepultando toda manifestación del espíritu —como, de hecho, hizo con el Tercer Reich— bajo la marea incontenible de la barbarie. El complejo mundo de la convivencia, de las relaciones sociales o, en último término, de la política forma parte de la cultura de un pueblo tanto o más que su poesía, su música o su pintura. No es posible una disociación del espíritu como no es posible olvidar que somos tiempo, que la cultura es el espíritu en el tiempo y que solo en el tiempo podemos atisbar esa luz que es su negación y, por eso mismo, la nuestra. Se dice —y, en algún sentido, puede que sea verdad— que la poesía es lo contrario de la política e incompatible con ella; pero disociar la poesía de la política significa no solo abrir las puertas del mundo a la desolación, sino también adoptar una actitud profundamente antipoética, propia, quizás, del genio romántico, pero ajena por completo al humanismo de nuestra poesía clásica: Jorge Manrique, Aldana, Garcilaso fueron poetas mundanos y, no a pesar de ello, extraordinarios poetas.

La cultura alemana ha de aceptar sus límites pero, al mismo tiempo, ha de romper las barreras de su propia intimidad y dejar que por las ventanas abiertas penetre el aire del mundo. Aceptar nuestros límites significa en buena medida aceptar nuestra realidad mundana, nuestra limitación temporal, nuestra escueta condición terrenal. El mundo no es enemigo de nuestra intimidad sino parte de la misma y, por ello, parte de la belleza a la que nos debemos.

La libertad —es verdad— es un problema íntimo, pero también parte de nuestra convivencia, una conquista cotidiana a la que no podemos renunciar, sin renunciar al mismo tiempo a la dignidad de nuestra condición humana. La libertad es indivisible; la libertad íntima, personal exige el correlativo respeto por todos cuantos nos rodean, pues de lo contrario aquella acaba siendo conducida a un callejón sin salida donde solo esperan la mentira —«la libertad es no mentir», dice Albert Camus— o, como sucedió en la Alemania de Hitler, el campo de concentración y la muerte.

Lutero, con la extraordinaria energía de su poderosa personalidad, llevó a cabo una auténtica revolución alemana que fue, además, una revolución de la libertad, pero una libertad religiosa, una libertad íntima, una libertad de la conciencia a la que Lutero no supo dar una correlativa plasmación política. Es más, el extraordinario énfasis puesto por Lutero en la libertad del cristiano acabó transformándose en una fuente de sumisión al poder político, trazando así la senda tortuosa por la que luego caminó la historia de Alemania, una nación que tiene en la Reforma uno de sus momentos constitutivos. Los períodos en que así ha sido han resultado tan breves y convulsos, que casi podemos prescindir de ellos para afirmar que Alemania no ha vivido nunca su unidad y su libertad. La RDA, bajo la apariencia de una radical negación de la misma, ha asumido con entusiasmo la herencia de la peor historia alemana; la República Federal, sin embargo, (el primer Estado democrático en suelo alemán, podríamos decir si quisiéramos parodiar a sus vecinos del este) vive en la actualidad el período más largo de democracia alemana sobre la base de un sistema sólido que ha aprendido de los horrores del nacionalsocialismo. Pienso —quizás quiera pensar llevado de mi deseo y de mi extraordinario amor a Alemania— que los horrores del nacionalsocialismo, los campos de concentración y, en definitiva, el holocausto, al enfrentar a los alemanes a los abismos de su propia conciencia, quizás hayan sido capaces de dar un giro radical a la historia de Alemania, propiciar una nueva consideración política de la libertad y, en último término, llevar a cabo la revolución que Lutero extravió por senderos tan elevados como tortuosos. Alemania, la Alemania liberal y democrática de Bonn, quizás esté en este momento reinventando su propia historia.

Poco a poco nos vamos desprendiendo del silencio en el que nos ha sumido la visita del campo, Juanjo con exaltada indignación, casi ira, nosotros con la ayuda de la absoluta ingenuidad de las niñas, que no han parado de corretear, todos con el deseo de abrir las ventanas de par en par y respirar un poco de aire fresco. En comparación con la extremada desolación del campo, el recinto del monumento conmemorativo parece un lugar ameno, un jardín abierto a las delicias del paisaje de Turingia. Repetimos el recorrido que hicimos a finales de abril y otra vez nos volvemos a encontrar con las manos vacías ante la antorcha que honra la memoria de los españoles muertos en el campo. Las niñas van leyendo los nombres de los países que figuran al pie de los pebeteros como si se tratase de una improvisada lección de geografía. La tarde declina, pero todavía le queda mucha vida por delante que podemos aprovechar —pensamos— para recorrer el centro de Weimar. Dos horas dan mucho de sí; la ciudad es pequeña y en un par de horas podemos hacernos una idea bastante exacta de su núcleo histórico y respirar el aire de sus calles, algo difícil de definir, pero imprescindible en una primera toma de contacto con cualquier ciudad. Nos parece, sin embargo, que antes de empezar a callejear resulta conveniente localizar el hotel, tomar posesión de nuestras habitaciones y dejar allí las cuatro cosas que traemos con nosotros. Así lo hacemos.

El trayecto entre Buchenwald y Weimar es corto y, además, aunque pueda parecer extraño —a mí me lo parece—, ya nos resulta conocido. El hotel, próximo a la estación, está muy cerca de la Ettersburger Strasse por la que entramos en la ciudad y lo encontramos con toda facilidad. Todo resulta sencillo; hacemos lo que en cualquier hotel occidental se llama el *check-in* sin ningún problema, aunque nos advierten de que mañana a primera hora tendremos que ir a la comisaría de policía a inscribirnos como transeúntes, y ello con independencia de que vayamos a pasar allí una sola noche y de que nuestra estancia vaya a durar menos de veinticuatro horas, una *Anmeldung* —palabra clave para cualquier inmigrante— con la que no contábamos en absoluto. No me molesta pero me extraña, pues no recordaba un trámite similar en nuestra anterior visita. Me explican, para disipar mi estupefacción, que los hoteles de la cadena Intertourist —y el Erfurter Hof lo era— prestan este servicio a sus clientes, pero que, en nuestro caso, teníamos que hacer la gestión personalmente, lo que, de rebote y con cuatro meses de retraso, explica la razón por la que nuestros pasaportes fueron retenidos entonces durante veinticuatro horas por la recepción del hotel.

En circunstancias normales hubiese tenido una bronca monumental con la recepcionista, pero tengo que decir que en aquella situación, con independencia de que la prudencia no aconsejase una salida de tono, me sedujo la idea de pelearme con una burocracia alemana y socialista —albarda sobre albarda— y, más aún, la de penetrar en una comisaría y ver en acción un sistema policial reputado como perfecto. Era, desde mi punto de vista, una forma de conocer una faceta más del país y esa posibilidad no solo no me molestaba, sino que me divertía y me interesaba.

El hotel International al que nos había destinado la muy amable funcionaria del paso fronterizo de Herleshausen era —todo esto lo supe luego— lo que quedaba del viejo hotel Kaiserin Augusta, que había nacido a finales del siglo XIX a la sombra de la estación de Weimar y que, después de la guerra, había servido como residencia de los oficiales soviéticos para servir luego nuevamente de hotel con el nombre con el que nosotros lo conocimos. Sus habitaciones eran grandes y destartaladas; recuerdo el papel pintado de flores que recubría las paredes, el suelo de sintasol, las sencillísimas sillas de tubo metálico, una mesa cubierta con un tapete de hule y un frigorífico, no un minibar hotelero, sino un frigorífico doméstico que ocupaba un rincón junto a la ventana; unos cromos con flores y unas plantas de plástico completaban una decoración en la que, a pesar de todo, me encontré a gusto.

Dejamos las cosas en el hotel como habíamos pensado y nos encaminamos directamente a la Theater Platz, centro de la ciudad, punto de partida y de llegada de todos los caminos de Weimar. Desde allí, con el ritmo lento de la tarde que caía, recorrimos la Esplanade, la Frauenplan, la plaza del Mercado, la plaza de la Democracia y cuatro calles silenciosas y solitarias. Todo estaba en calma a pesar de ser sábado y todavía verano. Weimar es una ciudad pequeña y pacífica atravesada por un jardín, el parque del Ilm, que proporciona a la ciudad un ambiente casi bucólico. Sin embargo, las apariencias engañan; Weimar no es un idilio, sino un conflicto; Weimar, como esas viejas damas que tienen tras de sí una tormentosa vida amorosa, tiene a sus espaldas una historia convulsa y contradictoria en la que se acumulan las tensiones y los conflictos. La contradicción entre Buchenwald y Weimar no es menor que la contradicción de la ciudad consigo misma, pues si esta fue la ciudad de Goethe y Schiller, el taller de Cranach, el púlpito de Herder, la residencia de Liszt, la tumba de Nietzsche y el solar de la Bauhaus, fue también una de las ciudades preferidas de Hitler y la primera que tuvo en Alemania, incluso antes de la subida de este al poder en 1933, una administración nacionalsocialista. La República que lleva el nombre de la ciudad encuentra uno de sus principales puntos de oposición en la ciudad que debería haber sido su santa protectora, y el espíritu humanista al que apeló Friedrich Ebert en su discurso de inauguración de la Asamblea Nacional el 6 de febrero de 1919, el espíritu de los grandes filósofos y poetas, transfigurado en espíritu nacional alemán, se convierte en punta de lanza contra la vanguardia cultural del momento, esa vanguardia que hacía estragos en una ciudad moderna y cosmopolita como Berlín. La cultura moderna —lo que posteriormente pasaría a ser arte degenerado o cultura degenerada— pasa a ser considerada una amenaza para la «alemanidad» y esta encuentra su refugio y su fortaleza en las grandes instituciones culturales de Weimar, los archivos de Goethe y Schiller, el archivo de Nietzsche, el Teatro Nacional Alemán o el Museo Goethe. En 1924 se constituye en Weimar un gobierno de partidos de signo conservador y nacionalista y Walter Gropius tiene que irse con su arquitectura a otra parte, asfixiado por la administración de la ciudad, una administración a la que en 1930 se incorporaría el NSDAP en lo que puede ser considerado un ensayo general para la toma del poder por los nazis en 1933. El Elephant, el hotel de Lotte Kestner, era también el hotel de Hitler, quien visitaba con frecuencia una ciudad donde era agasajado por unas autoridades fieles y por los protagonistas de una vida cultural donde ejercía como gran sacerdotisa Frau Förster-Nietzsche, la hermana de Friedrich Nietzsche, el filósofo que soñó un superhombre y engendró un monstruo. Elisabeth Förster-Nietzsche, administradora del legado de su hermano, fundadora del archivo Nietzsche y custodia del culto a Nietzsche que ella misma escenificó hasta su muerte en 1935, fue, quizás, la cabeza visible de la nazificación de la cultura alemana y protagonista, sin duda, de la transformación que sufrió la ciudad a lo largo de los años veinte. Weimar, bajo su apariencia recogida y bucólica, no es el idilio sino el conflicto, o quizás sea el idilio y el conflicto al mismo tiempo; Weimar es para muchos alemanes un nombre ambivalente, generador de unas reticencias a las que se ha visto enfrentado mi sospechoso interés por la ciudad; pero la ambivalencia de Weimar es la ambivalencia de Alemania, una ambivalencia dolorosa, quizás, para quienes aspiran a una Alemania democrática, pero una ambivalencia a la que hay que enfrentarse si se quiere construir un país capaz de convivir consigo mismo, o si se quiere, como en mi caso, llegar a un trato más profundo con la cultura alemana.

Nada de este conflicto histórico de la ciudad, nada del conflicto que en ese momento se estaba desarrollando en el seno de la sociedad germanooriental resultaba visible aquella tarde del 26 de agosto de 1989. Incluso el ruido oficial que, con motivo de la celebración del primero de mayo, tanto me había llamado la atención en mi anterior visita, había desaparecido de unas calles cuyo silencio nada perturbaba. La fachada del Teatro Nacional Alemán ya no llamaba a la lucha de la clase obrera internacional ni las banderas rojas cubrían las fachadas de los edificios oficiales. El primero de mayo había pasado ya y todavía no resultaban visibles los preparativos de la conmemoración del cuadragésimo aniversario de la RDA que habría de celebrarse el próximo 9 de octubre. Todo hubiese sido bucólico aquella tarde en Weimar, si no hubiésemos visto los escaparates apagados y vacíos o las calles con las obras en el mismo estado en el que las habíamos encontrado cuatro meses antes. Paseamos con tranquilidad unas calles tan solo animadas por la presencia de algunos soldados soviéticos hasta que, visto lo fundamental y hecha una idea del ambiente de la ciudad, consideramos que teníamos que regresar a cenar al hotel, único lugar en el que podríamos hacerlo con total seguridad.

El comedor del hotel era amplio y destartalado, casi una cantina cuartelera en la que, sin embargo, no recuerdo haber cenado mal. Tampoco recuerdo que estuviera lleno y, sin embargo, siguiendo una costumbre muy alemana cada vez más reducida a *Biergärten* y *Bierstuben,* nos acomodaron en una mesa corrida que ya estaba ocupada por una pareja de chicos jóvenes con un aspecto muy simpático que, si hubiésemos estado en España, hubiésemos calificado de progre. Él no pasaría de los veinticinco o veintiséis años, era alto y fuerte, con anchas espaldas y cabeza poderosa; en el pelo, rubio y cortado casi al uno, eran ya visibles unas entradas impropias de su edad; en su cara redonda brillaba una expresión sonriente y sobre su nariz, más bien chata, cabalgaban unas gafas redondas de alambre que no conseguían enmascarar su juventud ni dar un tono algo más intelectual a su apariencia atlética y desenfadada. Ella, por el contrario, ofrecía una imagen de gran fragilidad. Era más alta que baja pero sumamente delgada; de facciones pequeñas y gestos contenidos, llevaba el pelo corto y parecía, desde todos los puntos de vista, mayor que su acompañante: su aspecto general era serio, pacífico y reflexivo. Eran, sin duda, una pareja de contrastes, eran —voy a decirlo de una vez— Joachim y Katarina.

Nuestros ya compañeros de mesa aceptaron como un hecho inevitable la invasión que se les venía encima y que, de golpe y porrazo, les había robado la intimidad de una noche de sábado; primero, resignados; luego, curiosos; por último —resultaba evidente— cada vez más atentos a lo que hacía y decía un grupo tan peculiar como el que nosotros componíamos en ese inclasificable hotel de Weimar.

Durante un buen rato fingimos ignorarnos y nuestras cenas transcurrieron por caminos próximos pero independientes. Desciframos la carta, hicimos las oportunas traducciones y recomendaciones, encargamos los menús y entre unas cosas y otras intercalamos observaciones y comentarios que

—ocho contra dos— apenas dejaban espacio para el coloquio amoroso de nuestros vecinos. Nuestra conversación traía a este modesto comedor de este modesto hotel de Alemania evocaciones de un sur remoto pero, sobre todo, inalcanzable para unos jóvenes cuya curiosidad era cada vez más evidente. ¿Quiénes eran, qué hacía allí un grupo cuya composición resultaba tan difícil de interpretar, de dónde procedía ese español que hablaban esas exóticas tropas invasoras?

Una protocolaria petición de autorización para fumar fue el pretexto que sirvió para romper el hielo e iniciar una conversación que pronto se hizo única y que, llevada por nuestra recíproca curiosidad, fue cubriendo rápidamente todas las etapas preceptivamente establecidas en estos casuales y normalmente efímeros encuentros viajeros. Españoles, turistas, nosotros y las niñas con residencia en Fráncfort, ellos, mis hermanos y sobrinos, de vacaciones de verano, una simple visita de fin de semana, Elena siete años y Blanca cinco, Buchenwald, Joachim S. y Katarina F., vivimos aquí cerca, apenas a cinco minutos, en la Meyer Strasse. La conversación quizás hubiese terminado con estas recíprocas presentaciones y un par de comentarios amables, pero para ellos resultaba insólita y probablemente irrepetible la posibilidad de trabar una conversación con un grupo de españoles y para nosotros sumamente difícil el contacto con unos alemanes orientales deseosos de charlar y capaces de darnos una visión directa de lo que estaba sucediendo en el país. Unos y otros vimos la posibilidad de saltar el muro y no lo dudamos un momento.

La conversación apenas había tenido tiempo de decaer, cuando vimos que Joachim se levantaba de la mesa sin decir nada y regresaba al poco tiempo con una botella de vino blanco en la mano.

—Hemos pensado —dijo escuetamente— que quizás os apeteciese venir a casa y tomar esta botella de vino con nosotros.

La oferta era, desde todos los puntos de vista, irrechazable. No podíamos despreciar una propuesta tan amable, ni desairar una invitación que, como ponía de manifiesto la botella recién adquirida, había sido formulada con una ilusión evidente. Detrás de una invitación tan inesperada latía, además, una curiosidad que nosotros compartíamos. Nada me podía interesar más en aquellos momentos que tomar una copa después de cenar en casa de unos chicos del este, jóvenes, amables, aparentemente cultos y propicios a la conversación; nada me producía mayor curiosidad que atisbar, aunque solo fuese atisbar, la vida doméstica de una pareja de jóvenes orientales, un mundo para nosotros desconocido; nada me apetecía más que meter las narices no ya detrás del muro sino detrás de esas fachadas sucias y descascarilladas que acompañaban nuestros pasos por las calles de la RDA.

Cuca y Juanjo, siempre dispuestos a echar una mano —y las dos si es necesario—, se ofrecieron a quedarse en el hotel con las niñas, y nosotros, con Armando y Pino, aceptamos encantados una invitación que en cualquier otro lugar o en cualquier otra circunstancia hubiese resultado insólita, pero que aquella noche en Weimar nos pareció a todos la cosa más natural del mundo.

La casa de Joachim y Katarina no estaba, efectivamente, lejos. Caminamos cuatro o cinco minutos por unas calles vacías y mal iluminadas antes de llegar a una casa como tantas, situada en la Meyer Strasse 68. Tres plantas —así la recuerdo al menos—, una fachada gris que hubiese resultado agradable solo con que hubiese recibido a tiempo una mano de pintura, una hilera de casas cortadas por un mismo y no feo patrón, una calle acogedora a pesar de su evidente descuido. No había nada que desentonase, todo hubiese resultado amable si no hubiese sido por la irritante sensación de abandono que entonces ofrecían las casas, la calle, los herrumbrosos cubos de la basura o las escasas farolas situadas de trecho en trecho. Mi imaginación corregía con dos brochazos el cuadro que contemplaba y llegaba a la conclusión de que, en otras circunstancias, hubiese resultado fácil, incluso deseable, vivir en ese rincón de Weimar.

El abandono del exterior se hacía cuidado en el interior. La casa de Joachim y Katarina me gustó desde el primer momento; no era grande ni pequeña, no era modesta ni, claro está, lujosa; era, simplemente, otra cosa difícilmente identificable con nuestros criterios habituales. Al entrar en ella percibías inmediatamente la sensación de una casa intensamente vivida y ese aroma especial que denominamos encanto. El cuarto de estar donde nos instalamos estaba repleto de libros y discos no muy ordenadamente colocados sobre unas sólidas estanterías de madera. Unas butacas antiguas rodeaban una mesa no muy grande en el centro de un espacio recogidamente iluminado por unas lámparas de pie. Unos visillos blancos cubrían un amplio ventanal por el que era fácil imaginar la irrupción de la luz. Todo en esa habitación proporcionaba la sensación de una intensa vida doméstica, todo remitía —y quizás esto fuese parte fundamental de su atractivo— a un tiempo ya pasado y a un bienestar antiguo.

Los muebles y los objetos de la casa parecían proceder en su integridad de la vieja herencia familiar; las copas en las que bebimos el vino húngaro que habían comprado para obsequiarnos eran de cristal de Bohemia; incluso los suelos de madera y las puertas macizas procedían, sin duda, de un tiempo anterior a la guerra, que allí había permanecido inmune al paso de los años y la sucesión de los acontecimientos.

En casa de Joachim y Katarina el tiempo parecía haber sobrevivido a sí mismo y en ella convivían lujos de otro tiempo, servicios e instalaciones que ya no se veían por el mundo y esporádicas manifestaciones de una ramplonería suspendida en el aire a la que resultaba inevitable plegarse. Todo en casa de Joachim y Katarina resultaba anticuado, pero todo parecía también vivo y animado por un espíritu joven e ilusionado. En casa de Joachim y Katarina me encontré a gusto desde el primer instante.

La escueta información que intercambiamos durante la cena se fue ampliando mientras dábamos cuenta del vino —excelente, por cierto— que nos habían ofrecido.

Katarina, hija de pastor protestante, era ella misma pastora y, a pesar de su juventud, tenía ya dos hijos —una niña de siete años y un niño de cuatro— que no eran de Joachim, aunque este hiciera ahora de padre con ellos: Joachim y Katarina pensaban casarse la próxima primavera.

La información nos sorprendió. Lo último que se me había pasado por la imaginación es que esa chica joven,

vestida de ropa vaquera y aspecto más bien insignificante, fuese pastora protestante y mucho menos que, a su
edad, tuviese ya dos hijos de lo que supusimos un anterior matrimonio fracasado. La casa y los hijos reforzaban
la imagen maternofilial de la pareja; los datos que ahora
obteníamos acentuaban el contraste que, en una primera
impresión, habíamos creído percibir entre la expansiva
vitalidad de él y el firme recogimiento de ella, el contraste
entre una chica de iglesia y sermón y un joven mecánico
de la Deutsche Bahn del que, desde nuestra rancia perspectiva ibérica, no podíamos presumir especiales preocupaciones religiosas o intelectuales. Era una combinación
extraña que no sabíamos interpretar, pero no podíamos
sacar conclusiones apresuradas, pues éramos cada vez más
conscientes de que nos movíamos en un terreno desconocido con cuya orografía tendríamos que ir familiarizán-
donos poco a poco.

Estas noticias, un tanto a caballo entre la información y la
confidencia, nos proporcionaron también cierta confianza,
nos hicieron sentirnos más a gusto y acrecentaron nuestro
interés por una conversación que tenía visos de prolongar-
se. La iglesia evangélica —como, en cierta medida, había
sucedido también con la iglesia católica en España al final
de la dictadura— mantenía en aquellos meses del verano de
1989 una actitud de oposición al régimen del SED, tanto
directa como indirectamente; la evangélica era una de las
pocas organizaciones toleradas por el régimen y disponía de
una estructura sólida y de numerosas iglesias abiertas al culto, lo que le proporcionaba otros tantos púlpitos, así como
lugares de reunión relativamente seguros para los grupos de

oposición que, de forma dispersa y fragmentaria, surgían entonces en la RDA impulsados por los nuevos vientos que llegaban del este.

Era evidente que Katarina, como pastora protestante en activo, tenía que estar inmersa en ese torbellino y parecía lógico pensar que ella, por su edad y por las circunstancias que empezábamos a conocer, participaría activamente en ese movimiento que, aunque de forma un tanto tardía, incorporaba la RDA al más amplio y potente que se estaba produciendo ya en otros países vecinos y, muy especialmente, en Polonia y Hungría. En otras palabras: estábamos tranquilamente sentados con un vaso de vino en la mano en casa de alguien que, necesariamente, tenía que estar muy al corriente de lo que entonces estaba sucediendo en las parroquias de Leipzig, Dresde o Berlín, algunas de las cuales —como luego pudimos confirmar— tenían que estar regidas por amigos, compañeros de estudio o, incluso, familiares; de alguien que, como muchos de sus compañeros, quizás estuviese, ella también, dando alas al viento que entonces empezaba a soplar con fuerza en la RDA.

Lo que, no sé si por ingenuidad o inconsciencia, no se nos ocurrió pensar en aquel momento es que, precisamente por ello, nuestros inesperados interlocutores podían estar sometidos a una vigilancia especial, que cuanto hablásemos en ese acogedor cuarto de estar podía ser escuchado a través de micrófonos ocultos o que, incluso, algún vecino excesivamente celoso podía denunciar la presencia de extranjeros en la casa; mucho menos pensamos entonces en que a la mañana siguiente teníamos que presentarnos en la comisaría o en la posibilidad de que la propia Katarina fuese confidente de la policía. Solo Joachim, cuando la conversación comenzaba a adentrarse por derroteros estrictamente políticos, lanzó una mirada en redondo por las paredes del cuarto de estar y con un gesto malicioso y sonriente, como si ya de antemano aceptase un hecho inevitable, dijo:

—Supongo que podremos hablar con libertad; espero que no nos esté escuchando nadie.

Explicamos los motivos de nuestra estancia en Fráncfort y las razones de nuestra visita a Weimar, contamos el fin de semana que habíamos pasado allí en mayo, hablamos de España y ellos nos contaron, a su vez, algunos de sus viajes por los países del este; pero lo que latía en el ambiente era una cosa muy distinta, lo que unos y otros teníamos en la cabeza y de lo que unos y otros queríamos hablar era de la situación política en la RDA y de ello acabamos hablando largo y tendido.

¿Qué había sucedido en la RDA desde nuestra visita del pasado mes de abril, cuando tan eufóricamente se celebraba la fiesta de la clase obrera internacional? ¿Qué había pasado y qué estaba pasando en el primer país socialista en suelo alemán en ese vertiginoso verano de 1989?

Lo que estaba sucediendo, por decirlo de una manera breve y directa, es que los alemanes orientales habían decidido abandonar masivamente el país y lo estaban haciendo —o, al menos, lo estaban intentado— no jugándose la vida a través del muro, sino pacíficamente a través de los países socialistas hermanos que, por su cuenta y riesgo, habían decidido acabar con el telón de acero. Eso no era todo, evidentemente, pero sin eso lo demás quizás fuese nada o fuese algo que las autoridades germanoorientales podrían haber controlado, como habían controlado la situación durante los últimos veinticinco años.

La última noticia importante que habíamos leído en la prensa antes de salir de Fráncfort era que el Gobierno de la República Federal Alemana había decidido cerrar su embajada en Praga, en un intento de poner coto a la ocupación de la misma por los alemanes orientales solicitantes de asilo, como ya había hecho el día 13 de agosto con sus representaciones diplomáticas en Budapest y Berlín-Este.

Ya el día 2 de mayo, es decir, al día siguiente de nuestro regreso a Fráncfort después de nuestra primera estancia en Weimar, el Gobierno húngaro había anunciado su intención de desmantelar el telón de acero a lo largo de sus fronteras, cosa que formalmente hizo el 11 de septiembre siguiente, permitiendo el paso a Austria a más de mil alemanes del este, aunque ya el 19 de agosto anterior varios cientos de alemanes se habían abierto paso en la frontera entre Hungría y Austria, ante la indiferencia de las autoridades húngaras.

Mientras tanto, es decir, entre el 2 de mayo y el 26 de agosto de 1989, lo que había sucedido es que Solidaridad había ganado las elecciones y Tadeusz Mazowiecki había sido designado primer ministro de Polonia; que Gorbachov había visitado Bonn y había firmado con Helmut Kohl una declaración conjunta, que sentaba las bases de unas nuevas relaciones europeas en buena medida superadoras de la división de Europa; que los ciudadanos de Alemania del Este habían iniciado un éxodo masivo ocupando las embajadas de la República Federal Alemana en Varsovia, Budapest y Praga, lo que obligaría al cierre de las mismas; que el 21 de agosto los checos, recordando la intervención soviética en

1968, se habían vuelto a echar a la calle forzando una intervención violenta de la policía en la plaza de San Wenceslao; pero también que el Gobierno chino, tras catorce días de ley marcial, había dispersado a tiros a los estudiantes reformistas provocando la llamada matanza de Tiananmen, un precedente que quizás las autoridades germanoorientales tuviesen la tentación de imitar y que no podía dejar de estar presente en el ánimo de los movimientos de oposición en la RDA.

Las embajadas de la República Federal Alemana en los países del este estaban ocupadas y el éxodo de alemanes orientales no cesaba. Cientos, miles de pequeños *Trabis* con familias enteras dispuestas a abandonarlo todo se dirigían paradójicamente hacia el este para alcanzar el oeste, se encaminaban en grandes bandadas hacia Praga o hacia Budapest, como si previamente se hubiesen puesto de acuerdo o se tratase de una migración estacional en busca de un clima más benigno donde pasar el frío invierno socialista; avanzaban hacia Praga o hacia Budapest como columnas de un ejército perfectamente instruido e impulsado por una determinación en la que latía la intuición de que había llegado el momento, de que se encontraban ante una oportunidad histórica que no podían desaprovechar; un movimiento de tropas que había cogido desprevenidas a las autoridades de la RDA que, de momento, no habían sabido cómo reaccionar ante la avalancha que se les venía encima.

Joachim y Katarina veían todo lo que estaba sucediendo con esperanza, pero también con preocupación. Era evidente que algo importante se movía en la RDA y esto, tras cuarenta años de férreo estalinismo, no podía ser sino motivo de profunda satisfacción para todos los que deseaban

—y ellos lo deseaban— un cambio profundo en el sistema político de Alemania Oriental. Pero Joachim y Katarina —y esto fue para mí una inesperada novedad— consideraban que el camino del exilio que muchos de sus compatriotas habían elegido no era el más adecuado para llevar a cabo este cambio; ellos pensaban que los disidentes, que los opositores al régimen, debían permanecer en el país y colaborar desde dentro al cambio que los movimientos de oposición propugnaban.

No esperaba esta tercera vía que Joachim y Katarina nos proponían y no la esperaba porque siempre la había considerado imposible. Pensaba, y así se lo hice ver, que la marea incontenible de ciudadanos orientales hacia el exterior era la vía más rápida para forzar el cambio que ellos solicitaban y, muy probablemente, el único camino posible. La emigración hacia occidente era un ataque directo al corazón del régimen, pues este corazón era el muro. Lo que había sucedido en Polonia, lo que estaba sucediendo en Hungría no podía suceder en la RDA, porque las autoridades germanoorientales no podían flexibilizar el sistema; las autoridades germanoorientales tenían que aferrarse al muro porque el muro era la única posibilidad de subsistencia, no ya del régimen comunista, sino del propio país como Estado independiente.

Esto lo sabían con absoluta certeza los dirigentes comunistas al menos desde el 13 de agosto de 1961 y, de una manera o de otra, lo sabíamos todos, incluidos en ese todos Joachim y Katarina.

Ellos, sin embargo, como buena parte de los movimientos de oposición en la RDA, se movían, tal como posteriormente se pondría de relieve, en una insuperable contradicción: por una parte, el deseo de reformas profundas, el anhelo de la libertad, la voluntad de acabar con un sistema represivo y dictatorial que cercenaba de raíz toda manifestación de vitalidad en la sociedad germanooriental; por otra, el deseo de dar una oportunidad a una sociedad socialista que era la suya, el deseo de no verse absorbidos por un sistema capitalista que probablemente consideraban injusto y que, casi con toda seguridad, les atemorizaba.

Para ellos, la huida del país significaba la deslegitimación absoluta del sistema, la renuncia a su transformación, el riesgo de que el país desapareciese y, con él, un mundo en el que habían nacido y del que se sentían parte.

(Luego, a lo largo del tiempo, he pensado mucho en esto y también en tantos Joachims y Katarinas como habían nacido y crecido en la RDA. Las dictaduras, si son largas, y tanto más cuanto más totalitarias, crean con ellas un mundo sensible y afectivo, un universo enraizado en la infancia y que tiende a identificarse con ella, un sistema de referencias que llega a configurar una sensibilidad y el entramado profundo de la memoria. La recuperación de la libertad puede ser, desde otro punto de vista, una pérdida generadora de una nostalgia infinita, una orfandad provocada por la desaparición de la urdimbre de nuestra sensibilidad, la soledad de quien no puede conversar con su propia memoria. Esto quizás no pueda ser entendido por quien ha nacido y crecido en un sistema democrático, ni justifica, claro está, ninguna dictadura, pero sí puede explicar, al menos en parte, por qué las dictaduras tienden a durar mucho más de lo que duran ellas mismas.)

Pero si la tercera vía que yo creía intuir en las palabras de Joachim y Katarina resultaba impensable en cualquier lugar del mundo, parecía, a mi juicio, especialmente inviable en la RDA, pues esta siempre habría de contar con la competencia de su hermana federal frente a la que, en el supuesto de una hipotética recuperación de las libertades fundamentales, sería muy difícil mantener la independencia.

La contradicción a la que, a mi juicio, se enfrentaban Joachim y Katarina era una contradicción que ya habían resuelto las autoridades comunistas con la construcción del muro y que, por lo tanto, se volvería a plantear con toda su crudeza tan pronto como los ciudadanos germanoorientales recuperasen no ya sus derechos básicos, sino tan solo el derecho a salir del país cuando lo estimasen oportuno.

Los alemanes orientales habían decidido abandonar el país, como ya lo habían hecho en 1961, y no cabía formular contra ellos reproche alguno de irresponsabilidad o de insolidaridad. Su actitud, una actitud, incluso en aquellas circunstancias, no carente de riesgos importantes, me parecía, por el contrario, la forma más radical de manifestar una voluntad de cambio y también la más eficaz de combatir un sistema que podía ser destruido, pero no transformado.

No resultaba fácil imaginar cuál podría ser la reacción de Berlín ante los acontecimientos que se estaban produciendo, pues resultaba evidente que la actual pasividad no podía mantenerse por mucho tiempo y que, de una manera o de otra, el Gobierno tendría que intentar controlar una situación que se le estaba yendo de las manos.

La Volkskammer, la Cámara Popular de Berlín, había aprobado una resolución dando expresamente su apoyo a las autoridades chinas y a las medidas de extrema violencia con las que aquellas habían acabado con las protestas estudiantiles en la plaza de Tiananmen, y muchos en la RDA temían que estas pudiesen ser también las medidas que Erich Honecker, el artífice del muro, decidiese utilizar en la liquidación de la oposición en la RDA. Pero si tal procedimiento podía resultar eficaz contra las manifestaciones populares, no estaba tan claro que pudiese terminar con el pacífico flujo de familias enteras dispuestas a pasar sus vacaciones en los países hermanos.

Por otra parte, todo el país o, al menos, todo el país oficial, preparaba intensamente la celebración del cuadragésimo aniversario de la República Democrática y el Gobierno de Honecker no podía llegar a ese solemne 8 de octubre con su imagen manchada por una represión sangrienta, que ni siquiera la Unión Soviética estaría dispuesta a apoyar o justificar.

Este era, sin duda, un factor clave. ¿Qué podría hacer la Unión Soviética? ¿Cómo podría reaccionar Gorbachov ante las tensiones que se estaban produciendo en el corazón de la Guerra Fría? Hasta ahora no había habido una declaración expresa, pero todos los síntomas e indicios apuntaban con claridad al hecho de que las tropas soviéticas estacionadas en la RDA no iban a intervenir en el conflicto y que sus tanques no iban a volver a tomar posiciones junto al Checkpoint Charlie ni a patrullar por las calles de Berlín como ya lo hicieran en las de Budapest o en las de Praga. La llamada «doctrina Brézhnev» o de soberanía limitada que, desde la invasión de Praga, regía las relaciones de la Unión Soviética con sus países satélites y que amparaba la intervención de aquella en cualquier país del bloque que quisiera alterar su sistema político, había sido formalmente rechazada por Gorbachov en el discurso que pronunció el mes de julio en el Consejo de Europa, lo que *de facto* suponía el reconocimiento de la plena soberanía de sus socios o, visto el problema con los ojos de Erich Honecker, el abandono de estos a sus propias fuerzas, una auténtica traición a la fraternidad socialista. La distribución de determinadas publicaciones soviéticas fue prohibida en la RDA y Gorbachov se transformó en una esperanza para todos los países del este, uno de esos síntomas que, con la promesa de un cambio real, lanzaron a miles de ciudadanos germanoorientales a las carreteras que conducían al este.

Así las cosas, las autoridades de Berlín no tenían más opción real que intentar frenar el flujo de emigrantes haciendo el muro aún más impermeable y esperar a que pasasen las fiestas del aniversario para desencadenar una represión fuerte y eficaz contra la oposición interna. Si Hungría había decidido desmantelar el telón de acero, la RDA tendría que volverlo a levantar en su frontera con Checoslovaquia y reprimir con mano dura las reacciones que, guiadas por la desesperación, tal medida provocaría.

Pero incluso estas posibles medidas no eran fáciles de aplicar, no solo por su extrema impopularidad, sino también porque exigían una cabeza fría y una voluntad firme, y en aquellos momentos el Gobierno de la RDA carecía tanto de una cosa como de la otra.

Joachim, siempre risueño, nos lo contaba con palabras y gestos divertidos. Erich Honecker había sufrido el 8 de julio, mientras asistía a una cumbre del Pacto de Varsovia en Bucarest, un cólico biliar que había exigido su traslado urgente a Berlín y su inmediata hospitalización. Desde entonces no se tenían de él nada más que noticias confusas y contradictorias —la mayoría de las veces, simples rumores—, sin que en ningún momento hubiese hecho acto de presencia o hubiese participado en acto público alguno. «Es posible que lleve ya algunos días muerto», nos dijo un Joachim sonriente en un rasgo de humor negro que me recordó al «demonstrieren Sie richtig» que yo había escuchado el pasado 30 de abril en el Fischmarkt de Erfurt. Las dictaduras producen chistes como las democracias votos y otra vez aparecía el chiste para poner de relieve el malestar subyacente y la descomposición de un sistema que se enfrentaba a su momento más crítico. La sucesión de Honecker estaba en todo caso a la vuelta de la esquina, pero nadie sabía cómo ni cuándo ni por quién habría de llevarse a cabo. Lo único que entonces se sabía es que la nave de la RDA se adentraba en una fuerte tormenta y no había nadie en el barco capaz de trazar el rumbo o de manejar el timón con fuerza.

Cuando nos quisimos dar cuenta eran ya las dos de la madrugada. La noche se nos había ido en un soplo, pero no se nos había ido en vano. La conversación nos había interesado mucho pero, además, había resultado extraordinariamente agradable. Joachim y Katarina habían estado amables, como si nuestra amistad hubiese sido antigua y no nos acabásemos de conocer hacía unas horas en el comedor de un hotel perdido de Weimar. En algunos aspectos, sus opiniones nos podían parecer ingenuas, incluso disparatadas, pero ningún disparate podía escandalizar a quien había vivido a fondo la universidad del 68 o el larguísimo periodo de la transición española, unos años en los que algunos jóvenes de mi generación, y no siempre los peores, defendían con encono a la Banda de los Cuatro o hacían bandera de los postulados trotskistas o, sin necesidad de salir de casa, justificaban las barbaridades de ETA, jóvenes que pocos años después serían ministros o secretarios de Estado. Además, tras sus opiniones, acertadas o erróneas, a mí me había parecido descubrir un anhelo sincero de libertad, el deseo de una vida más plena, la firme voluntad de acabar con un estado de cosas que más movía a la tristeza y a la desesperación que a la confianza en el futuro y a la alegría de vivir. En mi caso, además, me interesaban mucho más sus biografías que sus opiniones políticas. Me resultaba difícil imaginar la vida cotidiana en la RDA y, más difícil aún, imaginar cómo habría sido la infancia y juventud de aquellos chicos que de forma tan inesperada nos habían abierto las puertas de su casa. Los datos que nos habían proporcionado no eran muchos, pero, además, a mí me faltaban referencias conocidas para interpretarlos adecuadamente. ¿Cuál podía ser la biografía de una joven pastora protestante a final de los años ochenta en la RDA? Yo carecía de los elementos capaces de decirme qué es lo que aquello significaba. Al parecer, así como en determinados países los regímenes comunistas habían producido como reacción un incremento del sentimiento religioso, en otros, y especialmente en Checoslovaquia y en la RDA, el ateísmo oficial había reducido el sentimiento y la práctica religiosa a su mínima expresión, haciendo de los fieles practicantes un grupo minoritario en el que Katarina, sin duda, había nacido. Esto, sin embargo, debía de haberle proporcionado algún contacto con la otra Alemania, pues las iglesias de uno y otro lado del muro colaboraban en la medida en la que el régimen comunista lo permitía. Los padres de Katarina, por la edad de esta, debían de haber nacido a principios de los años treinta, por lo que, tras la guerra, no habían conocido otra cosa que una Alemania dividida. Joachim y Katarina eran miembros, por tanto, de una segunda generación íntegramente crecida y educada bajo la vigilante tutela del SED, sin que yo acertase a imaginar qué influencia real podía haber tenido este hecho en su forma de ver el mundo. Joachim y Katarina eran el producto final de una historia convulsa y conflictiva que ahora, sin embargo, luchaba por abrir un nuevo capítulo, una historia que yo percibía en sus gestos y en su comportamiento y que hacía que me sintiese muy próximo a ellos. Los libros que yo había entrevisto en su biblioteca podían ser parecidos a los que yo pudiese tener en la mía, pero era evidente que no habían estudiado las mismas cosas, ni visto las mismas películas, ni oído la misma música, ni visitado los mismos museos no ya que nosotros sino, lo que era más importante, que los alemanes que vivían a cincuenta kilómetros al oeste de su casa. Me interesaba su biografía, no solo qué y cómo habían vivido, sino también y sobre todo la vida que tenían por delante, esa incógnita que en ellos había adquirido unos rasgos concretos ante la que tan solo podía descubrirme y desearles suerte, toda la suerte del mundo.

Quería hacer algo más y, llevado de ese impulso de espontánea, alguien puede pensar que ingenua fraternidad, hice algo de lo que poco después ya me había arrepentido, pero que, en último término, acabó siendo providencial. Al despedirme de ellos saqué una tarjeta del bolsillo y apunté al dorso nuestras señas en Fráncfort y nuestro número de teléfono particular, un gesto bienintencionado en el que estaba presente mi deseo de seguir en contacto con ellos, pero un gesto en el fondo cruel, pues subrayaba de forma nítida e innecesaria el hecho de que ellos no podían cruzar la frontera, de que ellos nunca podrían visitar la República Federal y de que, por tanto, ellos nunca podrían tomar una botella de vino con nosotros como nosotros lo habíamos hecho en el cuarto de estar de su casa.

A la mañana siguiente me desperté temprano y, antes de ponerme en movimiento, estuve un rato dando vueltas en la cama. Tenía en la boca el mal sabor de haber cometido una torpeza y, al mismo tiempo, repasaba con atención todo lo que habíamos hablado la noche anterior. Desde un punto de vista estrictamente objetivo, lo que yo percibía como una falta de delicadeza no podía ser considerada tal, pues lo realmente incorrecto hubiese sido despedirme de mis anfitriones para siempre, como si aquella noche hubiese sido un sueño o un paréntesis definitivamente cerrado, haberme marchado de su casa sin haber dejado abierta la puerta a un contacto posterior, como si no hubiésemos de volvernos a ver jamás o no quisiera yo recibirles en mi casa como ellos me habían recibido en la suya.

Sin embargo, lo que, al margen de toda razón, me producía aquella mañana un amargo desasosiego era pensar que yo, sin darme cuenta, había puesto crudamente de relieve el hecho de que aquella noche había sido efectivamente un sueño y que la realidad era que Joachim y Katarina no podrían aceptar nunca la invitación que yo tan bienintencionadamente les había formulado; mi tarjeta era al fin el triste recordatorio de su situación, una situación que en los próximos meses podía hacerse aún más complicada. Sin causa ninguna, pero sin poderlo evitar, me sentía avergonzado por el hecho de vivir en Fráncfort, por el hecho de poder cruzar libremente la frontera, casi culpable por regresar a la que entonces era nuestra casa dejándoles allí abandonados a su suerte.

La situación de Joachim y Katarina me producía, además, una profunda melancolía, pues la suya había sido una juventud sacrificada a una idea, una juventud prisionera tras una gigantesca barrera de espino que marcaba los límites de sus movimientos y de sus aspiraciones. Entrar y salir, conocer otros países, vivir fuera de tus fronteras y construir allí una vida propia, algo perfectamente posible y, en muchos casos, relativamente sencillo incluso en una dictadura como en la que nosotros habíamos crecido, resultaba para ellos algo inalcanzable, un sueño cuya realización había exigido en muchos casos el sacrificio de la propia vida. Las posibilidades de su juventud habían quedado en todo momento supeditadas a las necesidades de la construcción del primer Estado socialista en suelo alemán y, en consecuencia, estrictamente limitadas por estas. Y ellos, Joachim y Katarina, eran ya la segunda generación sacrificada a esta idea que si en algún momento, es verdad, había sido capaz de suscitar esperanzas en muchos, hacía tiempo ya que no era nada más que una fuente de tristeza y de desesperación. Esa había sido, en gran parte, la historia de Alemania en el último siglo: el sacrificio de una generación tras otra a la realización de una idea enloquecida, una historia que resultaba especialmente visible en la RDA, donde la mayor parte de la población no había vivido nunca la experiencia de la libertad. Es cierto que la vida exige un cierto sacrificio y que cada generación sacrifica parte de sus posibilidades por el bienestar de la subsiguiente; es verdad también que el mantenimiento del orden social exige limitar nuestras aspiraciones a aquellas que resulten compatibles con las aspiraciones de los demás, que el sacrificio personal es en muchas ocasiones parte fundamental de una existencia responsable y que el concepto de héroe va indisolublemente unido a la idea de máximo sacrificio. Pero una cosa es el sacrificio de los padres por los hijos y otra el sacrificio por una idea; una cosa el sacrificio voluntario dimanante de un cierto sentido de la responsabilidad y otra el sacrificio impuesto por unos sumos sacerdotes a una sociedad por ellos sometida. El sacrificio de generaciones enteras a los sueños enloquecidos de unos chamanes sanguinarios es la historia del siglo XX, una pesadilla generadora de una infinita melancolía, una pesadilla de la que ahora los Joachims y Katarinas de la RDA —como los de Polonia, Hungría o Checoslovaquia— pugnaban por despertar, una pesadilla ante la que tenía la sensación —probablemente injustificada, casi con absoluta seguridad injustificada— de no haber sido capaz de comportarme con la prudencia o con la delicadeza que la situación exigía.

Desayunamos todos juntos en el mismo comedor en el que habíamos cenado la noche anterior. Durante el desayuno les contamos a Cuca y Juanjo los avatares de nuestra larga noche, lo que habíamos visto y también lo que habíamos hablado, los pormenores de la casa y también la pequeña historia personal de Joachim y Katarina. En casa de Joachim y Katarina el tiempo parecía haberse detenido y todo parecía querer hablarnos de un pasado familiar más brillante, pero en casa de Joachim y Katarina también era perceptible un tiempo que pugnaba por abrirse paso por encima de todas las dificultades. Era inevitable sentir un poco de vértigo. En la casa, todo, los cuadros, los libros, las lámparas, los cubiertos y la cristalería, los altos techos y los suelos de madera, todo nos remitía a los años del *Jugendstil* y de los billetes de un millón de marcos y, al mismo tiempo, eran ya visibles las fuerzas que habían de acabar con el malhadado siglo xx como si la historia estuviese dispuesta a saltarse en casa de Joachim y Katarina más de medio siglo de su propia existencia.

Cuando terminamos de desayunar, recogimos las habitaciones, pagamos la factura y cargamos los coches para salir hacia Erfurt sin dilaciones en cuanto diésemos por concluida nuestra visita a Weimar.

Teníamos en primer lugar que ir a la comisaría de policía para inscribirnos en el registro de transeúntes en la ciudad, tal como nos habían prescrito en el hotel la noche anterior. A la comisaría, que no estaba lejos del hotel, fuimos dando un paseo que yo recuerdo como extraordinariamente divertido. En otras circunstancias yo hubiese considerado este engorroso trámite como una lamentable pérdida de tiempo y, por tanto, algo que teníamos que procurar quitarnos de encima cuanto antes; sin embargo, aquella mañana nadie parecía tener prisa y yo menos que nadie, pues consideraba que el objetivo de esta pequeña excursión a Weimar, cualquiera que este fuese, estaba cumplido con creces y que todo lo que el día nos pudiese aún deparar sería, como en el evangelio, por añadidura. El paso por la comisaría de policía era parte de esta «añadidura», una nueva perspectiva de la RDA en un viaje que, sin que nadie se lo hubiese propuesto, había adquirido un carácter radicalmente distinto al que habíamos realizado Pilar y yo a finales del pasado mes de abril.

Llovía, aunque muy tenuemente. Cubiertos con nuestros paraguas, las niñas con sus chubasqueros, llegamos pronto a la Volkspolizei Kreisamt Weimar, un edificio grande de trazas neoclásicas donde, armados con nuestros visados y nuestros pasaportes, teníamos que hacer nuestra inscripción como transeúntes. La Volkspolizei, la policía popular, los temidos *Vopos* que tanto me habían impresionado la primera vez que pasé a Berlín-Este en 1976, ofrecían aquella mañana de domingo una imagen somnolienta y burocrática, la aburrida imagen del funcionario obligado a hacer guardia en un día de fiesta. Nos obligaron a rellenar un formulario a cada uno de nosotros, compararon atentamente las fotografías de nuestros pasaportes con sus respectivos modelos (a Blanca, que apenas levantaba dos palmos del suelo, la sentamos en el mostrador para que la viesen mejor) y solo a mí me sometieron a un minucioso pero inane interrogatorio del que apenas recuerdo nada. Recuerdo, sí, que me preguntaron —y apuntaron diligentemente— los nombres de mis padres, por lo que es posible que D. José María y Dña. Purificación anden ahora traspapelados por alguno de los miles y miles de legajos de la Stasi. Nos dieron unos volantes o resguardos que teníamos que entregar a la salida en la frontera y, sin una sonrisa, nos desearon un *schönen Tag noch*[56] al que nosotros correspondimos con un protocolario *gleichfalls*[57]. Eso había sido todo.

Nuestro encuentro con la temida policía popular se había desarrollado sin incidentes pero, entre unas cosas y otras, habíamos perdido una parte de la mañana; dadas las horas a las que nos habíamos acostado ayer, no habíamos madrugado, lo que, unido a un desayuno que se había prolongado con la narración de los acontecimientos de la víspera, hacía que no dispusiésemos de mucho tiempo para completar nuestra visión de Weimar, sobre todo si queríamos, como queríamos, echar un vistazo a Erfurt, una ciudad desde el punto de vista estrictamente monumental muy superior a Weimar.

La mañana se nos había quedado muy corta pero, a pesar de ello, no renunciamos a recorrer de nuevo el centro de la ciudad. El paseo de ayer lo prolongamos hasta la residencia ducal, donde ahora se encuentran las colecciones de pintura de Weimar, y nos acercamos hasta el Kegelbrücke, desde donde contemplamos el lento discurrir del Ilm bajo sus arcos. El río atraviesa la ciudad de norte a sur y hace de ella un inmenso jardín. Pacíficos domingueros —otra vez muchos soldados soviéticos— pasean mientras comen magníficas salchichas de Turingia, una costumbre típicamente alemana que los soviéticos parecían haber hecho suya con entusiasmo. El museo está cerrado, no sabemos por qué, pero está cerrado, por lo que iniciamos el regreso hacia el centro. Volvemos a pasar por la Plaza de la Democracia,

---

56. Que pasen buen día.
57. Igualmente.

presidida por la magnífica estatua ecuestre del Gran Duque Carlos Augusto, que, haciendo honor a su nombre, sería el escenario de las manifestaciones que todos los martes (como en Leipzig los lunes: estos alemanes, siempre tan ordenados) se desarrollarían en Weimar durante el siguiente mes de octubre.

No tenemos mucho tiempo. Si queremos ver algo de Erfurt y dormir en Fráncfort tenemos que empezar a pensar en coger los coches y ponernos en movimiento. De regreso hacia el hotel nos encontramos con la Jakobskirche, una bonita iglesia barroca del siglo XVIII que debe su nombre al nombre de la iglesia primitiva que, construida en el siglo XII, fue una importante estación de peregrinos en el camino de las peregrinaciones hacia Santiago de Compostela: en la sacristía de esta iglesia —hemos de imaginar una ceremonia discreta— se casaron en 1806 Goethe y Christiane Vulpius. No nos detenemos mucho; llegamos al hotel, recogemos los coches que hemos dejado preparados por la mañana e iniciamos el camino hacia Erfurt que, a Pilar y a mí, ya nos resulta familiar.

Ya lo he dicho con anterioridad. El viaje que Pilar y yo habíamos hecho en abril había sido en su concepción y, en gran medida, también en su desarrollo un viaje turístico que, en el transcurso del mismo y, más aún, en las semanas posteriores, había ido poco a poco cambiando de carácter hasta desembocar en esta corta excursión que no tenía más objeto que volver a sentir las impresiones que habíamos recibido cuatro meses antes, memorizar luces, imágenes y colores, respirar de nuevo esa atmósfera tan particular que se percibía entonces en la RDA. No nos guiaba el deseo de ver nada nuevo —aunque vimos cosas nuevas en Eisenach—, ni siquiera el de volver a ver los monumentos que habíamos visto en nuestro viaje anterior; sin embargo, recorrimos Erfurt con cierto detenimiento y volvimos a disfrutar su indefinible atractivo, volvimos a recorrer unas calles que yo procuraba retener en la memoria para hacer mía una ciudad que hacía tan solo unos meses me resultaba totalmente desconocida.

Era el guía del grupo familiar y, fiel a mis costumbres, lo conduje por los mismos lugares que habíamos recorrido Pilar y yo en nuestra anterior visita. Soy hombre de rutinas, me gusta volver siempre a los mismos sitios pero, además, en este caso era obligatorio volver a esas plazas y calles, pues mis hermanos no podían marcharse de Erfurt sin conocerlos y yo quería enseñárselos; es más, en gran medida yo había organizado ese viaje para enseñárselos.

Dejamos los coches en la plaza de la estación, cerca del Erfurter Hof y, desde allí, como si hubiésemos estado alojados en el hotel, iniciamos la visita de Erfurt, que concentramos en tres puntos fundamentales: el Krämerbrücke, el Fischmarkt y la colina de la catedral. En este itinerario básico introduje tan solo una novedad para ver el monasterio de los agustinos, fundamental en la historia de la Reforma, que, por despiste o por ignorancia, no habíamos visto en nuestra anterior estancia en la ciudad. Después de estar un rato a la orilla del Gera junto al Krämerbrücke, seguimos hacia el norte por la Gotthardtstrasse y la Kirchgasse hasta llegar al antiguo convento de Lutero que, con sus diversas dependencias, ocupa casi una manzana entre las callejas de la parte vieja de la ciudad. El convento es un precioso conjunto de edificios construidos entre 1277 y 1518, entre los que destacan una magnífica iglesia y, según toda la información de la que disponemos, un excelente claustro que no podemos ver desde el exterior. En la fachada de la iglesia que se abre a la Kirchgasse resultan visibles unas magníficas vidrieras y una airosísima torre de dimensiones modestas, pero de una extraordinaria elegancia. La torre, que arranca en la confluencia de dos naves, tiene una planta octogonal y se encuentra rematada por una crestería calada que le proporciona parte de su carácter etéreo. Rodeando el edificio, llegamos a entrever un patio interior con una doble galería de madera, una torre con un reloj y una fuente de hierro, un recinto sin grandes pretensiones, pero sumamente atractivo. El ataque aéreo que sufrió la ciudad en febrero de 1945 afectó de lleno al conjunto del monasterio y especialmente a su importantísima biblioteca, en cuyos sótanos perecieron doscientas sesenta y siete personas que allí se habían refugiado. La biblioteca no ha sido reconstruida y no sé si habrá de serlo en el futuro; la historia del convento de los agustinos de Erfurt —que también tiene su importancia en la historia del constitucionalismo alemán— ha sido un continuo hacer y deshacer a lo largo de los años, sin que podamos considerar que los trabajos de restauración van a tener fin a corto plazo.

Deshacemos el camino por la Augustinerstrasse y la Michaelisstrasse hasta llegar al Fischmarkt, incorporándonos de nuevo al itinerario principal de nuestra ruta. En el Fischmarkt, como ya hicimos en el Krämerbrücke y todavía habíamos de hacer en la colina de la catedral, nos detenemos a contemplar los edificios circundantes y, en mi caso concreto, a hacer unas fotografías, pues mi encuentro de abril con el Fischmarkt fue tan inesperado que, tras un largo día turístico y creyendo que no había de encontrar nada de interés, había dejado la máquina de fotos en la habitación del hotel. Repaso las fotografías y veo a las niñas, como en Buchenwald, correteando por la plaza entre obras y pilas de adoquines, esos eternos *Baustellen* que nos acompañan por todas partes en la RDA.

Las cabeceras casi unidas de la catedral y de la Severinkirche nos reciben desde su altura majestuosa cuando desembocamos en la Plaza de la Catedral procedentes de la Marktstrasse. Recordaba bien la plaza y, sin embargo, me vuelve a impresionar el conjunto arquitectónico y paisajístico que componen ambas iglesias. Es un conjunto que te ofrece, sobre todo cuando se va ascendiendo por la enorme escalinata y se llega a la plaza que cierran ambos ábsides, una contradictoria sensación de intimidad y de fortaleza, de solemnidad y de auténtico sentimiento religioso. Visto desde la plaza es un conjunto que te abruma, visto desde la cumbre de la colina es un conjunto que te acoge y que te protege, un conjunto que te abre sus puertas y te hace sentir el calor de su intimidad.

Turingia —ya lo he dicho con anterioridad— es, desde muchos puntos de vista, la cuna de la Reforma, y Erfurt una de las ciudades más directamente vinculadas a la biografía de Lutero. Sin embargo, Erfurt es también, a pesar de su situación en el corazón de la historia y de la geografía luteranas, uno de los centros fundamentales del catolicismo alemán, quizás el más importante después de Colonia.

Tanto la catedral como la Severinkirche han permanecido vinculadas a su originaria confesión católica, como han permanecido otras muchas iglesias de la ciudad. Este hecho insólito encuentra su explicación en las disposiciones del tratado o convenio de Hammelsburg, firmado en 1530 entre la ciudad de Erfurt y su soberano de entonces, el obispo de Maguncia y Príncipe Elector Albrecht von Brandenburg. En este tratado, además de imponerse a la ciudad una serie de compensaciones por los daños producidos como consecuencia de los disturbios de la llamada guerra de los campesinos, se establece una amplia libertad de culto para ambas confesiones y se lleva a cabo un reparto de las iglesias de la ciudad entre una y otra, asignándosele a la iglesia católica nueve templos, entre ellos la catedral, que vuelve así al culto católico. Este tratado fue posteriormente confirmado en el año 1555 cuando el obispo de Maguncia renunció a la aplicación en Erfurt de las disposiciones de la Paz de Augsburgo y, consecuentemente, a la recatolización de la ciudad, como hubiese sido pertinente de acuerdo con ese principio *cuius regio, eius religio* que aprendíamos en el bachillerato, cuando todavía se estudiaba el bachillerato en nuestro país. De esta forma, el tratado de Hammelsburg, en principio tolerante o, incluso, generoso para la reforma luterana fue, a la larga, el fundamento del mantenimiento de la fuerte impronta católica que, todavía hoy, mantiene Erfurt, una ciudad que mira constantemente al cielo; el tratado de Hammelsburg proporciona una cierta estabilidad religiosa a una historia políticamente inestable como es la historia de Erfurt y, en general, la historia de Alemania, de la que aquella me parece sumamente representativa.

Erfurt vive entre dos confesiones religiosas y bajo la dependencia de soberanías sucesivas y, en ocasiones, superpuestas, que someten a la ciudad a tensiones permanentes. A partir del año 1000, Erfurt es territorio soberano de los Príncipes Electores de Maguncia, si bien los Príncipes Electores de Sajonia pretenden a lo largo de los siglos afirmar también sus derechos sobre la ciudad, obligando a esta a pactar con unos y con otros en defensa de sus derechos ciudadanos. Erfurt posee una fuerte sociedad civil que tiene en la universidad su centro espiritual, y en el comercio, especialmente en el comercio del glasto, la fuente de su prosperidad; una sociedad civil que no se resigna fácilmente a su dependencia política y que afirma sus derechos frente a sus príncipes soberanos en una sucesión de conflictos, resueltos en ocasiones mediante fórmulas convencionales y en ocasiones con el uso directo de la fuerza. La soberanía de los Obispos de Maguncia se consolida, sin embargo, a partir de 1664 y permanece estable hasta la incorporación de Erfurt al Reino de Prusia en 1802. (De esta época es el Palacio de los Estatúderes, que encontramos en la esquina de la Regierungsstrasse con la Meister Eckehart Strasse, cuyas trazas barrocas y el revoco blanco y rojo de sus fachadas tanto recuerdan a sus hermanos de Maguncia, incluso a quienes, como nosotros en nuestra primera visita, ignoran las razones históricas de este marcado parentesco.) Sin embargo, poco después la ciudad es ocupada por las tropas de Napoleón y queda sometida a la soberanía francesa durante un periodo de siete años, hasta que en 1815, de acuerdo con las disposiciones del Congreso de Viena, Erfurt se reintegra definitivamente a la soberanía prusiana. A estos constantes cambios políticos hay que añadir, para hacerse una idea, aunque solo sea aproximada, de los conflictos históricos de Erfurt, las convulsiones derivadas de las luchas religiosas a las que, a pesar de todo, la ciudad no permaneció ajena y las sucesivas epidemias de peste que, en repetidas ocasiones y, muy especialmente, a lo largo de todo el siglo xvi, diezmaron la población de la ciudad.[58]

Enfermedades, conflictos religiosos, ocupaciones extranjeras, cambios de soberanía se concentran con todas sus consecuencias de muerte y desolación en la Guerra de los Treinta Años, un acontecimiento capital en la historia de Alemania que no deja de afectar de forma relevante a la ciudad de Erfurt que, entre otras circunstancias, sufre durante quince años la ocupación de las tropas suecas y la dependencia del rey Gustavo Adolfo II.

La importancia de la Guerra de los Treinta Años en Alemania difícilmente puede ser sobrevalorada. La paz de Westfalia puso fin a treinta años de muerte y desolación en los que Alemania, con independencia de las distintas evaluaciones de la dimensión real del conflicto, acabó física y moralmente exhausta; en este periodo, Alemania perdió más de un tercio de su población con un número de víctimas que fue proporcionalmente superior al de la Primera Guerra Mundial; en este periodo, Alemania sufrió una profunda convulsión social pero también un cataclismo político que

---

58. El año 1597 murieron en Erfurt a consecuencia de la peste 7.765 personas, más de un tercio de la población.

marcó un auténtico punto de inflexión en la historia de Alemania y, en general, de toda Europa.

Se ha dicho que la Guerra de los Treinta Años fue la primera gran guerra europea y la afirmación no parece inexacta[59]. En el colegio nos enseñaron con rima inolvidable que la guerra de los Treinta Años había tenido cuatro periodos, a saber: checo, danés, sueco y francés, y este dato, siendo expresivo de una realidad y pedagógicamente exacto, no pone suficientemente de relieve el hecho de que en este conflicto estuvieron implicados, en mayor o menor medida, todos los países europeos y que a todos afectó de una manera trascendental. Los tratados de Münster y Osnabrück, que conjuntamente constituyen lo que se ha denominado Paz de Westfalia, certifican los cambios políticos que la guerra trajo consigo y diseñan un nuevo mapa de Europa en el que la relación de fuerzas es ya muy distinta a la existente tan solo a principios del siglo XVII. La paz de Westfalia, producto de una conferencia diplomática de larga duración y extraordinaria complejidad —quizás la primera gran conferencia diplomática de la historia—, marca el principio de la larga decadencia de los Habsburgos que llevaría, tanto a la rama austriaca como a la española, a salir de la primera línea de la escena continental. Francia y Gran Bretaña toman el relevo en ese papel protagonista y se transforman, a partir de ese momento, en las grandes potencias europeas, en los árbitros del destino de un continente permanentemente en

---

59. Ver, entre otras referencias, el prólogo de Antonio Carreira y Jesús Antonio Cid a su magnífica edición de *La vida y hechos de Estebanillo González*, Madrid, Cátedra, 1990.

guerra, pero que quizás hubiese vivido con la de los Treinta Años su primer conflicto de dimensiones auténticamente continentales.

La Guerra de los Treinta Años fue, es cierto, la primera gran guerra europea, un conflicto generalizado que convivió con otros más localizados, aunque de extraordinaria importancia, como, por ejemplo, la guerra de España en Flandes; pero si la Guerra de los Treinta Años fue un conflicto europeo, también fue una guerra civil alemana, una confrontación entre hermanos que conmovió los cimientos sobre los que, hasta entonces, se había basado el concepto de Alemania como entidad política. Las ciudades alemanas sirvieron para el acantonamiento de las tropas, en los campos alemanes se desarrollaron las principales batallas, las cosechas alemanas alimentaron a los combatientes, las casas alemanas fueron saqueadas y de sus cofres salieron las soldadas de los mercenarios, con independencia de que la guerra exigiese grandes esfuerzos en las haciendas de todos los implicados en el conflicto; Alemania fue durante más de treinta años el campo de batalla donde se dirimieron los destinos de Europa. Pero si la Guerra de los Treinta Años fue una guerra alemana, no fue solo porque Alemania fuese el principal escenario de la confrontación sino, sobre todo, porque la guerra arrasa el concepto histórico de Alemania que, a partir de la Paz de Westfalia, ha de reinventar su propia concepción como entidad política, su propio ser en el mundo. La Guerra de los Treinta Años supone, entre otras muchas cosas, el principio del fin del Sacro Imperio Romano Germánico que, no solo como concepción espiritual, sino también como potente realidad política, había sustentado tanto la representación que Alemania tenía de sí misma como su presencia en el concierto internacional. En la guerra se dirime la supremacía continental de los Habsburgos, pero también el ser histórico de Alemania, que una vez más, y no sería la última, se ve puesto en cuestión por el devenir de los acontecimientos.

A partir de la Paz de Westfalia, el Sacro Imperio Romano Germánico, heredero del concepto de Roma y en gran medida producto de la histórica fascinación de las tribus germánicas por la cultura del imperio, entra en un proceso de acentuada decadencia que terminará con su disolución formal a principios del siglo XIX. Alemania renacerá, pero cuando lo haga no será ya bajo la forma del antiguo Imperio sino bajo la forma de un Estado moderno construido en torno al nuevo reino de Prusia. Berlín toma el relevo de Viena de la misma manera que los Hohenzollern toman el relevo de los Habsburgos en un largo proceso de transformación, cuyo germen estaba ya presente en las disposiciones de la Paz de Westfalia. Alemania, en esta coyuntura histórica, no parte de cero sino de una poderosa concepción de sí misma que hunde sus raíces en la historia y que ha sido derrotada por la historia; Alemania se ve enfrentada a la tarea de reinventarse a sí misma y lo hace apoyándose en una cultura que, sobre todo a partir de mediados del siglo XVIII, rinde frutos extraordinarios y con un derroche incomparable de energía en el que Alemania da muestras evidentes de la fuerza de su espíritu. Pero en este proceso de transformación histórica, Alemania invierte dos siglos, en los que la escena internacional pasa a manos de Francia y, posteriormente, de Gran Bretaña, dos siglos en los que

Europa consolida unas estructuras de poder en las que Alemania no está presente.

La Guerra de los Treinta Años no supone solo un cataclismo político, sino también un terremoto espiritual que habría de tener grandes consecuencias en la configuración de la cultura alemana. Las inclemencias de la guerra transformaron el suelo alemán en un lugar inhóspito de cuyos peligros era necesario refugiarse en un recinto seguro. Este recinto no fue otro que la propia intimidad, ese espacio recóndito donde Lutero había encontrado la posibilidad de un diálogo directo y sin intermediarios con Dios. La guerra y el profundo rastro de inseguridad y de inestabilidad social que la misma dejó a su paso contribuyeron a alejar al espíritu alemán de un mundo nunca bien comprendido, pero que ahora se había hecho especialmente hostil; la guerra incrementa la clausura del espíritu alemán y de esta manera acentúa su extravío entre las brumas de su propia soledad. La situación social y el clima espiritual creados por la Guerra de los Treinta Años fortalecen las tendencias antimundanas ya presentes en la reforma luterana y acentúan el divorcio entre espíritu y mundo o entre cultura y política, que tan catastróficas consecuencias habría de tener en la historia de Alemania. Este repliegue sobre sí mismo del espíritu alemán y el paralelo alejamiento del mundo contribuyen a la aparición de una manifestación radical de la religiosidad luterana como es el pietismo, un movimiento ampliamente extendido a finales del XVII y principios del XVIII, bajo cuya influencia se educaron algunas de las mejores cabezas de Alemania, entre ellas Kant y muchos de los inspiradores del romanticismo. Esa, por otra parte, riquísima *Kultur* que tan decisivamente contribuyó a la unidad alemana y a la reformulación política de la nación, esa idea por cuya defensa como seña de identidad de la «alemanidad» fueron al frente tantos jóvenes alemanes en la guerra del 14, no deja de ser, desde esta perspectiva, una enfermedad del espíritu que, incapaz de establecer una relación armoniosa con su entorno mundano, resulta también incapaz de establecer una relación armoniosa consigo mismo. Es verdad que el pensamiento romántico tiene una primera interpretación liberal que hace su bandera del concepto de libertad y que, en gran medida, inspiró los acontecimientos de la revolución de 1848 y la primera configuración constitucional de Alemania. Pero el concepto de libertad sobre el que tal interpretación se basa no es el que, siguiendo la terminología de Isaiah Berlín, podemos denominar concepto negativo de la libertad, sino una concepción basada en la hipertrofia de la propia conciencia, en la hipertrofia de un yo que acaba confundiéndose con el mundo. El yo romántico supone la negación del mundo dentro de la mejor tradición pietista, es una forma distinta de resolver el conflicto entre el mundo y la propia conciencia transformando aquel en una simple emanación de esta, haciendo de aquel el producto de una libertad que tiene capacidad creadora, el producto, en definitiva, de nuestro propio yo. Es el concepto de libertad de Schiller que produce un momento de exaltación y siglos de decepción, el concepto de libertad que tan ardorosamente defiende el Marqués de Poza frente a Felipe II y que provoca en todo espíritu bienintencionado un movimiento instintivo de adhesión, el concepto de libertad que subyace en todo pensamiento revolucionario y en su pretensión de crear *ex novo* un mundo —un hombre nuevo, una nueva raza— que no sería un producto histórico sino un producto de nuestro propio yo.

Nuestro paseo por Erfurt llegaba a su fin y con él el fin de nuestra breve pero intensa estancia en la RDA. Desde la colina de la catedral fuimos caminando sin prisa hasta el lugar donde habíamos dejado los coches, completando así nuestra visita a la ciudad. Bajamos por la Meister Eckehart Strasse, pasamos por delante de la antigua Statthalterei y doblamos hacia la izquierda para desembocar finalmente en el extremo suroccidental del Anger. El Erfurt barroco hace inmediatamente acto de presencia con la magnífica fuente comenzada en el año 1887 y debida en lo fundamental al escultor Heinrich Heinz Hoffmeister que, con elementos neorrenacentistas y neobarrocos, consiguió uno de los monumentos más representativos de la ciudad y quizás también una perfecta interpretación del espíritu encarnado en esa arteria llena de historia y de vida. Frente al Erfurt medieval del Krämerbrücke, el Erfurt renacentista y barroco del Anger; frente al Erfurt monacal de las mil torres, el Erfurt mundano de los palacios y residencias patricias; frente al Erfurt religioso de la colina de la catedral, el Erfurt mercantil por el que ahora caminábamos hacia el final de nuestro pequeño viaje. El Anger es una faceta más de una ciudad rica en matices y de una complejidad extraordinaria; a esta riqueza se añadían unos bonitos edificios *Jugendstil* en los que no me había fijado en mi anterior visita, unos edificios que casan bien con el viejo esplendor de la calle y dan continuidad a una tradición que ahora parece dormida en espera de una resurrección, que no sabemos si alguna vez se habrá de producir.

Cogemos los coches (me hace gracia ver caminar por Erfurt, entre *Trabis* renqueantes, un coche con matrícula de Salamanca) y emprendemos la ruta de regreso, que pasa por Gotha y otra vez por Eisenach (a nuestra izquierda contemplamos otra vez la imponente silueta del Wartburg) hasta la frontera de Herleshausen. Las últimas horas en Erfurt y este camino de vuelta a casa por las verdes ondulaciones de Turingia me sumen en un humor melancólico, quizás implícito en toda despedida, quizás producto del reencuentro con un entorno y unas circunstancias que mueven a la tristeza y a una reflexión con poco margen para el optimismo, una reflexión en la que más pesa la preocupación que la esperanza.

Si el paso del tiempo produce vértigo, su estancamiento produce melancolía, la vaga tristeza de unas horas desprovistas de aliento vital y reducidas a una inmovilidad sin antes, ni después, ni tampoco ahora. Las ciudades de la RDA son como esas casonas abandonadas donde la maleza se ha apoderado del jardín y las humedades de la fábrica del edificio, como esos jardines en los que la antigua belleza convive con la suciedad y las malas hierbas o esos palacios en ruinas devorados por los bocados del tiempo. En casa de Joachim y Katarina, en Weimar, en las ciudades de la RDA, el tiempo parece estancado, dormido a la espera de que alguien abra las compuertas de esa inmensa presa y pueda fluir de nuevo a borbotones. Por todas partes te asalta la desconcertante sensación de que el tiempo se ha parado, de que la vida ha quedado momentáneamente suspendida cuando, en realidad, la vida —y ahí estaban Joachim y Katarina para demostrarlo— no deja de fluir nunca.

Es posible que los regímenes comunistas hayan actuado en países de estructuras sociales arcaicas como auténticos aceleradores del tiempo, como elementos de transición entre una edad media extemporánea y un siglo XX de otra forma inalcanzable; pero en los países de Europa central, los regímenes comunistas han pretendido parar la historia con la vana pretensión de empezar de nuevo, han cubierto el tiempo con un manto de silencio y abandono y han sumido a estos países en la introspección y la melancolía.

A lo largo de los siglos, Alemania se ha visto una y otra vez forzada a reinventarse, a formular de nuevo una definición sobre su propio ser histórico. Fue así en los albores del Sacro Imperio, fue así en el momento crucial de la Reforma, fue así en el largo periodo comprendido entre la Guerra de los Treinta Años y el nuevo Imperio prusiano y volvía a ser así ahora, cuando el propio ser de Alemania había quedado destrozado por la guerra y el holocausto. Pero quizás ninguna coyuntura histórica haya alcanzado la radicalidad de la actual. Si la Guerra de los Treinta Años había puesto en cuestión las estructuras del sacro Imperio Romano Germánico, el holocausto había puesto en cuestión no solo la identidad política de Alemania (que también), sino la totalidad de la cultura alemana, esa *Kultur* que muchos identificaban con el ser de la nación. Alemania volvía a partir de cero, como si todo el esfuerzo de construcción histórica hubiese sido un ejercicio inútil, un interminable tejer y destejer tan infructuoso como melancólico.

En la fecha en tantos aspectos fundacional de 1949, en estos cuarenta años transcurridos desde la aprobación de la ley Fundamental de Bonn y la proclamación formal de la RDA, Alemania había hecho un esfuerzo gigantesco por reinventarse una vez más, y lo había hecho —novedad histórica fundamental— en dos direcciones radicalmente opuestas e incompatibles, bajo dos concepciones distintas de la historia o, incluso, bajo dos visiones diferentes del mundo.

Tanto la República Federal Alemana como su hermana Democrática habían renunciado a una formulación original de su nueva entidad política para integrarse, muy activamente en ambos casos, en el conjunto de instituciones de los bloques a los que, por los avatares propios del final de la guerra, habían quedado adscritas. De esta forma, en este nuevo meandro histórico, se abrían ante el eterno Sísifo alemán dos caminos cada vez más divergentes, dos concepciones de Alemania cada vez más alejadas entre sí.

Si la República Federal Alemana parecía haber encontrado su sitio en el mundo con ciertas garantías de estabilidad y permanencia, resultaba evidente que la formulación alemana de la República Democrática —recuérdese: el primer Estado socialista en suelo alemán— solo se había podido mantener por la fuerza del muro, y que su definición era tan violenta como frágil. La tarea de redefinición del ser alemán no había terminado y quizás se había hecho a corto plazo imposible. Otra vez había que empezar de nuevo, otra vez había que intentar encontrar entre la espesura del bosque el camino capaz de conducir a Alemania hacia horizontes nuevos y despejados.

Camino de la frontera, cerca ya del paso fronterizo de Herleshausen, no podía dejar de pensar en la conversación que habíamos tenido anoche, en Joachim y Katarina, en los millones de Joachims y Katarinas que quedaban atrás, pendientes de la evolución de unos acontecimientos que podían derivar hacia un drástico endurecimiento del régimen, como ya había sucedido el año 53 o el 61, o hacia un final mucho más dramático, si se seguía la pauta marcada por el régimen chino en la plaza de Tiananmen. Resultaba inevitable, cualquiera que fuera el curso de las cosas, percibir una ligera angustia, sentir una cierta vinculación con aquellos en quienes se había encarnado un destino inclemente. Pensaba en aquellos que, como la anciana del Fischmarkt, llegados a la edad adulta a principios de los años treinta, habían vivido el Tercer Reich, una terrible guerra y cuarenta años de dictadura comunista sin esperanzas ya de conocer otra cosa; en aquellos que, como Joachim y Katarina, habían nacido a finales de los cincuenta o principios de los sesenta y luchaban ahora por conseguir lo que a sus contemporáneos occidentales les había sido dado gratis con el nacimiento; pensaba en esas varias generaciones de alemanes sacrificadas por una idea en la que ni siquiera habían creído; pensaba en todos aquellos, jóvenes y mayores, que, por los azares del destino, habían quedado varados en la playa de la historia alemana y ahora tenían que echarse de nuevo a la mar en busca de un puerto donde descansar.

Así era, así había sido la historia alemana y así seguía siendo, al menos para esa mitad de Alemania que ahora me disponía a abandonar: la historia de una energía inútil; la historia de un impulso vigoroso y consciente de sí, pero perdido en la espesura del bosque, errante entre las brumas de un mar embravecido; la historia de un navegante que no encuentra puerto donde descansar, de un navegante fuerte y capaz que no encuentra la paz de una rada acogedora; la historia de quien se sabe condenado a vagar eternamente, sin saber exactamente cuál es la razón de tan dura condena, a la espera, quizás, de un amor que se apiade de su errante destino.

¿Sería capaz Alemania de encontrar alguna vez la paz?; ¿sería capaz de reconciliarse con su conciencia atormentada?; ¿sería capaz de establecer una convivencia armoniosa consigo misma y con el mundo al que pertenece?; ¿sería capaz Alemania de calmar esa ansiedad sin objeto, ese anhelo eternamente insatisfecho que ha sido eternamente su historia?

No lo sé; esas eran las preguntas que me asaltaban cuando me disponía a cruzar la frontera de la República Federal. Quizás esta ya lo hubiese conseguido o, al menos, hubiese sentado las bases para conseguirlo; quizás la República Federal ya hubiese conseguido integrar con carácter definitivo en su riquísima cultura una libertad irrenunciable. Pero esa paz nunca sería completa mientras millones de alemanes siguiesen abandonados entre las brumas de una niebla impenetrable. Esas eran las preguntas que me asaltaban cuando me disponía a cruzar la frontera de Herleshausen y para ellas no tenía respuestas. Tan solo tenía el deseo vehemente de que así fuese, de que Alemania, despierta su conciencia por la catástrofe del holocausto, fuese capaz de reconciliarse con el mundo, fuese capaz de hacer de la libertad —no de la libertad del espíritu sino de la libertad a secas— uno de los rasgos definitorios de su arrolladora personalidad.

III

En las semanas inmediatamente posteriores a nuestro regreso de Weimar los acontecimientos en la RDA se precipitaron de una manera vertiginosa. Día tras día se producían novedades impensables veinticuatro horas antes, manifestaciones, declaraciones, cambios que se encadenaban como si los unos arrastrasen a los otros con la fuerza de un viento huracanado.

El día 11 de septiembre, es decir, apenas quince días después de nuestra estancia en Weimar, el Gobierno húngaro, en un gesto tan trascendente como inesperado, anunció la decisión de abrir sus fronteras con Austria a todos los ciudadanos de la RDA que lo deseasen. El gesto cogió a todo el mundo de sorpresa, a pesar de que había tenido un precedente extraordinariamente significativo en el que ya quedaba de manifiesto la voluntad del Gobierno húngaro. Efectivamente, el 28 de junio de 1989 el entonces ministro de Asuntos Exteriores húngaro, Gyula Horn, y su colega austríaco, Alois Mock, habían protagonizado una temprana escenificación de la caída del Telón de Acero al cortar juntos un trozo de la alambrada que se extendía a lo largo de toda la frontera y separaba los dos países. Esta inequívoca manifestación de voluntad no fue adecuadamente interpretada por nadie, por nadie excepto por los miles de ciudadanos de la RDA que, atentos como aves migratorias a cualquier síntoma anunciador de la primavera, se pusieron masivamente en marcha para pasar en Hungría unas vacaciones de las que no pensaban regresar jamás.

Durante todo el verano fueron miles los alemanes orientales que se trasladaron a Hungría para, desde allí, dar el salto a Austria y a la República Federal aprovechándose de la tolerancia de las autoridades austríacas. En las fechas comprendidas entre el 28 de junio y el 11 de septiembre de 1989, más de veinticinco mil ciudadanos de la RDA consiguieron pasar de una manera o de otra a Austria, veinticinco mil ciudadanos que habían sabido ver lo que no vieron las cancillerías occidentales, veinticinco mil ciudadanos que, acostumbrados a mirar fijamente a los ojos del enemigo, descubrieron en ellos los síntomas de una debilidad de la que nunca ya podrían recuperarse.

Muchos habían pasado ya, y otros diez mil lo hicieron de una manera franca y abierta aquel 11 de septiembre, que marca uno de los hitos fundamentales en el desmoronamiento del bloque soviético. La frontera austrohúngara llevaba ya algunas semanas abierta *de facto,* pero lo que el Gobierno húngaro hizo aquel 11 de septiembre fue otra cosa distinta y quizás más importante, fue dejar claro que daba por rotos los acuerdos fronterizos que tenía suscritos con la RDA y con otros países del Este y que, a partir de ese momento, se desligaba de la política común del

Pacto de Varsovia para emprender un camino propio en solitario.

Berlín, Praga y Bucarest acusan al Gobierno húngaro de violar el derecho internacional y de dañar seriamente los intereses de los países del Pacto de Varsovia, pero el Gobierno húngaro, presidido en aquel momento por Miklos Nemeth, se mantiene firme en su postura y anuncia su voluntad de continuar permitiendo el paso de los alemanes orientales por su frontera.

Berlín, Praga y Bucarest protestan, pero mucho más expresivo que las protestas de los Gobiernos más duros del Pacto de Varsovia es el silencio de Moscú, la actitud tolerante de Gorbachov, que considera que la decisión de Budapest corresponde a un ámbito interno de decisión en el que Moscú no debe intervenir. Esto es algo realmente nuevo. En el fondo, Miklos Nemeth, con sus pasos osados pero medidos, lo que ha hecho ha sido poner a prueba la voluntad de Moscú, comprobar si la doctrina Brézhnev puede darse efectivamente por superada y, por consiguiente, si el Gobierno que él preside puede emprender sin temor las reformas que Hungría necesita.

El desmoronamiento del bloque soviético va unido a unos nombres entre los que no suele figurar Miklos Nemeth y, sin embargo, es mucho lo que Alemania y el mundo deben a este economista serio y honrado, que fue capaz de tomar las decisiones que el momento exigía y hacerlo con valor, prudencia y extraordinario sentido de la responsabilidad. Aquel 11 de septiembre es obra personal suya y aquel 11 de septiembre es, sin duda, uno de los momentos más trascendentales de la historia reciente de Europa.

La decisión del Gobierno húngaro provocó escenas de júbilo en la frontera, abrazos emocionados entre los que llegaban y aquellos que los esperaban, recibimientos alborozados en los que se fundían familias enteras, ojos arrasados de lágrimas por la emoción, rostros iluminados por una alegría desbordante. Los campos de refugiados que la avalancha de alemanes había obligado a improvisar se fueron quedando vacíos, a pesar de que la apertura de la frontera provocó la llegada de nuevos emigrantes hacia la República Federal que, sin embargo, ya no tenían que esperar que se abriesen las puertas que tanto tiempo habían estado cerradas.

Pero la decisión del Gobierno húngaro provocó también preocupación y desconcierto en todo el mundo. Lo provocó, claro está, en los países del bloque soviético, que interpretaron la postura húngara como una traición que amenazaba la estabilidad de la zona; pero lo provocó también en los países occidentales, que se enfrentaban a una situación nueva que rompía el *statu quo* y que no sabían cómo interpretar. La llamada «Guerra Fría» era una situación tensa pero conocida, un equilibrio familiar para cancillerías y Estados Mayores, que hacía ya mucho tiempo habían incorporado los riesgos inmanentes a tan complejo juego de damas a sus protocolos de actuación. Pero la situación creada por el Gobierno húngaro abría un periodo de incertidumbre en el que nada valían los planes de actuación establecidos, desencadenaba un temblor de tierra cuya intensidad nadie se atrevía a pronosticar. El caos en el bloque soviético no era una situación deseada por la diplomacia occidental que, si quería un cambio, quería un cambio ordenado y permanentemente controlado, un cambio que, en lo sustancial, no debía afectar al equilibrio sobre el que se había basado la convivencia internacional en los últimos cuarenta años.

El número de la revista *Der Spiegel* del día 18 de septiembre de 1989, que tengo ante los ojos cuando redacto estas líneas, expresa bien esta sensación de desconcierto cuando encabeza la información sobre la apertura de la frontera húngara con el titular «Ratlosigkeit in Ost und West».[60] Nadie en la República Federal, ni muchísimo menos en la Democrática, sabía cómo podía continuar el proceso, pero tampoco lo sabía nadie en el resto del mundo, ni los políticos, ni los periodistas que inmediatamente empezaron a tomar posiciones contradictorias y, en la mayoría de las ocasiones, dictadas por el temor no solo al desorden en Europa del Este, sino también a las esperanzas de reunificación del pueblo alemán.

En el mismo número de la revista *Der Spiegel* antes mencionado, el eterno editor de la misma, Rudolf Augstein, publica un largo comentario bajo el título «Eine Löwin namens Einheit»,[61] en el que replantea directamente la cuestión de la reunificación y analiza las posturas al respecto de unos y de otros en los principales países occidentales. En la página diecinueve de la misma revista se recogen las opiniones de once de los periódicos más importantes del mundo y en todos prevalece el temor a la llamada *deutsche Frage*.[62]

---

60. «Desconcierto en el Este y en el Oeste».
61. «Una leona llamada unidad».
62. «La cuestión alemana». Los periódicos son: *Le Monde, The Independent, The New York Times, Sunday Telegraph, Il Messaggero, Financial Times, Le Point, The Economist, The Sunday Times, Politika* y *Daily*

Previamente, el 4 de septiembre de 1989, Vernon Walters, bien conocido en España y entonces embajador americano en Bonn, había manifestado que el éxodo de ciudadanos de la RDA hacia la RFA muestra que «la existencia de dos Estados alemanes no es normal» y recuerda que el presidente de su país, George Bush, está a favor de la reunificación, si se consigue de forma pacífica y a través de elecciones libres.[63] Esta, sin embargo, no era la posición de todos los países occidentales, ni siquiera de la mayoría de ellos, predominando las reticencias y, en el mejor de los casos, las propuestas para un amplio espacio neutral y desmilitarizado en el centro de Europa.

En la República Federal Alemana se suscita inmediatamente el problema de la reunificación, pero ni las posturas son concordantes, ni existen criterios sólidos sobre el camino a seguir, ni la cuestión constituye la primera preocupación del Gobierno alemán, mucho más preocupado en este concreto momento histórico en dar alojamiento y trabajo a los miles de ciudadanos que han optado por pasar a territorio federal y a los que, bajo ningún concepto, se puede decepcionar. En esos días se produce en la República Federal Alemana una ola de solidaridad en la que están

Express. El comentario del *Financial Times* comienza diciendo: «Sollte Deutschland schliesslich wiedervereinigt werden, dann keinesfalls aufgrund eines plötzlichen Zusammenbruchs der DDR» (Si finalmente Alemania alcanza la reunificación, no será de ninguna manera como consecuencia de un desmoronamiento repentino de la RDA.)

63. Citado por Alonso Álvarez de Toledo en *En el país que nunca existió*, Barcelona, Muchnik Editores, 1990, pág. 219.

latentes emociones contenidas durante muchos años, una ola de solidaridad que, con independencia de los esfuerzos del Gobierno, facilita la rápida asimilación de miles y miles de personas que llegan, además, en un momento en el que la situación económica de la RFA empieza a ofrecer algunos síntomas de debilidad.

Pero si *Der Spiegel* da cuenta en su ejemplar del 18 de septiembre del desconcierto que la decisión húngara ha provocado en todo el mundo, también da cuenta en ese mismo número de otro hecho extraordinariamente significativo en el proceso de cambio que en esos momentos estaba viviendo la DDR. En el artículo «Druck im Kessel»,[64] publicado en la página 17 de la revista, se informa de la constitución en Berlín el día 10 de ese mismo mes de septiembre de un grupo opositor formado por treinta ciudadanos —científicos, artistas, médicos y profesionales relevantes— deseosos de abrir cauces concretos de diálogo entre las altas instancias del SED y los movimientos de oposición. Se trata de *Neues Forum,* Nuevo Foro[65], un grupo pequeño, pero con algunas características que le proporcionaron una especial relevancia durante estos meses de rápida transformación política en la RDA. Se trataba de un grupo de personalidades relevantes, con prestigio en los círculos opositores, pero también con prestigio más allá de esta esfera concreta, de ciudadanos

---

64. «Presión en la caldera».

65. Nuevo Foro encuentra su inspiración evidente en el movimiento Carta 77 de Vaclav Havel que, sin embargo, tiene características diferentes pues, entre otras cosas, fue creado de forma más temprana y sobre el fracaso de la llamada «Primavera de Praga».

críticos con el régimen, pero fieles a la idea de una Alemania socialista, en cuya transformación querían colaborar, de ciudadanos dispuestos a actuar abiertamente y dentro de la legalidad socialista, a cuya cobertura apelaron solicitando formalmente su legalización. Quizás este fuese el punto más importante de todos, porque ponía de relieve algo fundamental: los ciudadanos de la RDA, aunque se tratase en este caso de personalidades relevantes y dotadas, por tanto, de una cierta impunidad, estaban empezando a perder el miedo.

La cabeza visible de este grupo era una pintora llamada Bärbel Bohley que, expulsada de la RDA y tras seis meses de estancia forzosa en la RFA, regresó a Berlín oriental para retomar desde el interior del país sus actividades de oposición al régimen comunista.

En el número siguiente de la revista *Der Spiegel*, es decir, en el correspondiente al 25 de septiembre, se da cuenta en un largo artículo titulado «Wir müssen Kurs halten»[66] del imparable crecimiento de los movimientos de oposición en la RDA, poniendo de relieve que los treinta miembros iniciales de *Neues Forum* son ya tres mil, cifra que crece día a día. El día 19, los promotores de Nuevo Foro habían dirigido un escrito al Ministerio del Interior solicitando su legalización o, más altivamente, anunciando el inicio de sus actividades, escrito que recibió una respuesta inusual por su celeridad, pero perfectamente usual por su contenido, pues el Ministerio del Interior consideró, probablemente con toda la razón del mundo, que las actividades de Nuevo

---

66. «Tenemos que mantener el rumbo».

Foro estaban fuera de la legalidad socialista.[67] En una entrevista que *Der Spiegel* publicó en su número del 2 de octubre con Bärbel Bohley, esta hace algunas manifestaciones que ponen de relieve los principios orientadores de este grupo de oposición. La portavoz de Nuevo Foro dice por ejemplo: «Wir wollen hier bleiben» o, aún más expresivamente, «Ziel der Bewegung sei nicht die Einführung des Kapitalismus sondern ein anderen Sozialismus als der in der DDR praktizierte».[68]

Estas manifestaciones, leídas en Fráncfort, trajeron inmediatamente a mi memoria (en realidad, nunca había dejado de estarlo) la conversación en casa de Joachim y Katarina y las múltiples reflexiones que la misma me había suscitado; en las palabras de Bärbel Bohley reconocía punto por punto las palabras de Katarina a la que, por otra parte, aquella, con su aspecto menudo y su pelo corto, se parecía de una manera evidente. *Wir bleiben hier* —nosotros nos quedamos— fue uno de los gritos de guerra de las grandes manifestaciones, que pronto tomarían el relevo opositor tanto de los que de forma tan masiva habían abandonado el país, como de aquellos grupos de carácter minoritario que jugaron un papel fundamental en la evolución de los

---

67. La carta, firmada por Bärbel Bohley, dice así: «Berlín, den 19.9.1989. Sehr geehrte Herren, hiermit teilen wir Ihnen mit, dass wir gemäss 3 VO von 6.11.1975 die Tätigkeit des "Neuen Forums" anmelden. Was den Charakter und die Zielstellung des Neuen Forum anbelangt, so verweisen wir auf den in der Anlage beigefügten Text».
68. «Queremos permanecer aquí»; «no es el objetivo del movimiento la introducción del capitalismo, sino un socialismo distinto al vigente en la RDA».

acontecimientos, pero que pronto quedaron desbordados por los mismos. Estos grupos minoritarios no ponían en duda el socialismo ni, por supuesto, la existencia de dos Estados independientes, posición esta paralela a la de tantos como en la RFA aceptaban la división como un hecho casi natural y veían con temor el riesgo que para su propia estabilidad política y económica suponía el desmoronamiento de la RDA.

Mientras tanto, las autoridades de la RDA no reaccionaban. Erich Honecker tuvo que ser urgentemente trasladado desde Bucarest, donde asistía a una cumbre del Pacto de Varsovia, a Berlín a principios del mes de julio para ser intervenido de un cáncer de colon y desde entonces no había sido visto en público. Esta larga ausencia del dictador, aparte de suscitar toda suerte de rumores, hacía visible un auténtico vacío de poder, perceptible por lo demás en la falta de medidas concretas, más allá de las meras protestas formales, ante los acontecimientos verdaderamente trascendentales que se estaban produciendo aquel verano en Alemania oriental. Si clamoroso era el silencio de Moscú, clamoroso era también el silencio de Berlín, que veía cómo sus ciudadanos huían del país en una especie de «marcha verde» facilitada por lo que muchos intuían como agonía del dictador, sin hacer absolutamente nada.

Honecker se reintegró a sus funciones oficiales el 25 de septiembre (quince días después de que Hungría hubiese abierto sus fronteras) y entonces tuvo que hacer lo que nadie se atrevió a hacer en su ausencia. El problema de los emigrantes no se había solucionado con la drástica decisión adoptada por Budapest, sino más bien todo lo contrario.

Nuevas oleadas de ciudadanos orientales se habían puesto en camino hacia Hungría, al mismo tiempo que seguía sin resolverse el problema de los refugiados en las embajadas federales en Varsovia y Praga. La situación en ambas legaciones tendía a hacerse insostenible, con un número siempre creciente de refugiados a los que de alguna forma había que dar una salida reconociendo la cruda realidad de los hechos, algo que nadie podía hacer en Berlín en ausencia de Erich Honecker y que este, evidentemente, tampoco podía hacer sin reconocer —cosa a la que no estaba dispuesto— las miserias del régimen.

Por ello, cinco días después de reintegrarse al ejercicio de sus funciones, Erich Honecker, en una tragicómica pirueta autoritaria, decide «expulsar» del país a todos los ciudadanos de la RDA que permanecen de forma ilegal en las embajadas federales de Varsovia y Praga, «expulsión» que se produce en fases sucesivas y por un procedimiento que traería consigo un auténtico levantamiento popular en la RDA.

Los ocupantes de la embajadas en Varsovia y Praga fueron efectivamente «expulsados» de la RDA y trasladados a la República Federal en unos trenes sellados —es inevitable el recuerdo de Lenin en camino hacia una revolución alentada por el *Kaiser*—, cuyo tránsito por Alemania oriental se transformó en una masiva manifestación de ira y entusiasmo que marcó el comienzo de la movilización popular y de las grandes manifestaciones que, a partir de entonces, se produjeron en todas las ciudades importantes de la RDA.

Esta absurda decisión de Erich Honecker, guiada tan solo por el deseo de hacer pasar a los emigrantes por territorio de la RDA para, durante el trayecto, confiscarles la

documentación y privarles así de la ciudadanía germanooriental, nos proporcionó a todos la posibilidad de contemplar una nueva imagen de la RDA, la imagen de una RDA
encolerizada donde no solo se estaba empezando a perder el miedo, sino también la paciencia. De Praga a Viena
hay apenas trescientos kilómetros, un corto recorrido que
hubiese evitado todas las escenas de rabia y desesperación
que todos tuvimos que contemplar, un breve trayecto que
quizás hubiese atenuado o incluso evitado, si no la movilización popular, sí la violenta reacción que entonces se
produjo. Pero así son las dictaduras. Honecker necesitaba
hacer pasar por territorio alemán a los que querían abandonarlo, para tratar de ocultar tras la apariencia de una
expulsión formal el hecho, a todas luces evidente, de que
era él el que estaba pasando por las horcas caudinas, el que
sin que él se diera cuenta estaba siendo expulsado de la
posición privilegiada que había ocupado en Berlín durante
los últimos cuarenta años. Los *Ausgewiesene*[69] a los que,
por otra parte, las autoridades federales habían provisto de
nueva documentación nada más pisar las correspondientes embajadas, entendieron perfectamente la situación y
se adelantaron a los acontecimientos, limitándose a des-
trozar su documentación antes de que se la arrebatasen y
arrojar despectivamente los restos por las ventanillas de los
trenes que los llevaban hacia la libertad. Los *Ausgewiesene*
entendieron la situación, pero Honecker no entendió que
el paso por la RDA de los llamados «trenes de la libertad»

---

69. La traducción más exacta del término *Ausgewiesene* es: «privados
del derecho de residencia en la RDA».

iba a provocar una oleada de rabia y a desencadenar una auténtica movilización popular que, a pesar de todo, hasta entonces no se había producido.

El 30 de septiembre Dietrich Genscher, ministro de Asuntos Exteriores de la República Federal Alemana, anunció desde el balcón principal de la embajada federal en Praga a los miles de refugiados que allí se encontraban que su traslado a Alemania occidental había sido autorizado por las autoridades orientales, traslado que efectivamente se llevó a cabo el 2 de octubre siguiente.

Los ocho mil refugiados de la embajada eran ya doce mil cuando los ocho trenes de la Deutsche Bahn se pusieron en marcha hacia su destino final en Hof, al norte de Baviera. El trayecto, que tuvo como hitos principales las estaciones de Dresde, Karl-Marx-Stadt, Glauchau, Zwickau, Reichenbach y Plauen, fue una constante manifestación en contra de un sistema que no quería ver cómo el muro al que debía su existencia se resquebrajaba a pasos agigantados. Miles de ciudadanos orientales se concentraron durante todo el trayecto en campos y terraplenes para vitorear desde allí a los compatriotas que se marchaban; miles también fueron los que bloquearon el paso del convoy en las estaciones, para intentar tomar al asalto unos trenes que no sabían si alguna vez volverían a pasar.

Los *Vopos,* los mismos a los que yo había contemplado somnolientos en el Volkspolizei Kreisamt Weimar[70] hacía poco más de un mes, tuvieron que emplearse a fondo para romper las barreras humanas que se fueron formando en las

_____

70. Oficina de la policía del distrito de Weimar.

sucesivas estaciones del trayecto y para impedir el asalto a los trenes. En Dresde se produjeron enfrentamientos violentos y decenas de manifestantes fueron heridos; los detenidos fueron centenares. Ese mismo día 2 de octubre, después de la ya tradicional oración por la paz en la iglesia de San Nicolás de Leipzig, miles de ciudadanos se manifestaron por el centro de la ciudad de una manera espontánea y pacífica, llevados, quizás, por el mismo impulso que había llevado a otros a cruzar la frontera checa, por la conciencia clara de que había llegado el momento. «Demokratie, jetzt oder nie»[71] era el grito predominante de una procesión cívica, donde también se gritaba «Freiheit, Gleichheit, Brüderlichkeit»[72] junto con apelaciones a la *perestroika* de Gorbachov, una procesión cívica que, a partir de este momento, se repetiría todos los lunes, hasta el punto de que para muchos, sobre todo en el ámbito de la oposición interior al régimen, la caída del muro o, al menos, el verdadero punto de inflexión del proceso, se produjo el lunes 9 de octubre como consecuencia de la masiva manifestación de Leipzig que, gracias, entre otros factores, a la intervención de Kurt Masur,[73] acabó de una manera pacífica.

El impacto que produjo el paso de los trenes por el territorio de la RDA fue enorme. El día 2 de octubre quedaron vacías las embajadas federales en Varsovia y Praga y el día 3 ya estaba esta ocupada de nuevo por miles de

---

71. «Democracia, ahora o nunca».
72. «Libertad, igualdad, fraternidad».
73. Kurt Masur era el famosísimo director de la no menos famosa orquesta Gewandhaus de Leipzig.

ciudadanos, que exigían salir también hacia la República Federal. Honecker tuvo que claudicar de nuevo y así el día 3 de octubre autorizó la salida de Checoslovaquia de otros once mil refugiados: cerca de cinco mil que se encontraban en la embajada y otros seis mil que andaban dispersos por diversos puntos del país. En esta ocasión, las fuerzas de seguridad adoptaron férreas medidas de control, de modo que cuando los nuevos *Ausgewiesene* llegaron a su destino final en Hof, manifestaron que a su paso por la RDA no habían visto ni una sola persona. Las estaciones fueron tomadas, los accesos a los puntos clave del trayecto permanecieron cerrados, la población fue mantenida lejos de las vías del ferrocarril, hasta el punto de que las autoridades hicieron cesar transitoriamente la actividad en todos los centros de trabajo próximos al itinerario seguido por los trenes, transformando todo el territorio del primer Estado socialista en suelo alemán en un país habitado por fantasmas.

Pero en esta ocasión Honecker hizo algo más, algo a lo que durante algún tiempo se había negado pero que, al final, se hizo inevitable. Había que parar la hemorragia al precio que fuese y para ello cerró la frontera con Checoslovaquia, exigiendo a partir de esta fecha del 3 de octubre un visado especial para pasar a ese país que, en ese momento, era el aliado más fiel —quizás el único si hacemos excepción de la Rumanía de Ceausescu— de la RDA. Los ciudadanos de Alemania oriental, como en 1961, aún más que en 1961, habían quedado encerrados en su propio territorio mediante una decisión que cerraba un ciclo pero que abría otro, una decisión que inauguraba un nuevo periodo en el fulgurante proceso de descomposición de la RDA.

Los acontecimientos del 2 y del 3 de octubre de 1989, contemplados en el conjunto de los hechos que condujeron a la caída del muro, suponen el paso a primera línea de la oposición interna que ahora hereda el protagonismo que, hasta entonces, había correspondido a los emigrantes, pero también el inicio de la movilización de masas, que pasa a ocupar el lugar de vanguardia de los pequeños grupos de oposición. Nuevo Foro había seguido creciendo de manera espectacular y paralelamente habían surgido otros grupos de oposición como *Demokratischer Aufbruch*[74] o *Demokratie, jetzt*[75] que, sin duda, jugaron un papel relevante en la oposición al sistema. Pero la situación había evolucionado muy rápidamente, el miedo se había perdido y la paciencia se había agotado, y ya no eran unos cuantos los que pedían un cambio en el país sino decenas de miles los que, día tras día, se manifestaban en todas las grandes ciudades para exigir lisa y llanamente libertad y democracia. Los *Hinterbliebene,* los que se habían quedado, habían tomado el relevo a los que se habían marchado, pero también los que se manifestaban todos los lunes después de la oración por la paz en la iglesia de San Nicolás de Leipzig o los martes en la Platz der Demokratie de Weimar, o los que ocupaban día y noche la iglesia de Getsemanie en Berlín, o los jóvenes de la *Umweltbibliothek,*[76] habían sustituido al frente

---

74. «Despertar democrático». Este grupo se integró el 4 de agosto de 1990 con la CDU de la RDA. Miembro de Despertar democrático fue Angela Merkel.
75. «Democracia, ya».
76. La *Umweltbibliothek* (literalmente: biblioteca del medio ambiente) fue una biblioteca creada por los feligreses de la iglesia de Sion, que

de la oposición a los grupos que, como Nuevo Foro, habían surgido al calor de los acontecimientos que la masiva ola de emigración había desencadenado en el curso de este verano de 1989. Las fronteras se pueden cerrar, a los disidentes se les puede silenciar, pero ¿cómo se para una manifestación permanente de miles y miles de ciudadanos que han perdido el miedo? Todos lo sabíamos y, porque todos lo sabíamos, todos conteníamos la respiración en estos primeros días del mes de octubre, cuando se aproximaban los fastos conmemorativos del cuadragésimo aniversario de la RDA; todos lo sabíamos y, porque todos lo sabíamos, todos conteníamos la respiración cuando Gorbachov llegó a Berlín el 6 de octubre de 1989.

La posibilidad de que los tanques soviéticos aplastasen la sublevación ciudadana, como ya había sucedido en Hungría en 1956 o en Praga en 1968 o en el mismo Berlín en 1953, parecía remota, por no decir inexistente. Los tiempos habían cambiado y las circunstancias eran ahora muy distintas. Gorbachov ya había tenido la oportunidad de intervenir en Polonia o en Hungría y no solo no lo había hecho, sino que había dejado claro en cuantas ocasiones había tenido que, en contraposición con la doctrina Brézhnev, la Unión Soviética estaba ahora dispuesta a respetar la autonomía política de los países de su entorno. Pero este respeto encerraba también un peligro. El temor de todos, la hipótesis política más verosímil era que las autoridades de Berlín se hubiesen visto forzadas a una actitud relativamente conciliadora para salvar las apariencias en la celebración del

----

durante aquellos meses de 1989 fue un centro de reunión de jóvenes opositores al régimen.

cuadragésimo aniversario de la República, pero que, una vez acabadas las fiestas conmemorativas, una vez regresado Gorbachov a Moscú, se desencadenaría una ola de represión para acabar, sin necesidad de los carros soviéticos, con la incipiente oposición interior. Esta impresión generalizada explica, en parte, la urgencia y la desesperación con las que los ciudadanos orientales se precipitaron a abandonar el país en estas últimas fechas, pues tenían la conciencia de que ahora o nunca, de que, pasado el 7 de octubre, ya no habría posibilidad de salir de la RDA.

La RDA celebraba su cuadragésimo aniversario en una situación paradójica. La presencia internacional de la RDA nunca había sido mayor que entonces y, sin embargo, nunca, ni siquiera en 1953, había sido mayor el rechazo de sus ciudadanos a un sistema incapaz de sobrevivir a su propia ortodoxia, a un sistema incapaz de saltar el muro tras el que él mismo se había encerrado. Honecker había cumplido recientemente el sueño largamente acariciado de ser recibido en Bonn con honores de Jefe de Estado y de pasar revista, en tal condición, al batallón de honores del ejército federal, visita de Estado que posteriormente se prolongó con una visita privada a su ciudad natal de Saarbrücken, donde fue agasajado por Oskar Lafontaine, a la sazón primer ministro de Saarland.[77] En enero de 1988, Honecker fue recibido por Mitterrand en el Elíseo, y en octubre de ese mismo año hizo un viaje oficial a España, último que haría a un país occidental; en octubre de 1989, Honecker se disponía a ser recibido en la corte de San

---

77. Estado del Sarre. La visita de Honecker a la República Federal Alemana tuvo lugar entre el 7 y el 11 de septiembre de 1987.

Jaime, viaje que ya nunca llegaría a hacer. Alemania Oriental se encontraba bien asentada en el panorama internacional y, desde este punto de vista, Erich Honecker podía sentirse satisfecho de sus dieciocho años de poder absoluto; sin embargo, los ciudadanos de la RDA, como los niños del cuento de Grimm, habían visto lo que no habían visto las cortes europeas, se habían dado cuenta de que, a pesar del reconocimiento exterior, el rey iba desnudo y, perdido el miedo o quizás a pesar del miedo, estaban empezando a proclamarlo a los cuatro vientos. La RDA estaba a punto de desmoronarse en el momento de su máximo esplendor.

Gorbachov llega a Berlín el 6 de octubre de 1989 a las diez de la mañana y abandona airado la ciudad a la caída de la tarde del día siguiente, una visita de poco más de veinticuatro horas, que transcurre en medio de una gran tensión tanto en la calle como en los despachos y salones oficiales. Las autoridades de la RDA han preparado un programa de acuerdo con la liturgia tradicional del régimen, que incluye procesiones de antorchas, paradas militares y festejos populares como aquel desfile de modas que tanto me divirtió en Gotha y que, según leí aquellos días en algún sitio, respondía a una iniciativa personal de Margot Honecker, mujer de Erich Honecker y ministra de Educación Nacional. El programa de la visita oficial de Gorbachov incluía ese 6 de octubre tres actos oficiales: el depósito de una corona de laurel en la *Neue Wache*,[78] una sesión extraordinaria de la Cámara

---

78. La *Neue Wache* («Nueva Guardia») fue construida por Schinkel a principios del siglo XIX como cuerpo de guardia y fue posteriormente utilizada como monumento a los caídos en la Primera

Popular con discursos de Honecker y de Gorbachov y una procesión con antorchas portadas por jóvenes comunistas en Unter der Linden. La tensión se hace sentir desde el mismo momento de la llegada de Gorbachov al aeropuerto que, curiosamente, pero en congruencia con la censura impuesta a los medios de comunicación soviéticos en lengua alemana, no es transmitida en directo por la televisión, a efectos de evitar la emisión de las posibles manifestaciones de apoyo a Gorbachov y censura del régimen bajo la reivindicación de *glásnost* y *perestroika*. Sin embargo, el clamor popular se hace inocultable durante las pocas horas de estancia de Gorbachov en Berlín. El grito de «Gorbi, hilf uns»,[79] que acompañaría a Gorbachov en todas sus apariciones públicas, ya se pudo oír en su primera comparecencia en Unter der Linden, pero fue por la noche, en la procesión de las antorchas, cuando este grito se transformó en un clamor que no se podía ignorar, un clamor especialmente significativo en la medida en que surgía de la propia comitiva oficial, de las gargantas de aquellos que siempre habían sido uno de los pilares fundamentales del régimen, de las voces nada sospechosas de los jóvenes comunistas.

Hasta entonces la visita oficial de Gorbachov a Berlín había transcurrido dentro de una relativa normalidad. En la sesión que aquella misma tarde se había celebrado en la

Guerra Mundial y luego, a partir de 1960, como memorial de las víctimas del fascismo y del militarismo. Es, con sus dos *Vopos* de guardia, una de las imágenes más características de Unter den linden y de toda la RDA.

79. «Gorbi, ayúdanos».

Cámara Popular, Honecker había insistido en los logros del régimen comunista, y Gorbachov, no sabemos por qué razón, se había abstenido de formular reconvención alguna a las autoridades de Alemania Oriental. Es posible que, como muchos opinan, el discurso de Gorbachov de aquella tarde contuviese, leído entre líneas, algunas advertencias importantes para Honecker y sus colaboradores, pero estos, ciegos ante la fuga masiva de conciudadanos, no tenían por qué ser más clarividentes a la hora de interpretar unas palabras que el propio Gorbachov, con su medido lenguaje de circunstancias, les había ofrecido la posibilidad de ignorar.

Honecker no estaba dispuesto a sacar las oportunas consecuencias de las palabras de Gorbachov, ni tampoco de las clamorosas peticiones de ayuda que le formularon durante la procesión de las antorchas las juventudes del partido. Sin embargo, a partir de esta procesión de estética e inspiración nacionalsocialistas, la visita de Gorbachov se torció y entró en una espiral de tensión que culminaría con la imprevista marcha de este antes de que terminara la cena de gala que, al día siguiente, se celebraría en el llamado Palacio de la República. El primer secretario del Partido Comunista Polaco, Rakovski, traduce a Gorbachov el grito de los manifestantes y este se ve enfrentado a su propia responsabilidad y a unas circunstancias que exigen de él algo más que un discurso diplomático.

Al día siguiente, el 7 de octubre por la tarde, se celebró una reunión del Politburó con Gorbachov, en el que este acentuó su tono crítico ante la indiferencia de Honecker, que insistía una y otra vez en sus optimistas apreciaciones sobre la salud del régimen, y la creciente estupefacción de muchos de los dirigentes comunistas, que no podían comprender la falta de flexibilidad de su secretario general. Sin embargo, la tensión llegó a su punto máximo durante la cena de gala que se celebró esa misma tarde-noche.

El discurso de Gorbachov en la Cámara Popular había producido una profunda decepción no solo entre los círculos opositores, sino también en todos aquellos que seguían con atención la evolución de los acontecimientos y que esperaban una apelación más clara a la introducción de reformas en el sistema, en línea con lo que el propio Gorbachov estaba haciendo en la Unión Soviética y lo que ya habían hecho otros países del bloque comunista. Sea a causa de esta decepción, sea por el deseo de aprovechar una oportunidad política irrepetible, sea como consecuencia de la presión existente en esa caldera que era entonces la RDA, lo cierto es que, a pesar de todas las medidas de seguridad que el régimen había previsto, miles de manifestantes se fueron concentrando esa misma tarde en las inmediaciones del Palacio de la República, para hacer llegar a cuantos participaban en la cena de gala sus cada vez más airados gritos de protesta. El clamor de los manifestantes se hace cada vez más audible entre el nerviosismo de los invitados, el desconcierto de los anfitriones es cada vez mayor, cada vez son más los que se acercan a las ventanas del gran salón a presenciar en directo unas manifestaciones que pronto producen los primeros enfrentamientos con la policía. Alonso Álvarez de Toledo, que, como Embajador de España, asistía a la cena, cuenta así el desarrollo de tan esperpéntica recepción: «La cena de gala termina como el rosario de la aurora. El brindis de Honecker es muy breve. Mucho más que el de otros años. Una decoración *kitsch,* mezcla de nostalgias vienesas y renacimiento marxista, adquiere tonos surrealistas cuando,, a los compases de una orquestina, un manojo de rayos láser convierte el grandioso recinto en discoteca provinciana. A media comida Gorbachov y Raisa toman las de Villadiego. Con intervalos de cinco minutos hacen lo mismo Arafat y todos los jefes de Estado del Pacto de Varsovia. Quedan Ortega, de Nicaragua, y los jerarcas de Laos, Vietnam y Mongolia. A la salida nos enteramos de que multitud de jóvenes batallan con la policía. Los representantes extranjeros han huido de la quema a tiempo, avisados por sus servicios de seguridad».[80]

Gorbachov abandona precipitadamente el comedor, se encamina directamente al aeropuerto y, sin despedirse de nadie, abandona el país entre la ira y la estupefacción; Gorbachov abandona precipitadamente el comedor y, en ese mismo momento, se pone en marcha la revuelta palaciega que, paralela a la revuelta callejera que se estaba llevando a cabo ante los ojos incrédulos de propios y extraños, habría de conducir pocos días después a la sustitución de Erich Honecker por Egon Krenz al frente del Partido Socialista Unificado de Alemania y, consecuentemente, de un país que para entonces ya se le había escapado de las manos.

Pero aquel 7 de octubre la precipitada marcha de Gorbachov endurece otra batalla más cercana y concreta, la batalla que entonces se está librando entre manifestantes y policías en las proximidades del Palacio de la República, una batalla que, desarrollada simultáneamente en diversas ciudades

---

80. Alonso Álvarez de Toledo, *En el país que nunca existió,* pág. 37.

alemanas, encontraría su desenlace —o, al menos, su episodio más dramático y significativo— el lunes siguiente en Leipzig, tras la semanal oración por la paz en la iglesia de San Nicolás, al que luego me referiré. Mientras tanto, en Berlín, la policía, liberada de la incómoda presencia de Gorbachov, humillada por la evolución de los acontecimientos, entra decididamente en acción para acabar con unas manifestaciones que han transformado la conmemoración del cuadragésimo aniversario de la RDA en una esperpéntica rememoración del hundimiento del Titanic. Las fuerzas de seguridad, en sucesivas maniobras envolventes, van llevando a los manifestantes hacia el barrio contestatario e iconoclasta de Prenzlauer Berg y allí, sin testigos incómodos, proceden a disolver violentamente a unos manifestantes que tienen cegadas todas las vías de escape. Unos se acogen a sagrado, dentro de los usos de nuestra mejor tradición clásica; otros consiguen refugiarse en casas de amigos o colarse tras algunas puertas que se abren de forma espontánea y amistosa; algunos logran escapar en la confusión general; otros son golpeados de forma contundente; otros muchos son detenidos y trasladados en camiones a las comisarías y cárceles de la Stasi. Las mismas manifestaciones, con similares palizas e idénticas detenciones, se producen aquel día en Leipzig, en Karl-Marx Stadt y en otras ciudades alemanas, esparciendo por todo el país la sombra amenazadora de Tiananmen. Gorbachov ha regresado a Moscú, las fiestas del cumpleaños de la RDA han terminado y en todas partes cunde la sensación de que ha llegado la hora de la verdad, de que este es el momento de comprobar cuáles son las verdaderas intenciones de los jerarcas del régimen, que hasta ahora se han mantenido a la defensiva con una actitud plena de vacilaciones y carente de iniciativas. Pero también la oposición ha de hacer por primera vez recuento de bajas, también la oposición ha de recomponer la figura y ha de comprobar el alcance de su determinación para enfrentarse a unas fuerzas policiales que, en esta primera gran escaramuza, han dejado claras sus intenciones. La próxima gran cita es el lunes 9 de octubre a las cinco de la tarde en la iglesia de San Nicolás de Leipzig.

La RDA vive un largo domingo dedicado a digerir los acontecimientos de la víspera y a preparar los que se avecinan. Las noticias de lo sucedido en las distintas ciudades alemanas van llegando poco a poco y configurando un panorama de una amplitud muy superior a todo lo inicialmente previsto. La magnitud del movimiento de protesta hace a este en gran medida irreversible; crece el miedo, pero crece también la conciencia de que se ha llegado a un punto en el que ya no es posible la marcha atrás, un punto en el que no se puede retroceder sin poner en peligro las aspiraciones a una transformación del sistema y a una convivencia en libertad.

Las autoridades policiales sacan también las consecuencias de lo sucedido en las jornadas precedentes y disponen las medidas necesarias para controlar la manifestación del lunes en Leipzig, que puede ser multitudinaria. El ministro del interior, Erich Mielke, pone ese domingo en estado de alerta a todas las fuerzas de seguridad de la RDA y activa el llamado «código rojo» que, efectivamente, autoriza a las fuerzas del orden a disparar contra los manifestantes si la situación lo hace necesario. El lunes 9 de octubre Leipzig amanece tomada por la policía, mientras que el ejército controla las entradas y salidas de la ciudad. La tensión se palpa en el ambiente y la preocupación crece entre los líderes de la oposición, al mismo tiempo que crece la conciencia de que la batalla que se libró el sábado en Berlín puede terminar hoy en un auténtico baño de sangre. Se trata de evitar lo peor y para ello los dirigentes del Nuevo Foro piensan en la autoridad moral de Kurt Masur, que, respetado por todos, puede hacer posible una negociación que dé una salida pacífica a una situación explosiva. Kurt Masur se pone inmediatamente en contacto con Kurt Meyer, secretario de cultura del SED en Leipzig, con el que mantiene una buena relación, y juntos acuerdan una reunión en la que han de participar también los secretarios del partido, Wötzel y Pommert, el teólogo Peter Zimmermann, miembro de la presidencia de la CDU, y el cantante de cabaret Bernd-Lutz Lange, una celebridad local. Se reúnen a las dos en casa de Meyer (la oración por la paz en la iglesia de San Nicolás comienza a las cinco) y allí redactan contra reloj un manifiesto que ha de ser leído a los manifestantes, pero también utilizado para instar la moderación de las fuerzas de seguridad.[81]

---

81. El texto que publica *Der Spiegel* el 16 de octubre de 1989 es —traducido por mí— el siguiente: «Nuestra común preocupación y nuestro sentido de la responsabilidad nos han reunido hoy. Nos sentimos concernidos por el desarrollo en nuestra ciudad y buscamos una solución. Todos necesitamos un libre cambio de opiniones sobre el futuro del socialismo en nuestro país. Por ello, prometemos a todos los ciudadanos poner toda nuestra energía y toda nuestra autoridad para conseguir que este diálogo se lleve a cabo no solo en el distrito de Leipzig sino también con nuestro Gobierno. Pedimos

Mientras tanto, la iglesia de San Nicolás se encuentra abarrotada desde primeras horas de la tarde (al parecer, la mayoría de los ocupantes son miembros de la Stasi), hasta el punto de que hay que clausurar la iglesia, advirtiendo, sin embargo, de que en otras tres iglesias se celebran simultáneamente otras tantas oraciones por la paz. Esto no impide que en los alrededores de la iglesia de San Nicolás se vaya concentrando una creciente multitud: a las cinco y media son más de diez mil; a las seis, cuando salen del templo las tres mil personas que han encontrado sitio en su interior, más de veinte mil; al final se calcula que son más de setenta mil las personas que toman parte en la manifestación del lunes 9 de octubre en Leipzig.

El manifiesto, grabado por Kurt Masur en su despacho de la Gewandhaus y leído no solo en el interior de San Nicolás sino también, a través de altavoces, en las calles por las que transcurre la manifestación, provoca cierta conmoción entre los manifestantes, no solo por su contenido sino, sobre todo, por el hecho de haber sido firmado por tres secretarios del partido que, por primera vez, se hacen eco de las demandas ciudadanas y se comprometen a un debate sincero.

Pero la declaración de los seis y la avalancha de manifestantes, que les enfrentan a una responsabilidad sin precedentes, también hacen mella en el ánimo de Helmut Hackenberg, primer secretario del partido en Leipzig, y del general Gerhard Strassenburg, quien manda las operaciones de las fuerzas de seguridad en la ciudad. Cuando

---

urgentemente prudencia para que este diálogo pacífico llegue a ser posible».

la manifestación llega a la Karl-Marx-Platz, Strassenburg ordena a sus hombres que salgan a su encuentro, pero los mantiene a la espera de que alguien en Berlín se digne coger el teléfono y contestar a las demandas de instrucciones que tanto él como Hackenberg han solicitado. El enfrentamiento es inminente y se viven momentos de extrema tensión, pero, en el último momento, Egon Krenz, con quien al final han podido entrar en contacto, transmite la autorización del Comité Central para dejar sin efecto las órdenes de Mielke y las fuerzas de seguridad se abren al paso de unos manifestantes tan incrédulos como entusiasmados.

La manifestación tarda mucho en disolverse; extasiados ante el milagro que acaba de producirse, los miles y miles de participantes en la procesión cívica que a las seis de la tarde partía de la iglesia de San Nicolás permanecen en la calle, confraternizando ya con las fuerzas de seguridad y coreando los gritos que les han acompañado durante todo el recorrido: «Gorbi, Gorbi»; «Neues Forum, Neues Forum»; «Demokratie, jetzt»; «keine Gewalt»; «Freiheit, Gleichheit, Brüderlichkeit»; «schliesst euch an» y, sobre todo, el grito o, si se mira desde otro punto de vista, la solemne declaración de principios que, coreada por primera vez este 9 de octubre de 1989, ha quedado como seña de identificación, no solo de esta manifestación, sino del levantamiento popular que condujo a la caída del muro de Berlín: «wir sind das Volk».[82]

---

82. «Gorbi, Gorbi»; «Nuevo Foro, Nuevo Foro»; «democracia, ahora»; «no a la violencia»; «libertad, igualdad y fraternidad»; «uníos a nosotros» y... «nosotros somos el pueblo».

Para muchos, sobre todo para aquellos que permanecieron en la RDA y participaron en las manifestaciones de los días 7 y 9 de octubre, la caída del muro de Berlín se produjo en Leipzig en el mismo momento en el que las fuerzas de seguridad se abrieron al paso de los manifestantes en lo que, a la vista de los acontecimientos posteriores, puede ser interpretado como una rendición sin condiciones. A partir de ese momento, una vez perdido definitivamente el miedo y comprobado que las autoridades no estaban en disposición de seguir el ejemplo de Tiananmen, las manifestaciones se hicieron más frecuentes y más numerosas en la RDA, como si el país entero se hubiese echado a la calle; pero también, a partir de ese momento, las autoridades, tras unas largas primeras horas en las que no alcanzaban a comprender lo que había sucedido ni, por supuesto, conseguían vislumbrar el camino que debían seguir, comenzaron a formular vagas promesas de reformas, que se encabalgaban con los movimientos para la sustitución de Erich Honecker que, en ese momento, ya estaba en marcha.

Cayese el muro el 9 de octubre o el 9 de noviembre, lo cierto es que la manifestación del lunes 9 de octubre en Leipzig marca el tono de lo que fue aquella revuelta ciudadana que condujo a la desaparición de la RDA.

Wir sind ein Volk[83] es un conocidísimo verso de Schiller en el que este, con la rotunda sonoridad de cuatro monosílabos lapidarios, da forma poética a su encendido patriotismo,

---

83. «Nosostros somos un pueblo». *Guillermo Tell*, II, 2, 258.

un patriotismo que en Schiller tiene un carácter sustancialmente cultural.

Guillermo Tell, obra a la que el verso anterior pertenece, alcanzó, en contra de lo sucedido con otros textos de Schiller, un éxito fulgurante, transformándose, desde el primer momento, en un título extraordinariamente popular que todos los teatros alemanes ansiaban representar; una popularidad que, como sucedió años más tarde con el *Nabucco* de Verdi, estaba basada no solo en la calidad intrínseca de la obra, sino también en su capacidad de dar voz a nunca realizadas aspiraciones nacionales.

Wir sind ein Volk quizás sea el grito que justifique este éxito tan repentino como ensordecedor. En 1804, cuando se estrena la que luego sería última obra de Schiller,[84] Alemania, arrasada por las guerras napoleónicas, fragmentada políticamente y carente de una guía como la que antaño había sido la idea del imperio, lucha desesperadamente por encontrar su identidad como nación, una identidad de la que cree escuchar los ecos en los sonoros y entusiastas versos de Schiller: «Wir sind eines Herzens, eines Bluts / Wir sind ein Volk, und einig wollen wir handeln».[85]

Apenas tres años más tarde, en el invierno de 1807 a 1808, Fichte recoge este germinal patriotismo cultural de Schiller

---

84. *Guillermo Tell* se estrenó en Weimar el 17 de marzo de 1804.

85. «Somos un solo corazón y una misma sangre / somos un pueblo y unidos queremos actuar». *Guillermo Tell*, II, 2, 257 y 258. Quizás premonitoriamente, el personaje que pronuncia las palabras «somos un solo corazón y una misma sangre» se llama Auf der Mauer que, literalmente, quiere decir «sobre el muro».

y le da una amplitud y un carácter que, a la larga, habrían de resultar determinantes en la historia de Alemania. Fichte, como ya he puesto anteriormente de relieve,[86] encuentra el elemento fundamental de la configuración del pueblo alemán como pueblo en la lengua, y sobre ella construye un particular concepto de nación al que otorga un estatuto político y un carácter acentuadamente místico. La lengua y la cultura, en tanto que integradoras del pueblo alemán, se configuran como el sustrato indispensable de un concepto místico de nación, soporte, a su vez, de un Estado que es emanación de una *Kultur* paradójicamente alejada del mundo y de la civilización.

El pueblo alemán, perdido en la desolación de las guerras napoleónicas, incapaz de reconocerse en unas instituciones políticas mínimamente sólidas, se aferra a su lengua y a su cultura y lanza al mar, como salvavidas de su identidad, esos versos de Schiller que le han de permitir sobrevivir en la tempestad y afirmar un ser nacional sobre el que construir una nueva realidad política.

En Leipzig, el 9 de octubre de 1989, en medio de una tempestad que parece no haber amainado desde que se representara por primera vez *Guillermo Tell,* resuena otra vez el eco de los versos de Schiller, sobre todo en lo que estos tienen de caluroso sentimiento de hermandad; pero algo ha cambiado desde entonces. Los manifestantes de la iglesia de San Nicolás quizás apelen al espíritu de Schiller, pero ya no gritan *wir sind ein Volk,* sino *wir sind das*

---

86. Ver págs. 136-142. Todo lo allí dicho sobre el pensamiento de Fichte debe ser tenido ahora presente.

Volk,[87] un simple cambio de artículo que puede significar, sin embargo, un cambio radical en la concepción de la convivencia política.

La consciente o inconsciente modificación del verso de Schiller priva al concepto de pueblo de toda referencia mística para subrayar, en la mejor tradición liberal, la intransferible individualidad del ciudadano. El pueblo de la iglesia de San Nicolás no es ya un ente autónomo independiente de los individuos que lo conforman, sino una mera asociación de individuos unidos por la causa de la libertad. *Wir*, nosotros, los ciudadanos alemanes que nos afirmamos como tales, somos el pueblo, y este carece de una existencia independiente de la nuestra; a nosotros nos pertenece —parecen decir los manifestantes de Leipzig— una soberanía que solo es nuestra y que estamos dispuestos a ejercer sin intermediarios.

Porque lo que en primer lugar expresa el grito masivamente coreado aquellos días en todas las grandes ciudades de la RDA es la voluntad de poner fin a la usurpación sustancial a todo régimen comunista, a la indebida apropiación que el partido lleva a cabo de la soberanía popular. El partido no es el pueblo, al partido no le pertenece la soberanía. Usted, *Herr* Honecker, no es el pueblo. *Wir sind das Volk*, nosotros somos el pueblo y solo a nosotros —sin delegaciones ni representantes que no hayan sido libremente elegidos— nos corresponde decidir dónde queremos vivir, quién ha de gobernar nuestras ciudades y a qué normas queremos someter nuestra libre convivencia.

---

87. «Nosotros somos el pueblo».

La modificación del verso de Schiller quiebra así de forma simultánea la doble historia política de la RDA, el espíritu romántico inmanente en una determinada concepción de pueblo alemán, pero también una muy concreta concepción de la soberanía popular en la que la presunta racionalidad de la historia otorga al partido, al comité central, al secretario general, en último término al Ceausescu de turno, la condición de usufructuario de lo que solo al individuo pertenece, con carácter, además, absolutamente irrenunciable.

¿Cómo surgió esta masiva afirmación de soberanía popular? Nadie lo sabe con certeza; no existe constancia de que este grito fuese oído nunca antes de la manifestación del 9 de octubre en Leipzig y, por tanto, puede afirmarse con bastante seguridad que fue en esa fecha y en ese lugar donde se coreó por primera vez ese luego tan popular *wir sind das Volk*. Sí consta, sin embargo, que, a partir de este momento, esta sonora exclamación se transformó en un clamor compartido por todas las manifestaciones que en aquellas fechas se celebraron en la RDA, hasta convertirse en el más claro signo de identificación del levantamiento popular, en el santo y seña de la revolución. La paternidad de la expresión es absolutamente desconocida, aunque en general se piensa que la misma fue tan solo una espontánea y orgullosa respuesta a los reproches dirigidos por las autoridades a los participantes en las manifestaciones populares, que eran permanentemente calificados como *Chaoten* o *Rowdys* o, lo que es lo mismo, como anárquicos alborotadores. El estribillo completo coreado por los manifestantes habría sido, según esta versión de los hechos, «wir sind keine Rowdys, wir sind das Volk»,[88] expresión primigenia de la que posteriormente se desprendería esta segunda parte para pasar en solitario a la mejor historia de Alemania.

Es cierto que el viejo verso de Schiller fue también utilizado en estos convulsos momentos finales de la RDA y que, incluso, la expresión *wir sind ein Volk* fue ganando terreno a medida que se fue haciendo presente el problema de la reunificación. *Wir sind ein Volk* —una expresión que en el contexto histórico del otoño de 1989 no era ya manifestación de un espíritu romántico, sino expresión de una concreta voluntad política de reunificación— fue el grito mayoritariamente coreado por los alemanes que a uno y otro lado del muro festejaban jubilosos su demolición. Sin embargo, la expresión que ha pasado a la historia como voz de la revolución alemana ha sido la que corearon por primera vez el 9 de octubre los manifestantes de la iglesia de San Nicolás de Leipzig: *wir sind das Volk.*

Etienne François y Hagen Schulze, en el libro *Deutsche Erinnerungs-orte,* del que son editores y que ya he mencionado anteriormente, dedican a la expresión *wir sind das Volk* un largo capítulo entre otros capítulos dedicados, por ejemplo, al Wartburg o a la Paulskirche. Hartmut Zwahr, redactor del texto consagrado a la expresión *wir sind das Volk,* termina este con las siguientes palabras: «Was verleiht Worten Flügel? Was erhebt sie zu einem Erinnerungsbestandteil, der Zeiten überdauert? Zweierlei muss wohl in jedem Fall zusammentreffen: das grundstürzende Ereignis und der Akteur, der es trägt. Wir sind das Volk! war das

---

88. «No somos vándalos, nosotros somos el pueblo».

Signalwort der friedlichen, der ostdeutschen Revolution. Solange ihrer gedacht werden wird, wird es als deren Faktum bleiben. Gültig bleibt es wohl immer».[89]

En la concepción de Etienne François y Hagen Schulze, la expresión *wir sind das Volk* es, aunque su dimensión espacial resulte dudosa, un lugar para el recuerdo o, dicho con otras palabras, un hito de la historia alemana, un acontecimiento que forma ya parte de la mejor historia de Alemania.

La libertad exige también una tradición, la libertad es un producto histórico y el frondosísimo árbol de la historia alemana necesita un injerto de libertad. El muro no cayó como consecuencia de complejos acuerdos políticos o por la fuerza de las armas, el muro no cayó como consecuencia de la guerra o por acción de las cancillerías; el muro cayó a empujones, por la fuerza de unos empujones en los que solo arrimaron el hombro los ciudadanos de la RDA. En términos generales puede decirse, sin que esto signifique olvidar los prudentes pasos de la RFA, otros esfuerzos paralelos llevados a cabo en otros países del bloque soviético y una coyuntura histórica favorable, que en el otoño de 1989 nadie en la esfera internacional estaba interesado en la caída del muro ni, mucho menos, deseaba su desaparición; solo

89. «¿Qué es lo que proporciona alas a las palabras? ¿Qué es lo que hace de ellas parte de un recuerdo que permanece en el tiempo? En todo caso deben concurrir dos factores diferentes: el acontecimiento fundamental y su protagonista. *Wir sind das Volk!* fue el santo y seña de la revolución pacífica de Alemania oriental. Mientras se siga recordando dicha revolución, *wir sind das Volk* permanecerá como el hecho clave de la misma. Válido, lo seguirá siendo para siempre».

lo deseaban los ciudadanos de la RDA, solo ellos empujaron para agrandar las grietas que se habían abierto en el muro y solo a ellos se debe la recuperación de la libertad en la antigua Alemania oriental. *Wir sind das Volk* es la gran contribución de los ciudadanos del Este a la nueva República Federal Alemana, la gran aportación de los *Rowdys* y los *Chaoten* a la historia de la libertad en Alemania, una historia que tiene una gran tradición espiritual pero que no tiene tradición política, una tradición política que, arraigada en el cataclismo del holocausto, quizás haya encontrado uno de sus pilares fundacionales en el clamor de los manifestantes de Leipzig.

La caída del muro de Berlín fue obra de los ciudadanos de la RDA, de los que se fueron y de los que se quedaron, de los *Ausgewiesene* y de los *Hinterbliebene* (nunca dejará de asombrarme la lengua alemana), pero también es verdad que aquella nunca hubiese sido tan fulgurante ni tan estrepitosa si no hubiese sido por la increíble sucesión de errores que en aquellos momentos cometieron los jerarcas del SED, concentrados en la tarea de cambiar su secretario general mientras los ciudadanos de a pie cambiaban la historia.

Las tensiones vividas durante la recentísima visita de Gorbachov y la intempestiva despedida de este habían hecho evidente no solo la necesidad, sino también la posibilidad, amparada por Moscú, de llevar a cabo una sustitución de la que se hablaba más o menos abiertamente en todo el mundo desde que Honecker cayera enfermo en Bucarest a mediados del mes de julio.

Durante todo el verano se había puesto de manifiesto un evidente vacío de poder en Berlín, donde nadie tomaba decisiones mientras los más jóvenes o los más emprendedores o los menos pacientes abandonaban un barco sin capitán y a la deriva. La gestión de la crisis provocada por la ocupación de las embajadas federales en Praga y Varsovia había sido una chapuza sin paliativos que había provocado indignación e ira en todo el país; la conmemoración del cuadragésimo aniversario de la RDA, un chasco monumental que había puesto de relieve la absoluta falta de sintonía entre Moscú y Berlín; la carencia de iniciativa y las vacilaciones finales ante los acontecimientos de Leipzig, una gruesa irresponsabilidad cuyas más trágicas consecuencias solo se pudieron evitar gracias a la iniciativa de media docena de personas sensatas, que se pusieron literalmente al frente de la manifestación para encauzar el impetuoso deshielo político de la RDA.

Honecker, por lo demás, había cumplido ya setenta y siete años y su sustitución era algo no solo posible sino inevitable. Nacido el 25 de agosto de 1912 en Wiebelskirchen, un pueblo en la región minera del Sarre, había militado en el Partido Comunista desde su primera juventud y su vida personal había llegado a confundirse con su militancia política. Detenido por la Gestapo en 1937, fue condenado a diez años de cárcel, que pasó, hasta su liberación por el Ejército Rojo en 1945, en la cárcel de Brandenburgo-Görden, cerca de Berlín. Honecker había nacido al calor de la revolución soviética, había vivido el nazismo y la guerra desde la prisión, había sido uno de los padres fundadores de la RDA, y él, como ministro de Seguridad, había sido el responsable directo del levantamiento del muro, un éxito del que siempre se sintió especialmente orgulloso. Honecker había hecho suya la lógica del muro y resultaba incapaz de comprender la evolución de los acontecimientos, la traición al ideal del comunismo que, a su juicio probablemente acertado, se estaba gestando en la misma patria de la revolución. Mal podía dirigir los acontecimientos quien ni siquiera era capaz de comprenderlos y resultaba evidente que su paso a la reserva era una exigencia ineludible de los tiempos.

La sustitución de Erich Honecker se puso en marcha el mismo día 7 de octubre, tras la esperpéntica cena de gala de conmemoración del cuadragésimo aniversario de la RDA, maduró el día 10 en la reunión que ese día celebró el Comité Central para analizar los sucesos de la víspera en Leipzig, y fue definitivamente cerrada el día 12, fecha en la que los principales conspiradores, Egon Krenz, Erich Mielke y Willi Stoph, acordaron plantear abiertamente el asunto en la reunión del Comité Central que se habría de celebrar el 18 de ese mismo mes de octubre. El día 17, el Politburó aprobó, con la sola abstención del candidato, la sustitución de Erich Honecker por Egon Krenz, y al día siguiente el Comité Central, en una reunión de poco más de veinte minutos, aprobó definitivamente la propuesta de sustitución. Erich Honecker, el constructor del muro, había dejado de ser secretario general del SED.

El cambio en la cúpula del poder de la RDA, que había sido planteado por los dirigentes del partido como un recurso imprescindible para frenar el descontento y encauzar un proceso que se les estaba yendo de las manos, solo sirvió, sin embargo, para acelerar este proceso y llevar la revuelta popular hasta sus últimas consecuencias. La sustitución de Erich Honecker por Egon Krenz, llevada a cabo para poner fin a tantas torpezas como se habían cometido en los últimos tiempos, fue una torpeza más y el punto de partida de un inacabable capítulo de nuevas torpezas que llevaría al colapso del sistema y a la desaparición del primer Estado socialista en suelo alemán. Una experiencia fallida.

La noticia de la destitución de Honecker y del nombramiento de Egon Krenz cogió a todo el mundo por sorpresa y provocó, tras la estupefacción inicial, un generalizado sentimiento de decepción. Un cambio resultaba necesario, pero no ese; otra persona parecía imprescindible, pero en ningún caso parecía que Egon Krenz, príncipe heredero de Erich Honecker, fuese la persona adecuada para abordar los problemas políticos, pero también económicos, a los que la RDA tenía que hacer frente.

«Das darf nicht wahr sein, doch nicht der».[90] Esta expresión de incredulidad que tomo del *Spiegel* del 23 de octubre resume el desencanto generalizado que provocó el nombramiento de Krenz en la RDA. El entonces muy popular Wolf Biermann, cantautor germanooriental que tuvo que abandonar la RDA y que, instalado en la RFA, encabezó movimientos de protesta que no había podido encabezar en su país de origen, lo decía con palabras aún más contundentes: «Krenz der mieseste aller möglichen Kandidaten. Krenz —Ach du armes Deutschland, dachte ich, es geht also erst mal mächtig vorwärts nach hinten.»[91]

---

90. «No puede ser verdad, este no».
91. «Krenz, el peor de todos los posibles candidatos. ¡Pobre Alemania!, pensé, es la primera vez que avanzamos decididamente hacia atrás».

El candidato, efectivamente, era malo; probablemente, como dijese Wolf Biermann, el peor candidato posible y, sin embargo, cabe preguntarse si alguien —con independencia de los resultados de su breve gestión, que fueron verdaderamente extraordinarios— podía haberlo hecho mejor que el insignificante Egon Krenz.

La portada del *Spiegel* del 23 de octubre da cuenta del cambio del secretario general del SED con un título, *Herrscher ohne Volk*,[92] que describe bien la situación. El problema quizás no fuese que Krenz fuese buen o mal candidato, sino que su nombramiento, el nombramiento de cualquier nuevo secretario general, llegaba ya demasiado tarde, llegaba cuando ya el pueblo de la RDA había comenzado a caminar por sí solo al margen por completo del partido. Krenz, cualquier Krenz que hubiese podido ser nombrado, era ya un soberano sin pueblo, un monarca que había perdido la corona antes de llegar a ponérsela.

Si el lunes 9 de octubre se habían manifestado en Leipzig cincuenta mil personas, el lunes 16 lo hicieron ciento treinta mil, y el lunes 23 trescientos mil indignados ciudadanos, que ya pidieron expresamente la dimisión del nuevo secretario general.

Las manifestaciones crecían y se extendían por todo el país, y los grupos de oposición comenzaban a ser aceptados como interlocutores en foros de debate en los que ya participaban dirigentes del partido, al margen de las estructuras del mismo. Las tímidas medidas de reforma que anunciaron los nuevos dirigentes, centradas sobre todo en la ampliación

---

92. Soberano sin pueblo.

del derecho de desplazamiento, ya no tenían capacidad de satisfacer a nadie, pues todos eran ya conscientes de que los cambios habían de ser mucho más profundos y que en su mano estaba conseguirlos. En el *Spiegel* del 16 de octubre, Egon Bahr, mano derecha de Willy Brandt y gran profeta de la *Ostpolitik,* declaraba: «Dass der ganze Prozess mit der SED passieren muss, ist unbezweifelbar. Wir stehen doch nicht vor der Übernahme der DDR durch die heutige Opposition».[93]

Lo que a Egon Bahr le parecía indudable, a los ciudadanos de la RDA les parecía dudosísimo, y lo que el día 16 podía ser verdad, el día 18 ya no lo era en absoluto. La oposición de la RDA carecía de entidad suficiente para transformarse a corto plazo en una alternativa de gobierno, pero el SED resultaba ya incapaz de dirigir el proceso de transformación del país, un proceso que encontraba en el SED el principal problema. Esto lo intuyeron los ciudadanos de la RDA, que pronto comenzaron a corear en sus manifestaciones una nueva rima, «SED, das tut Weh»,[94] dirigida al corazón del poder en la RDA, a un Partido Comunista que con la designación de Egon Krenz había echado por tierra la confianza que muchos ciudadanos todavía pudieran tener

---

93. «Que la totalidad del proceso debe desarrollarse con el Partido Comunista, resulta indudable. No estamos ante la toma del poder por la actual oposición de la RDA».

94. SED son las siglas alemanas del Partido Socialista Unificado de Alemania, que era como se llamaba el Partido Comunista de Alemania oriental. «SED, das tut Weh» quiere decir literalmente «El Partido Comunista hace daño».

en su capacidad de renovación interna y, consecuentemente, en su capacidad de renovación del país.

Egon Krenz fue un secretario general tan torpe como breve, pero ¿podrían otros haberlo hecho mejor? ¿Podría haberlo hecho mejor Hans Modrow, que tuvo la mala suerte de ser nombrado primer ministro el mismo día que caía el muro de Berlín, o el joven Gregor Gysi, de impecable linaje comunista y gran esperanza del Partido, o Markus Wolf, el espía que surgió del frío, el sempiterno director de los servicios de espionaje de la RDA? Es fácil contestar que sí, dada la catastrófica actuación de Krenz, pero probablemente los resultados finales no hubiesen sido muy distintos.

La RDA vivía la crisis política más importante de su corta historia sumida en una crisis económica sin precedentes. La carencia de productos de consumo era acuciante, la planta industrial, después de años sin invertir en ella, se había quedado anticuada, la productividad andaba por los suelos. La adopción de las medidas económicas que el país necesitaba suponía asumir el descenso de un 30% en el nivel de vida de los ciudadanos, cosa difícilmente aceptable por nadie, pero especialmente por unos consumidores que podían mirarse día a día en el espejo de la prosperidad de los alemanes occidentales. La RDA había vivido los últimos años endeudándose a marchas forzadas en una especie de pirámide crediticia, en la que los nuevos créditos tan solo servían para pagar los intereses de los anteriores. Solo la RFA y la URSS podían sacar al país del atolladero, pero a la primera no se lo podían pedir y la segunda no le podía dar ya las ayudas y subvenciones que le había dado en el pasado, tan solo petróleo y gas a los precios de costumbre, tal como le dijo Gorbachov a Krenz en la única visita que este tuvo tiempo de hacerle en Moscú.[95] Las ciudades se estaban cayendo a pedazos y la situación medioambiental era catastrófica. No solo las ciudades, los ríos y los bosques también estaban contaminados por una industria ineficiente en la que sus posibles efectos contaminantes ni siquiera eran tenidos en cuenta. La brutal contaminación del medio ambiente fue una importante fuente de descontento en la población y los grupos ecologistas formaron parte del primer núcleo de oposición al régimen. La situación económica de la RDA era en aquel momento de total y absoluta bancarrota, una crisis tan grave como la crisis política que estaba viviendo el país.

Pero, además, la RDA estaba viviendo los momentos más difíciles de su corta existencia en una nueva y desconocida soledad, una gravísima crisis dentro de la crisis general de lo que hasta hace poco había sido el bloque soviético. La RDA ya no podía contar con la ayuda de los hermanos socialistas, pero, sobre todo, ya no podía contar con la ayuda de la Unión Soviética, ni con la ayuda económica que la URSS no podía prestar a causa de sus propias penurias, ni con la ayuda política que Gorbachov no quería o no podía prestar sin poner en peligro la credibilidad de su propia *perestroika* y su repudio de la vieja doctrina Brézhnev. Este fue un factor clave en todo el proceso. Los generales al mando de las tropas soviéticas acantonadas en la RDA quisieron intervenir, encolerizados por la posibilidad de que lo que ellos

---

95. Esta visita tuvo lugar el 1 de noviembre de 1989.

consideraban unos cientos de desarrapados pudieran poner en peligro la existencia de la RDA, pero Moscú no les dejó.

El abandono de la doctrina Brézhnev, la aplicación de la nueva doctrina sobre la independencia política de los países del antiguo bloque soviético, podía resultar un éxito en otros países socialistas sin más riesgos que el abandono del socialismo mismo; pero nunca podría resultar un éxito en la RDA, por la sencilla razón de que la RDA nunca había sido un país y mucho menos un país independiente, por la sencilla razón de que la RDA en sus cuarenta años de historia tan solo había sido una entidad política que debía su existencia al muro y a la capacidad de la Unión Soviética de mantener ese muro en pie.[96] En la RDA, como muy bien sabían los generales soviéticos allí destacados, no se podía dejar de aplicar la doctrina Brézhnev sin poner en riesgo la existencia misma del país; la RDA era una entidad política en gran medida artificial, la RDA era el muro y la RDA dejó de existir tan pronto como este empezó a resquebrajarse.

Es posible que Hans Modrow, el candidato de Gorbachov para suceder a Honecker, o Gregor Gysi, el abogado que luego se reinventó como brillante parlamentario, o Markus Wolf, que desde su despacho en Berlín fue capaz de arruinar la carrera política de Willy Brandt, hubiesen podido conseguir que el desmoronamiento del sistema no hubiese sido tan traumático y fulgurante, que la transición hubiese sido algo más ordenada o que los dirigentes del SED

---

96. Alonso Álvarez de Toledo lo dice con claridad en el título de sus memorias, a las que ya anteriormente he hecho referencia: *En el país que nunca existió*.

no hubiesen pasado, casi sin solución de continuidad, de las poltronas ministeriales a las cárceles berlinesas. Pero no creo que ni Modrow, ni Gysi, ni Wolf, ni nadie hubiesen conseguido salvar la vida de ese enfermo terminal, víctima de un cáncer que, cuando dio la cara, estaba ya en un estado muy avanzado de evolución. Egon Krenz, el palurdo de Egon Krenz, cometió infinidad de torpezas que contribuyeron a acelerar el avanzado proceso de descomposición del régimen, pero en ningún caso puede considerarse a Egon Krenz el responsable de la ruina del sistema. El paso del tiempo, por el contrario, parece colorear la figura de Egon Krenz de tintes trágicos, como encarnación de un destino que lo arrolló a su paso hasta el punto de que, si Egon Krenz no hubiese sido un personaje tan ridículo, si hubiese sido consciente de su destino y lo hubiese asumido con dignidad, podría haber pasado a la historia aureolado de cierta grandeza.

La manifestación del 4 de noviembre fue una de las mayores torpezas no solo de Egon Krenz, sino de todo el aparato de seguridad y propaganda del régimen, como unos días antes había sido también una enorme torpeza, aunque en tono menor, la presencia de Günter Schabowski[97] en la manifestación que se desarrollaba en las puertas del Ayuntamiento Rojo de Berlín.

---

97. Günter Schabowski fue uno de los más cercanos colaboradores de Egon Krenz durante el corto mandato de este. Periodista de profesión, hizo su carrera política como redactor jefe de *Neues Deutschland,* órgano oficial del Partido. Primer secretario del SED en Berlín y portavoz del Comité Central, le correspondió, en tal condición, anunciar las medidas liberalizadoras que dieron paso a la fulgurante caída del muro.

El 4 de noviembre de 1989 varios grupos de la oposición, encabezados por el Nuevo Foro, convocaron una masiva manifestación en el centro de Berlín para solicitar libertad de expresión. Los servicios de seguridad y propaganda del régimen consideraron que esta podía ser una magnífica oportunidad para dar un vuelco a la situación, transformando las reivindicaciones populares en un acto de apoyo a las reformas preconizadas por la nueva cúpula del partido. Para ello era necesario implicarse activamente en la organización de la manifestación, controlar lo más discretamente posible la participación en la misma, elaborar consignas que pudiesen ser coreadas por los manifestantes y que fuesen al mismo tiempo asumibles por el partido e, incluso, pactar con los organizadores la presencia entre los oradores de algunos miembros destacados del mismo. Para ello, el partido movilizó al mundo de la cultura oficial, dispuso un activo servicio de seguridad que evitase los altercados pero que también, como una antigua clac teatral, acallase a los discrepantes y aplaudiese con entusiasmo a los afines, y dispuso la intervención en el *meeting* no solo de escritores ilustres como Christa Wolf y Stefan Heym, sino también de dos miembros destacados del Partido, tarea para la que fueron designados Günter Schabowski y Markus Wolf. El Partido se encomendó a las viejas técnicas de manipulación de masas y, convencido de su éxito, no solo autorizó la manifestación, sino que estimuló la participación en la misma y, algo todavía más insólito, decidió retransmitir en directo por televisión el acto que, según las previsiones oficiales, había de servir para dar un vuelco a la situación y transformar la protesta en adhesión a la línea de reformas emprendida por la nueva dirección del país.

Nada más lejos de la realidad. Los ciudadanos de la RDA se movilizaron de forma masiva y la participación en la manifestación fue muy superior a todas las previsiones. Hasta Berlín se desplazaron manifestantes desde todos los puntos del país y a la calle se echaron gentes que hasta entonces se habían quedado en sus casas y que consideraron que no podían seguir por más tiempo al margen de los acontecimientos. En la riada humana que se puso en marcha en dirección a la Alexanderplatz se mezclaban los radicales de la iglesia de Getsemaní con los simples ciudadanos deseosos de un cambio, los dirigentes de Nuevo Foro con militantes del partido alarmados por la crítica situación del país, aquellos a los que el sistema despreciaba con los calificativos de *Rowdys* y *Chaoten* con familias enteras en busca de un futuro que intuían que estaba en aquellos momentos en juego en las calles de Berlín.

La omnisciente *Stasi*, la todopoderosa *Stasi* jugó a aprendiz de brujo y provocó una catástrofe sin paliativos. Toda Alemania —me refiero a las dos Alemanias— pudo ver en directo cómo los ciudadanos de la RDA —*wir sind das Volk*— se pusieron en marcha para recorrer en solitario un camino que, partiendo de los viejos acuerdos de Yalta y Potsdam, conducía a la nueva República Federal. Nada ni nadie podía controlar la marea humana que aquella tarde se había puesto en movimiento con la energía acumulada en cuarenta años de espera y resignación; los representantes del partido apenas pueden hablar, constantemente abucheados por la multitud, y las exigencias de esta no se limitan ya a las pequeñas concesiones a las que está dispuesta la nueva dirección del país, sino que se dirigen sin rodeos al corazón del sistema: fin del monopolio del poder por el partido comunista y elecciones libres.

Demonstrieren Sie richtig. Mientras veía las imágenes de la manifestación en Fráncfort, no podía dejar de recordar la irónica admonición del joven galerista del Fischmarkt de Erfurt que, en vísperas del primero de mayo, estimulaba el celo socialista de una señora mayor, en cuya edad se encarnaba toda la historia de este malhadado siglo XX alemán. Habían pasado tan solo seis meses y el tedio de una manifestación burocrática se había transformado en el entusiasmo de una multitud consciente de su fuerza, como si la ironía juvenil hubiese sido capaz de destapar una energía desconocida o como si la anciana señora hubiese decidido echarse la historia al hombro y salir a la calle a disfrutar, aunque solo fuese por una vez, lo que siempre le había negado el tiempo que le había tocado vivir. Veía las imágenes en la televisión y pensaba que quizás los ciudadanos de la RDA hubiesen escuchado, como yo, la irónica recomendación del joven de Erfurt y hubiesen decidido hacerle caso y manifestarse *richtig,* ponerse en marcha no para escuchar las monótonas y falaces cifras de producción de unos *Kombinaten*[98] fantasmales, sino para exigir con contundencia una forma de vida distinta. La ironía —quizás el sarcasmo— que, a la caída de una preciosa tarde de primavera, me había parecido en Erfurt la soterrada expresión de un malestar profundo, se

---

98. Sobre el concepto de *Kombinat* ver págs. 125-126.

había transformado en una franca y abierta rebelión contra un sistema político que sometía a sus ciudadanos a una presión insoportable. La caldera había estallado y, perdido el miedo, crecía la riada de los que decidían mostrar sin tapujos ni medias palabras su cansancio y su voluntad de un cambio real en el sistema de convivencia. Los ciudadanos de la RDA se manifestaban ante los ojos de todo el mundo de una manera *richtig,* se manifestaban sin medias tintas ni pequeñas reivindicaciones, pero tampoco pedían lo imposible, se manifestaban reclamando lisa y llanamente la libertad.

En seis meses todo había cambiado: las grandilocuentes cifras de producción habían dejado paso a la evidencia de las penurias del sistema, la retórica oficial de las enormes pancartas de la manifestación del primero de mayo se había transformado en breves pareados en los que se denunciaban las taras del sistema y se afirmaba la soberanía popular, los enormes cartelones con las fotografías de los *apparatchiks* que yo había visto en el Yuri Gagarin Ring de Erfurt eran ahora ácidos retratos de Egon Krenz caricaturizado como el lobo de Caperucita Roja metido en la cama de la abuelita con un gorro de dormir.

No acierto a comprender, cuando escribo estas líneas, cómo, a la vista del desarrollo de los acontecimientos, a la vista de las imágenes de la manifestación del 4 de noviembre, no me puse de nuevo en camino hacia la frontera de Herleshausen para sumarme a las manifestaciones que todos los lunes se celebraban en Leipzig, o para charlar un rato de nuevo con Joachim y Katarina, o para ver simplemente con mis propios ojos lo que seguía, por otra parte, con tanta atención, a través de la prensa y de la televisión. La vida cotidiana se mezcla extrañamente con los libros de historia, y las exigencias del día, por pequeñas que sean, resultan a veces más perentorias que los acontecimientos capaces de cambiar el curso de los tiempos. La incertidumbre de cuanto sucede contribuye también a que dejemos para mañana lo que deberíamos haber hecho hoy, y así, entre unas cosas y otras, la historia pasa a nuestro lado haciendo que nos lamentemos luego de no haber acudido a su encuentro, aunque solo sea para poder decir «yo estuve allí» o, lo que resulta mucho más importante, para poder contarlo mejor.

Me hubiese gustado estar allí, como me hubiese gustado estar en Leipzig el día 9 de octubre; medio millón de personas en las calles de un país que no había presenciado otra manifestación que la que yo había contemplado en Erfurt el pasado primero de mayo, medio millón de personas pidiendo el fin del monopolio comunista del poder provocaron un violento terremoto en un país que nunca había visto una manifestación autorizada que no hubiese sido organizada por el SED o por alguna de sus organizaciones satélites, un terremoto que hizo que se tambalearan los cimientos que hasta entonces habían mantenido en pie la estructura política de la RDA. La escenificación de la debacle que supuso la manifestación del 4 de noviembre sumió en la estupefacción a los desconcertados dirigentes del SED que, hasta ese momento, habían ignorado la dimensión del problema, pensando que el mismo podía solucionarse con un cambio de personas en la dirección del partido, vagas promesas de un mayor diálogo y cierta liberalización del régimen de viajes al extranjero. Egon Krenz, que presenció la manifestación desde el despacho del ministro del Interior, quedó anonadado y estoy seguro de que aquella noche se preguntaría en la mejor tradición leninista ¿qué hacer?, pues el error que había cometido venía a sumarse a otros errores previos que habían complicado aún más la situación y que habían reducido de forma alarmante el margen de maniobra del nuevo, y luego efímero, secretario general. Egon Krenz presenció por primera vez y con sus propios ojos la realidad del país, una realidad que él no había sabido ver, que el poder le había ocultado o que nadie había tenido el valor de explicarle con detenimiento. El error de la manifestación, cometido en gran parte a instancias de aquellos que tenían como obligación estar enterados de todo cuanto sucedía en el país, pone de manifiesto un desconocimiento radical de la realidad de las cosas, lo que explica, a su vez, el grosero error de diagnóstico que guía la actuación de las autoridades comunistas durante todo el proceso que condujo a la caída del muro de Berlín.

El error que Egon Krenz cometió dando alas a la manifestación del 4 de noviembre vino a sumarse a otro error de iguales o mayores dimensiones que el propio Egon Krenz había cometido pocos días antes. En su deseo de marcar distancias con la política de Honecker, Egon Krenz había decidido volver a abrir la frontera con Checoslovaquia, con lo que inmediatamente se reanudó el éxodo masivo de ciudadanos orientales hacia la República Federal. El día 2 de noviembre, es decir, un solo día después de la reapertura de la frontera, había ya mil doscientos ciudadanos de la RDA en la embajada federal en Praga, cifra que al día siguiente se había multiplicado por tres y que empezó a crecer de forma ininterrumpida mediante un flujo constante de pequeños Trabant que, como filas de disciplinadas hormigas, se dirigían sin cesar hacia la frontera checa. Los trenes de la libertad que dieron salida a los refugiados existentes en la embajada federal en Praga a principios del mes de octubre no habían resuelto el problema de los refugiados en la embajada federal en Varsovia, nueva dificultad que tuvo que ser solucionada a mediados de octubre a través de una negociación con el Gobierno polaco. Apenas resuelto este problema, el Gobierno de Egon Krenz se vio enfrentado por propia voluntad a una nueva crisis, que solucionó mediante una resolución formal hecha pública el día 4 de noviembre —el mismo día de la gran manifestación de Berlín— por la que se autorizaba a todos los ciudadanos de la RDA a trasladarse a la República Federal a través de Checoslovaquia. A partir de este momento, a partir de esta fecha doblemente histórica, puede decirse que la frontera está abierta, aunque la apertura se haya realizado de la peor manera posible. La decisión unilateral de Berlín ha irritado a las autoridades checas, sobre cuyas espaldas se ha echado sin ton ni son un problema que, aparte otras consideraciones logísticas y organizativas, puede suponer un factor de desestabilización en el panorama político checo, ya por sí mismo suficientemente complejo.

Las autoridades de Praga presionan para que Berlín rectifique, pero Berlín no tiene más vía de rectificación que abrir sus propias fronteras con la República Federal, cosa a la que Berlín se apresta por la fuerza de las circunstancias, encargando a un pequeño grupo de técnicos que redacte un Decreto que regule la materia de forma provisional en tanto que se tramita una Ley que resuelva la cuestión de manera definitiva.

Egon Krenz creía que la liberalización del régimen de viajes habría de pacificar las protestas ciudadanas, lo que era tanto como creer en la capacidad de la gasolina para apagar el fuego. Es posible que Egon Krenz, impotente ante la situación económica del país e incapaz de emprender cualquier medida democratizadora que pusiese en peligro la privilegiada situación del SED, no alcanzase a imaginar más vía de actuación que una cierta flexibilización de las fronteras y que a ella se aferrase como a un clavo ardiendo. Pero ello significaba ignorar que la salida masiva de ciudadanos alemanes no era el problema, sino la consecuencia del problema que el propio régimen representaba, y sobre todo significaba ignorar la absoluta identificación entre el país y el muro y el hecho evidente de que aquel no podía sobrevivir sin este. Egon Krenz formuló durante su breve mandato sucesivas promesas liberalizadoras tendentes a facilitar los viajes de los ciudadanos de la RDA al exterior, hasta ahora limitados por largas complejidades burocráticas y por la necesidad de demostrar la estricta necesidad de viajar o la existencia de vínculos familiares en la RFA. Las promesas de Krenz provocaron más ira que satisfacción en la RDA, pues los ciudadanos sabían que, mientras el marco oriental no fuese convertible, las posibilidades de viajar al exterior eran prácticamente nulas. Una propuesta anterior, que limitaba la estancia en el exterior a treinta días y permitía sacar del país la ridícula cantidad de quince marcos, había sido objeto de violento rechazo en la manifestación del lunes 6 de noviembre en Leipzig, donde los manifestantes coreaban gritos como «Visafrei bis Shanghai» o «In dreissig Tagen um die Welt. Ohne Geld!».[99] Egon Krenz no podía resolver este problema sin la ayuda de la República Federal; Krenz necesitaba que la República Federal subvencionase los viajes de los ciudadanos de la RDA, pero Bonn, que había financiado las autopistas orientales, que había comprado durante años los visados de salida de los que eran autorizados a emigrar, que había articulado diversas líneas de crédito en favor de la RDA, no estaba en esta ocasión dispuesta a sacarle las castañas del fuego a un régimen que se desmoronaba.

Ante el fracaso de las conversaciones entre Alexander Schalck-Golodkowski y Rudolf Seiters[100] tendentes a establecer algún sistema de financiación federal de los viajes de ciudadanos orientales, el Politburó, presionado por Checoslovaquia, que amenazaba con cerrar su frontera, y por sus propias promesas, decidió en su reunión del día 7 de noviembre encargar a los ministros de Asuntos Exteriores, Interior y Seguridad del Estado la elaboración de un proyecto de Decreto cuyo alcance debía limitarse, en principio, a la regulación de la salida definitiva del país, y que debía estar preparado en la mañana del 9 de noviembre, proyecto cuya redacción fue encomendada, a su vez, a un grupo formado

---

99. «Sin visado hasta Shanghai» o «La vuelta al mundo en treinta días ¡sin dinero!».

100. Alexander Schalck-Golodkowski era secretario de Estado de Comercio Exterior de la RDA y principal responsable de la obtención de divisas, tarea de la que, al parecer, hizo un lucrativo negocio personal; Rudolf Seiters era ministro de la Cancillería Federal en Bonn.

por un general y un coronel del Ministerio del Interior y dos coroneles de la Stasi.

La RDA se aprestaba así a tomar la decisión política más importante de su historia, en un momento en el que ni siquiera se sabía muy bien quién debía tomar esa decisión, pues los órganos de dirección del país —Gobierno, Politburó, Comité Central— se encontraban en pleno proceso de reestructuración. El mismo día 7 de noviembre los miembros del Gobierno, encabezados por el primer ministro Willi Stoph, entregaron su renuncia a Egon Krenz, y el día 8 dimitió el Politburó en pleno. Esta doble decisión tendente a acelerar el proceso de renovación de los órganos directivos —otra de las esperanzas de Krenz— enturbió la adopción de una decisión tan trascendental como la que el Gobierno se disponía a tomar, pues la atención política estaba dispersa en asuntos muy diversos y los nuevos miembros de los órganos decisorios, muchos de ellos recién llegados a los mismos, carecían de la experiencia y de la capacidad de reacción que la situación exigía. La confusión política era en aquellos momentos prácticamente total.

Los cuatro altos funcionarios —pero funcionarios al cabo— encargados de la elaboración del decreto consideraron, por su parte, que limitar el objeto del mismo a las salidas definitivas del país constituía una discriminación intolerable para el ciudadano que se proponía tan solo visitar a una tía en Lüneburg, y decidieron por su cuenta ampliar el objeto del mismo a cualquier modalidad de salida al exterior que, según el texto del Decreto, quedaba condicionada tan solo a la posesión de pasaporte y visado en vigor, sin necesidad de justificar el motivo del viaje.

El Decreto así redactado fue presentado por Egon Krenz al Politburó y aprobado por este el día 9 de noviembre; posteriormente, ese mismo día, el Decreto fue también aprobado por el Consejo de Ministros. A las seis de la tarde, Egon Krenz en persona le entregó el texto del recién aprobado Decreto a Günter Schabowski para que este lo utilizara en la rueda de prensa que iba a celebrar a continuación. Unas horas más tarde, el muro de Berlín había caído de una manera estrepitosa, unas horas más tarde el muro de Berlín había pasado a ser el recuerdo de un pasado oscuro y remoto.

La historia de las últimas horas del muro de Berlín ha sido contada múltiples veces y no la voy a contar yo una vez más. Günter Schabowski condujo la que probablemente haya sido la rueda de prensa más famosa de la historia, improvisando sobre la marcha su contenido y sin ser verdaderamente consciente del alcance real de sus palabras. No hay forma de disculpar un error tan garrafal —uno más de los cientos que cometieron en aquellos meses las autoridades de la RDA—, pero sí hay que decir que lo anunciado por Schabowski se corresponde al pie de la letra con lo que previamente había aprobado el Consejo de Ministros, pues Schabowski se limitó a leer el texto del Decreto; lo único que Schabowski añadió de su propia cosecha, como consecuencia de su desconocimiento de lo que estaba anunciando, fue el famosísimo «ab sofort» —«a partir de ahora mismo»— con el que contestó a la pregunta sobre el momento de la aplicación del Decreto que le había formulado —aunque sobre este punto no hay unanimidad— el corresponsal de la cadena estadounidense NBC, Tom Brokaw. Pero lo que realmente hizo salir a la calle a los ciudadanos de Berlín oriental no fueron las palabras de Schabowski sino la reelaboración que de las mismas hicieron la agencia de noticias Associated Press y, sobre todo, la primera cadena de la televisión occidental ARD. Un poco después de las siete de la tarde, Associated Press emite un comunicado en el que da cuenta de la rueda de prensa de Schabowski, con un titular en el que literalmente dice «la RDA abre sus fronteras». Esta expresión empieza a ser utilizada a partir de este momento por todos los medios que dan cuenta de la noticia, incluida la primera cadena de la televisión occidental, hasta que esta, en su programa de la noche *Tagesthemen*[101] da un paso más y abre su información diciendo sin ambages que «la RDA ha anunciado que sus fronteras estarán abiertas para todos, con efecto inmediato, y que las puertas del muro se abrirán de par en par». Las vacilantes palabras de Schabowski, como en ese juego infantil en el que un mensaje se transmite de jugador en jugador para volver totalmente deformado al emisor inicial, se transforman en un anuncio formal de la caída del muro que, a su vez, se convierte inmediatamente en realidad.

Todos los que aquella noche del 9 de noviembre de 1989 tuvimos la oportunidad de ver en directo el último telediario del día de la ARD sentimos, entre la euforia y la estupefacción, el deseo de echarnos a la calle y de saltar el muro y de pasear bajo el friso de una Puerta de Brandemburgo ya definitivamente abierta. Pero los ciudadanos de Berlín

---

101. Literalmente «Temas del día». Era, y sigue siendo, el telediario de la noche de la primera cadena de televisión de la República Federal, ARD.

oriental, que seguían los acontecimientos de su país a través de la información que proporcionaba la televisión occidental, transformaron ese impulso en realidad, se echaron a la calle y, con la extrema violencia de su deseo, consiguieron derribar toda una época de la historia de Europa, para fundirse en un abrazo con los que, desde el otro lado de Berlín, se habían concentrado delante del muro —«Achtung, Sie verlassen jetzt West Berlin!»— para esperar y abrazar a aquellos que por fin podían salir de la prisión en la que habían estado encerrados durante los últimos cuarenta años.

El 9 de noviembre es una fecha en la que se han producido a lo largo de los años diversos acontecimientos fundamentales para la historia de Alemania, hasta el punto de que se ha dicho con reiteración que la historia del siglo xx alemán podría escribirse tomando como punto de partida los hechos históricos acaecidos en esa fecha.

El 9 de noviembre de 1923 Adolf Hitler hace su irrupción en la historia europea en compañía del mariscal Ludendorff para proclamar la revolución nacional, en una marcha que los llevó desde la cervecería Bürgerbräukeller hasta la Odeonplatz, donde la insurrección nacionalsocialista fue derrotada por la policía bávara. El *Putsch* del 9 de noviembre pretendía crear una república nacionalsocialista en Baviera para, desde allí, tomar al asalto el Gobierno de Berlín, y fue la primera escenificación de lo que posteriormente habría de ser una revolución alemana, por utilizar las palabras ya citadas de Thomas Mann o, sin que sea incompatible con lo anterior, la gran tragedia de la historia de Alemania. El fracaso del *Putsch* de 1923 hizo reflexionar a Hitler, que, tras su breve paso por la cárcel y la redacción de *Mein Kampf*, se consagró al fortalecimiento de un partido de masas que, cabalgando sobre una coyuntura histórica favorable, le llevó al poder en 1933, consiguiendo por la fuerza de los votos lo que diez años antes no había conseguido por la fuerza de las armas.

Quince años más tarde, el 9 de noviembre de 1938, las huestes de Adolf Hitler, para conmemorar, quizás, el aniversario de su intentona golpista, desencadenaron lo que pasaría a la historia con el nombre de *Kristallnacht* o «noche de los cristales rotos», una ola generalizada de violencia contra los judíos, sus sinagogas, sus negocios y sus propiedades, en la que se encontraba ya prefigurada la locura o la barbarie del holocausto. Casi un centenar de alemanes de raza judía asesinados, doscientas sesenta y siete sinagogas destruidas, cientos de negocios arrasados, miles de detenidos e internados en campos de concentración fue el trágico balance de una noche de horror que anunciaba la gran noche de horror de la historia alemana. Si el *Putsch* del 23 fue la escenificación de la posterior toma del poder de Hitler, la «noche de los cristales rotos» fue la primera puesta en escena de ese vertiginoso descenso a los infiernos que protagonizó el pueblo alemán en la vorágine del nazismo. «La noche de los cristales rotos» permanece anclada en la conciencia alemana como un escalofriante hito admonitorio, como el recuerdo de una larga temporada en el infierno, como la marca grabada a fuego de la visita a ese paraíso invertido donde el mal tiene su residencia. El 9 de noviembre de 1988 —ya lo he contado anteriormente—, cuando se conmemoraban en la sinagoga de Fráncfort los cincuenta años de esa noche de desbocada violencia, el entonces presidente del Bundestag, Phillip Jenninger, hizo uso de la palabra y el cielo pareció oscurecerse de nuevo. La herida profunda en la conciencia alemana seguía abierta y no era posible hurgar en la misma sin que un escalofrío de indignación, quizás también de vértigo y temor, recorriese el cuerpo de las instituciones alemanas. La fecha del 9 de noviembre es un *continuum* que transcurre pero no pasa y sobre cuya memoria, sin embargo, quizás sea posible construir un sistema perdurable de convivencia, una nueva libertad para Alemania.

El 9 de noviembre de 1918 marca también otro punto fundamental en esta continuidad histórica que configura el siglo XX alemán. El 9 de noviembre de 1918 Phillip Scheidemann proclama la que luego se llamaría República de Weimar, y con tal proclamación pone fin a la Primera Guerra Mundial. El final de las hostilidades no significaría, sin embargo, el final de un conflicto que, sin haberse llegado a cerrar nunca del todo, va a abrirse de nuevo en septiembre de 1939. La Primera Guerra Mundial encuentra su continuidad en la Segunda, y esta en una sorda —a veces estruendosa— Guerra Fría que se prolongaría hasta la caída del muro de Berlín. De 9 de noviembre a 9 de noviembre transcurre un siglo de la historia alemana, que el país vive inmerso en un conflicto en el que está en juego su propio ser nacional, otra guerra de los cien años que es, más allá de una guerra civil, un conflicto íntimo y, al mismo tiempo, una conflagración universal. Durante casi un siglo, Alemania ha vivido un estado de guerra permanente en el que crecieron y murieron, sin conocer otra cosa, varias generaciones de alemanes; para varias generaciones de alemanes el 9 de noviembre de 1918

y el 9 de noviembre de 1989 marcan, más allá de su significado histórico, el principio y el fin de la propia biografía, el
origen y el destino de una vida transcurrida entre tinieblas
en la que al final, solo al final, parece hacerse la luz de un
nuevo día. Son explicables las lágrimas de Willy Brandt al
escuchar, sentado en su escaño de Bonn, la noticia de la
apertura del muro, son explicables unas lágrimas que no son
manifestación de un nuevo nacionalismo sino el emociona-
do resultado de una vida de patriótica lucha por la libertad.

Cabía esperar grandes acontecimientos del 9 de noviembre de 1989 y, sin embargo, la caída del muro de Berlín
constituyó una sorpresa para todo el mundo, para los Gobiernos y para las cancillerías, para los periodistas que esa
misma tarde habían asistido a la rueda de prensa de Günter
Schabowski y para todos los que, con cierta ansiedad, estábamos delante del televisor cuando comenzó el *Tagesthemen*
de aquella noche histórica. Helmut Kohl, también él ajeno
a los acontecimientos, se encontraba de visita oficial en Varsovia cuando cayó el muro y sus primeras manifestaciones
fueron de extrema prudencia, no solo por la incertidumbre de los primeros momentos, sino porque la caída del
muro, que había cogido por sorpresa a todo el mundo, no
era, en el fondo, deseada por nadie y resultaba imprescindible, antes de hacer nada, alejar viejos fantasmas, acordar
voluntades y tejer acuerdos sin precipitarse, ni muchísimo
menos dar un paso en falso en un asunto cargado hasta entonces de una máxima susceptibilidad. La caída del muro
no era deseada por la Unión Soviética, con independencia
de que Gorbachov se plegase pronto a la realidad de los
hechos, ni era querida por Francia ni por Gran Bretaña,

todavía con la referencia histórica del viejo poder alemán, ni era querida tampoco por buena parte de los ciudadanos occidentales, que veían en la caída del muro un factor de desestabilización del nuevo orden político y económico que tan trabajosamente habían construido en los últimos cuarenta años. Douglas Hurd, ministro de Asuntos Exteriores de Margaret Thatcher, expresó con claridad el lamento occidental ante la caída del muro cuando dijo que «la Guerra Fría es un sistema bajo el que hemos vivido bastante felices durante casi cuarenta años». Es posible que Douglas Hurd viviese bastante feliz administrando la Guerra Fría, pero desde luego no vivieron bastante felices los ciudadanos de la RDA, ni los de Checoslovaquia, Hungría o Polonia, ni los cubanos que por la Guerra Fría siguen soportando hoy una dictadura estrafalaria, ni los congoleños o los keniatas que vivieron una traumática descolonización de sus respectivos países dictada por una política de bloques, ni los chilenos que vieron derrumbarse su centenaria democracia por la división del mundo en dos sectores —Ost Berlin, West Berlin— absolutamente irreconciliables.

El curso de la historia es algo desconcertante. Apenas unas horas antes de la medianoche del 9 de noviembre de 1989, nadie, ni en la calle ni en los parlamentos, esperaba una caída inmediata del muro y, sin embargo, esta se produjo esa misma noche de una manera estrepitosa y, al menos en apariencia, como consecuencia de unas circunstancias azarosas o del error burocrático de un funcionario desbordado por los acontecimientos. La caída del muro, vista a priori, resultaba imposible y, sin embargo, contemplada a posteriori parece el producto de una necesidad histórica, de una concatenación de circunstancias que solo puede conducir a un resultado único y predeterminado. El curso de la historia parece unas veces obra del azar, y otras, producto de una necesidad ciega e ineluctable. ¿Qué papel juega en todo ello nuestro comportamiento? Es difícil decirlo, pero tiendo a pensar que el hombre es más un producto de la historia que un hacedor de la misma. El comportamiento humano no parece el elemento rector de la historia, sino un componente más de los muchos que se insertan en esa cadena incomprensible del azar y la necesidad, una cadena, en último término, carente por completo de sentido. Ante esta perspectiva, lo lógico sería abandonar la historia a su suerte mundana, renunciar de entrada a la vana pretensión de dirigir los acontecimientos y adaptarnos simplemente a su evolución, para intentar llevar en el curso de los mismos una vida lo más congruente posible con nuestros deseos o nuestras aspiraciones.

Sin embargo, no podemos hacerlo. La historia alemana nos enseña que no podemos recluirnos en nuestra intimidad, que la historia abandonada a su suerte se hace pasto de la barbarie, que separar el mundo y el espíritu significa renunciar a uno y a otro, que una cultura que renuncie a integrar la libertad en su seno acaba necesariamente sometida. La vida entera es un permanente *als ob*[102] y quizás en este terreno sea necesario actuar también *als ob*, porque este «como si» es un requisito imprescindible de todo comportamiento estético, y la belleza de nuestro comportamiento es

---

102. «como si».

no solo su única justificación, sino también nuestra única obligación moral. Quizás la historia sea un mero encontronazo de intereses enfrentados, pero quizás tengamos que actuar como si la historia fuese producto de nuestra libertad o, al menos, como si nuestros anhelos de libertad tuviesen capacidad para integrarse también en el curso de los acontecimientos y hacer acto de presencia en la evolución de los mismos. O dicho de otro modo: ¿habría caído el muro de Berlín sin el anhelo de libertad de los alemanes orientales?

Es verdad que nadie deseaba la caída del muro, nadie excepto los ciudadanos de la RDA. Solo en una cierta medida podemos controlar las consecuencias de nuestros actos, y los anhelos de libertad de los alemanes orientales podían haber conducido a un baño de sangre y a un endurecimiento de las condiciones de vida en la RDA, como ya sucedió en Praga en 1968; pero lo cierto es que si el muro de Berlín cayó el 9 de noviembre de 1989 fue porque lo derribaron los anhelos de libertad de quienes había vivido toda su vida bajo el control de una férrea dictadura. Ellos solos, sin una organización que los amparase —excepción hecha del cobijo que les prestó la iglesia evangélica—, sin una dirección política reconocible, sin apenas saber hacia dónde se dirigían sus pasos, guiados tan solo por el deseo de huir de un sistema que les asfixiaba, ellos solos fueron capaces de derribar el muro de Berlín y poner fin no solo a cuarenta años de reclusión sino, muy probablemente, a un larguísimo periodo de la historia de Alemania, más aún, a una determinada concepción de Alemania. La revolución de noviembre es una revolución sin nombres ni apellidos; nadie la organizó, nadie la dirigió, nadie pasará a la historia como protagonista de un acontecimiento que, sin embargo, siempre ocupará un lugar fundamental en la historia de Alemania. La revolución de noviembre es el producto de un deseo que iba creciendo a medida que se iba realizando. El muro cayó por los empujones de los ciudadanos de la RDA, sin que nadie acudiera a intentar evitar su desmoronamiento. Ni Erich Honecker, ni muchísimo menos Egon Krenz, se hubiesen atrevido nunca a emprender una acción decidida sin el consentimiento expreso de la Unión Soviética, y esta estaba excesivamente concentrada en intentar sacar adelante una *perestroika* en la que Gorbachov había empeñado todo su capital político. Nadie deseaba, es verdad, la caída del muro, pero nadie estaba en condiciones de oponerse a su desmantelamiento, y pronto las reticencias iniciales se disiparon ante la cautelosa prudencia de Helmut Kohl y el apoyo explícito de George Bush. Margaret Thatcher y François Mitterrand, que nada hubiesen podido hacer por otra parte, pronto comprendieron que el muro era el producto de un mundo que desaparecía y que su caída quizás no fuese sino el certificado de una defunción que se había producido hace ya algún tiempo.

Porque, en realidad, ¿cuándo cayó el muro? Es difícil decirlo y, probablemente, cada opinión al respecto contenga una parte no desdeñable de la verdad. Es posible pensar que el muro cayó el 11 de septiembre de 1989 cuando el primer ministro húngaro, Miklos Nemeth, decidió abrir la frontera de su país con Austria al tránsito de todos los ciudadanos de la RDA que lo deseasen; o el 9 de octubre, cuando la policía se abrió al paso de los manifestantes en Leipzig sin hacer uso de las armas; o el 4 de noviembre, cuando Egon Krenz, forzado por las circunstancias, decidió autorizar la salida sin restricciones hacia la RFA a través de Checoslovaquia; o ese mismo 4 de noviembre, cuando una manifestación autorizada, y absurdamente alentada por el régimen, arrolló literalmente cualquier esperanza que este pudiese tener de sucederse a sí mismo. Cada una de estas fechas fue una carga de dinamita en la estructura del muro, pero probablemente ninguna de estas cargas hubiese llegado a explotar si previamente la Unión Soviética no hubiese decidido abjurar de la doctrina Brézhnev e inhibirse de todo lo que pudiese suceder en aquellos países, que hasta entonces habían formado parte del Pacto de Varsovia. Es difícil saber con precisión cuándo cayó el muro de Berlín y, sin embargo, la caída del muro tiene en mi ánimo una fecha exacta e indiscutible.

El lunes 27 de noviembre de 1989 recibimos, en papel amarillento, un telegrama urgente que literalmente decía: «viele gruesse aus weimar koennen wir am 1. und 2.12 mit uebernachtung zu ihnen kommen bitte schnelle rueckantwort telefon weimar 4014 joachim schubert»[103]. Simplemente, no podía creerlo. Aquella tarjeta que yo un tanto irreflexivamente había dejado en manos de Joachim y Katarina, aquella tarjeta que tantos remordimientos de conciencia me había producido, aquella tarjeta que yo creí que acabaría perdiéndose entre viejos papeles sin sentido, se había transformado ahora en el salvoconducto que permitiría

---

103. «Muchos saludos desde Weimar. ¿Podemos ir los días 1 y 2 de diciembre a dormir a su casa? Por favor, contestación urgente al teléfono de Weimar 4014. Joachim Schubert».

a Joachim y Katarina pasar unos días en un mundo nuevo, en el visado que nos había de permitir a nosotros pasar de nuevo a la RDA y participar de la emoción de quienes habían hecho saltar por los aires el muro de Berlín.

El muro había caído y yo tenía sus escombros en las manos. Los acontecimientos de los últimos meses, las tensiones vividas en las calles de la RDA, los cambios políticos que, casi con incredulidad, habíamos visto producirse, se concentraban ahora en el escueto texto de ese telegrama, que transformaba todo cuanto había sucedido en un asunto próximo, casi doméstico, que hacía de la historia un acontecer cotidiano. El muro había caído y Joachim y Katarina venían a traernos los restos de su demolición, la prueba irrefutable de que la caída del muro no había sido un sueño, sino una realidad que se hacía evidente con su presencia en nuestra casa; el muro, era evidente, había caído, y Alemania, al menos esa parte de Alemania que, por la fuerza de las circunstancias, se había visto obligada a imaginarse como el primer Estado socialista en suelo alemán, se enfrentaba de nuevo a la tarea de inventarse a sí misma, de reconstruir la propia imagen, de poner en pie una nueva concepción de sí misma. Pero Alemania oriental tenía ahora un espejo en el que mirarse. La República Federal Alemana había repensado en estos últimos cuarenta años la historia de Alemania y había encontrado un camino; en estas cuatro décadas transcurridas desde que se aprobase la Ley Fundamental de Bonn, la República Federal había construido unas instituciones sólidas capaces de garantizar una convivencia armoniosa, se había insertado en una comunidad de naciones basada en un sistema democrático de gobierno y había alcanzado una prosperidad que proporcionaba a sus ciudadanos una bien fundamentada confianza en el futuro. Pero, por encima de todo ello, la República Federal había reinterpretado la historia alemana y había sido capaz de insertar en la vieja y rica cultura alemana el principio irrenunciable de la libertad civil. La historia de Alemania era otra historia y a ella habían contribuido también los ciudadanos de la RDA, que en los últimos meses habían aportado a la causa común sus anhelos de libertad y la afirmación de su soberanía. Los ciudadanos de la RDA habían escrito, como sus compatriotas de 1848, una de las páginas más brillantes de la libertad en Alemania y con ella habían puesto las bases para reinventar la propia historia, asentando la misma en una tradición de la libertad que ellos habían contribuido a prolongar y a fortalecer.

«Können wir zu Ihnen kommen?»[104] Bienvenidos a vuestra casa. Yo leía una y otra vez el telegrama que acababa de recibir y descubría en sus líneas las páginas de una historia atormentada, los avatares de un siglo de horrores, las grandezas y las miserias de una conciencia infeliz. Pero de las escuetas líneas de ese telegrama amarillento se desprendía también la certeza absoluta de que el muro había caído y, sobre todo, el irrenunciable convencimiento de que el muro no se habría de levantar nunca más. Alemania, quizás por primera vez en su historia, podía gozar de la propia libertad y vivir en paz consigo misma. El muro de Berlín, sí, había caído, y nadie podía alejar de mi ánimo la quizás imprudente convicción de que había caído para siempre. Bienvenidos Joachim y Katarina, bienvenidos a vuestra casa.

---

104. ¿Podemos ir a su casa?

Epílogo

El muro había caído, pero las comunicaciones no se habían restablecido. Después de varias intentonas y casi veinticuatro horas de lucha contra los elementos, conseguí hablar con Joachim y darle mi conformidad a sus planes. Joachim y Katarina vendrían, pero no lo harían solos, sino en compañía de Susi y Lutz, una pareja de amigos que, a partir de ese momento, se incorporarían a esa pequeña sociedad que, sin sospecharlo, casi sin poderlo imaginar, habíamos constituido en Weimar unos meses antes.

El viernes 1 de diciembre, ya de noche en ese tardío otoño alemán, aparcó en la puerta de casa un Wartburg color crema, que causó sorpresa y admiración en una vecindad adinerada, silenciosa, introvertida y poco dada a las novedades; éramos, además, los únicos extranjeros del barrio, los menos indicados para recibir una visita de la otra Alemania.

Pero allí estaban Joachim y Katarina y Lutz y Susi, cargados de bolsas, dispuestos a descubrir un mundo hasta entonces prohibido, abiertos a todo cuanto este mundo de la imaginación pudiese ofrecerles de nuevo. Nos habíamos visto una sola vez y, sin embargo, teníamos la sensación de que nos conocíamos desde siempre, como si en estos tres meses en los que no habíamos sabido nada los unos de los otros se hubiese consolidado una gran amistad.

Carecían de amigos y parientes en la RFA y, deseosos de conocer el mundo que les esperaba, se habían acordado de nuestra visita y de una tarjeta de la que, incapaces de resistir la tentación, habían decidido hacer uso. Joachim y Katarina nos dieron cientos de explicaciones para justificar su atrevimiento, como si fuese necesario justificar lo evidente. ¿Quién se hubiese podido negar a una petición como la suya? Pero, además, nosotros estábamos encantados de recibirles, llenos de curiosidad y ansiosos por escuchar todo lo que ellos pudieran contarnos. En sus manos traían un pequeño grabado de la capilla del Wartburg, un regalo que anticipaba alguna de las excursiones que luego habíamos de hacer juntos.

Aquella noche hablamos durante horas, mientras Joachim —especialmente Joachim— comía plátanos con la ilusión de un niño en una mañana de Reyes. Cada cierto tiempo nos preguntaba ¿puedo comer otro?, y cuando lo hacía, parecía como si sobre la mesa de nuestra cocina se derramase con todo su contenido un maravilloso cuerno de la abundancia. Aquellos plátanos a los que nosotros no habíamos dado nunca importancia eran la personificación del lujo y de lo gratuito, uno de esos regalos del cielo que nos hacen sentir emparentados con los dioses.

Joachim y Katarina contaron anécdotas, nos dieron detalles de las manifestaciones que se habían desarrollado en Weimar, nos trazaron un vívido retrato de la apresurada evolución que en aquellos momentos estaban sufriendo los grupos de la oposición, que, poco a poco, iban tomando posiciones cada vez más diferenciadas sobre el futuro de la RDA. Su desconcierto era absoluto. No podían imaginar que el lunes siguiente, cuando llegasen de regreso a Weimar, se encontrarían con el procesamiento de Erich Honecker y Willi Stoph y con la dimisión del Comité Central, con Egon Krenz a la cabeza; no podían ni sospechar que, tan solo tres días más tarde, Egon Krenz renunciaría a la jefatura del Estado, ni mucho menos que para sucederle sería designado Manfred Gerlach, presidente del Partido Liberal, uno de los partidos del bloque, sí, pero ajeno ya a la disciplina del SED que, de esta manera, veía roto su tradicional monopolio del poder.

Susi, la jovencísima amiga de Joachim y Katarina, una alemana bajita, regordeta y extraordinariamente simpática, trabajaba en una tienda estatal de discos, *Der Musikfreund*,[105] situada en la Krämerbrücke de Erfurt, y no sabía qué podía ser de su vida a partir de aquel momento. Todo evolucionaba a una velocidad de vértigo, y todo, no solo desde el punto de vista político, sino también desde el punto de vista personal, se encontraba en el aire, sujeto a un destino azaroso que en pocas semanas se había llevado por delante lo que hasta entonces había parecido anclado en la naturaleza de las cosas.

Todo resultaba incierto e imprevisible, pero nada de esto parecía preocupar ni a Joachim ni a Katarina ni a Lutz ni a Susi, que parecían absortos en la contemplación de la

---

105. «El amigo de la música».

intensidad del momento, concentrados en disfrutar lo que el destino les había regalado.

Nunca he tenido una sensación más rotunda de la intensidad del presente; parecía como si no existiesen pasado ni futuro, como si el tiempo, todo el tiempo, se concentrase en un momento fulgurante cuyos dones caían del cielo, como si el paraíso hubiese abierto sus puertas para ofrecerles —para ofrecernos a todos los que participábamos en semejante espectáculo— la revelación de su gozo sin tiempo.

Tenía la sensación de que en ese concreto momento, mientras cenábamos en la cocina de casa, nada de lo que pasase en la RDA podía preocupar ni a Joachim ni a Katarina, que habían visto ya cómo su mundo, el mundo en el que habían crecido y que habían creído eterno, se había desmoronado de un día para otro, y que, por lo tanto, juzgaban ya posible cualquier cosa que pudieran proponerse. Ellos querían ver, conocer, disfrutar un mundo que se abría ante ellos lleno de promesas; ellos hablaban de la RDA, pero habían venido a Fráncfort a conocer otro mundo que, paradójicamente, era parte de ellos mismos, y querían que nosotros se lo contásemos, que les orientásemos en el territorio en el que acababan de adentrarse.

No había razón ni era el momento para la desilusión o el desencanto; era el momento de disfrutar de un mundo que se dilataba, como si de forma tan repentina como inesperada se hubiese descubierto un nuevo continente; no era el momento de plantear problemas, sino el momento de salir a la calle como salen los alemanes ante el primer rayo de sol para celebrar el final de un largo y gélido invierno. Por ello, no mencionamos las reticencias de muchos alemanes occidentales ante la avalancha que se les venía inevitablemente encima, ni pusimos de relieve la inviabilidad económica de la RDA, ni hicimos la más mínima referencia al esfuerzo que los ciudadanos de la RDA tendrían que hacer para adaptarse a una situación nueva y desconocida, cosas que, en aquel momento, carecían por completo de importancia. Hablamos de Fráncfort, del barrio en el que vivíamos, habitado por una fauna para ellos desconocida, de los monumentos de la ciudad en la que había nacido Goethe —el santo patrón de su ciudad, Weimar—, del bullicio comercial en el que habrían de sumergirse a la mañana siguiente cuando paseasen por un Zeil abarrotado por las compras sabatinas, de los inmensos rascacielos, símbolos de un poder financiero que les resultaba extraño, de la orilla de los museos, donde se podía ver muy buena arquitectura moderna, de la masiva presencia de extranjeros en la ciudad que, con ellos, y a pesar de su pequeño tamaño, había adquirido un aire cosmopolita, de los restaurantes franceses, italianos, españoles, griegos, turcos que aquellos habían traído consigo, del Römer y del Hauptbahnhof, del Kaufhof y del Kleinmarkthalle, pequeños paraísos de la abundancia donde se concentraba buena parte de la vida cotidiana de la ciudad.

Hablamos de todo esto, pero también hablamos de España que, con la caída del muro, había dejado de ser un país de fábula para transformarse en un país próximo y accesible, un país que todos los años era visitado por millones y millones de alemanes, muchos de los cuales tenían allí su segunda residencia. Palma, Mahón, Sitges o Altea eran parte de la vida de Alemania, la casa de al lado en una vecindad que para ellos resultaba simplemente inimaginable. Era un mundo político nuevo, pero era también un día a día completamente nuevo al que tenían que enfrentarse, una existencia que ya nunca volvería a ser la misma.

Al día siguiente, cuando nos levantamos, nuestros huéspedes ya no estaban en casa. Habían madrugado y, con un par de indicaciones prácticas que les habíamos dado la noche anterior, se habían lanzado al descubrimiento de la tierra prometida. Pasó el día sin que tuviésemos noticias de ellos. A la caída de la tarde, cuando ya hacía más de dos horas que era de noche cerrada, empezamos a inquietarnos. No volvían, no daban señales de vida, era como si se los hubiese tragado la tierra, aunque resultaba comprensible —pensábamos por nuestra parte— que procurasen estirar al máximo todo el tiempo del que disponían antes de volver a casa y, sobre todo, antes de regresar a la reclusión gris de la RDA. A las siete y media sonó el teléfono. Se habían perdido y nos pedían indicaciones para volver a casa. Estaban junto a una lavandería, dato que, sin pensar siquiera en la posibilidad de que en Fráncfort pudiese haber cientos, consideraban suficiente para que nosotros nos hiciésemos una idea exacta del lugar donde se encontraban. Les pedí unos datos complementarios y, cuando comprendí dónde estaban, les rogué que no se moviesen porque yo pasaría a recogerlos.

Se habían perdido y estaban cansados, pero volvían a casa presos de una profunda emoción, entusiasmados por sus múltiples descubrimientos y, sobre todo, por la calurosa acogida que en todas partes habían recibido. En aquellos primeros días tras la caída del muro, la presencia de un coche de la RDA en las calles de cualquier ciudad federal era saludada por un espontáneo sonar de bocinas, que, de esta manera, daban la bienvenida a aquellos parientes que, después de muchos años sin saber nada de ellos, regresaban a casa procedentes de un país lejano y extraño. El entusiasmo era contagioso; el saludo inicial era correspondido con un nuevo bocinazo de agradecimiento al que seguía otro y otro, un grito de júbilo que se reproducía —habitualmente tan circunspectos— en cada uno de los coches de la ciudad, como si estos hubiesen llenado sus depósitos con cerveza y *Schnaps* y estuviesen viviendo la euforia de una borrachera en la que todos participaban. Algunos bajaban las ventanillas de sus coches para agitar los brazos en señal de bienvenida y aprovechaban las paradas en los semáforos o en los atascos callejeros para cruzarse fuertes apretones de manos en los que se desbordaba una alegría indescriptible. Era imposible sustraerse a esa emoción compartida; allí donde era detectada la presencia de un ciudadano oriental se multiplicaban los gestos de cordialidad: enhorabuenas y parabienes, abrazos y apretones de manos, todos tenían un gesto amable, muchos trababan conversación con estos hermanos desconocidos para identificar su lugar de procedencia, ofrecerles su colaboración o expresarles, lisa y llanamente, sus mejores deseos de felicidad.

Alemania era una fiesta, una fiesta honda y desbordante, una fiesta íntima y bulliciosa, que había acogido en su seno a Joachim y Katarina y a Lutz y a Susi, que ahora volvían a casa contagiados por esa borrachera de entusiasmo, embriagados por el espectáculo que aquel día habían contemplado.

Volvían entusiasmados, pero también —todo hay que decirlo— confusos y desconcertados; abrumados por la infinita cantidad de posibilidades a su alcance, habían pasado gran parte del día luchando con una ciudad cuyo funcionamiento no comprendían. No habían visto en su vida una expendedora automática, lo que transformaba cosas tan sencillas como comprar un billete de tranvía, dejar el coche en un aparcamiento público o hacerse con una lata de cerveza en una tarea casi imposible, en una tarea en cuyo aprendizaje se les había ido buena parte del día. No podían imaginar que fuese imposible encontrar en el centro de Fráncfort, un sábado por la mañana, una plaza de aparcamiento, pero tampoco estaban acostumbrados a utilizar los aparcamientos públicos, unos edificios de cuatro, cinco o seis plantas con dudosas reglas de funcionamiento donde, por lo demás, no había nadie que te atendiese. Les sorprendía —gratamente, pero les sorprendía— que gran parte de cuantos les habían atendido en Fráncfort fuesen extranjeros, que todo estuviese al alcance de la mano y que pudiesen ocupar cualquier mesa en un bar o en un restaurante sin esperar a ser acomodados por el personal de la casa. Les desconcertaba que, en ocasiones, el precio de los productos se viese incrementado en un siete o en un catorce por ciento por algo que se llamaba *Mehrwertsteuer*[106] que, sin embargo, en otras ocasiones ya estaba incluido en el precio final del producto. ¿Qué era eso del *Mehrwertsteuer*?[107] El *Mehrwertsteuer* era algo realmente complicado que, a pesar de todo, podía ser comprendido sin excesivos

---

106. Se trata, claro está, del IVA.

107. Meses más tarde, entretuve un par de horas en explicar a Susi qué era el maldito impuesto sobre el valor añadido cuando ella vino

esfuerzos. Otras cosas habrían de resultar, sin duda, mucho más difíciles de comprender y asimilar.

Las dictaduras, todas las dictaduras, exigen de sus súbditos una transferencia de poder que, cuando aquellas se prolongan, acaba por enraizar en la conciencia de los ciudadanos, dando lugar a una auténtica transferencia de responsabilidad. Los ciudadanos se acostumbran a que el poder decida por ellos, a seguir el camino que se les marca, a recibir, quizás, una vida miserable, pero tranquila a cambio de su obediencia, y encuentran —o pueden llegar a encontrar— una cierta satisfacción en ese vivir irresponsable.

Esta transferencia de responsabilidad, característica de toda dictadura, se hace aún más intensa en las dictaduras comunistas, pues la misma es objeto de una elaboración ideológica más sofisticada, abarca no ya las relaciones políticas, sino también las laborales, familiares y personales —es, desde este punto de vista, mucho más totalitaria—, y proporciona a tal renuncia un contenido moral al incardinarla en el sentido de la historia a cuyo desenvolvimiento y plenitud se estaría colaborando.

Pero esta elusión de la propia responsabilidad que toda dictadura —y, muy especialmente, la dictadura marxista-leninista— exige, había adquirido, a mi juicio, en el caso de la RDA un matiz específicamente alemán, al que ya he hecho anteriormente referencia pero que considero necesario reiterar. El final de la Segunda Guerra Mundial enfrenta al

---

a Fráncfort a hacer un curso que le permitiese hacerse cargo de la tienda de discos que la *Treuhandanstalt* le había adjudicado.

pueblo alemán a la conciencia de su propia responsabilidad en la guerra y, sobre todo, a la brutal tragedia del holocausto. La RFA no puede eludir tal conmoción moral y en la asunción de su culpa encuentra el fundamento de su nueva libertad y la base de un nuevo orden político. Durante años, la RFA ha llevado a cabo una exigente reflexión moral que ha impregnado tanto su discurso político como la educación de sus jóvenes en un clima al que, si algo cabe reprochar, es su quizás excesiva y amanerada corrección política. Sin embargo, la RDA, en la creencia de ser la encarnación misma de la historia, ha podido eludir tal reflexión, desplazando toda responsabilidad a unos «otros» calificados genéricamente como fascistas. Como han sido ellos, no hemos sido nosotros, y así podemos seguir levantando tranquilamente campos de concentración o transformar todo el país en un inmenso campo de internamiento.

Este sentimiento de irresponsabilidad personal que las dictaduras generan dificulta extraordinariamente la salida de las mismas, incluso cuando se vive ya, como vemos día a día en España, en el seno de instituciones plenamente democráticas. El Estado me lo debe todo, yo no debo nada a mis conciudadanos; el Estado tiene la culpa de todo, yo no soy responsable de nada; todo me está permitido, pues es al Estado al que le corresponde proporcionarme una vida a la que tengo pleno derecho; una moral del «todo vale» que, en la modalidad específicamente «progresista», viene acompañada no ya de una aguda indiferencia moral, sino de una superioridad moral que transforma en éticamente aceptable todo lo que puedan hacer aquellos que creen cabalgar en el sentido de la historia.

La asunción de la propia responsabilidad es un ejercicio mucho más complicado que el aprendizaje del manejo de las expendedoras automáticas o de las modalidades de aplicación del IVA, pero sin ella no es posible ni una vida plenamente democrática, ni una economía productiva, ni una convivencia civilizada, una tarea de años, no carente de desalientos y de sinsabores, a la que ahora se enfrentaban los ciudadanos de la RDA. ¿Qué consecuencias habrían de tener los cuarenta años vividos bajo un régimen dictatorial tan estricto como el que habían instaurado los hombres de Walter Ulbricht? No lo sabía y no creía que nadie pudiese contestar entonces a esa pregunta. Yo había vivido la experiencia española y algunos temores tenía, pero nunca hay dos situaciones idénticas ni nunca son los tiempos los mismos. La RDA tenía ante sí el camino trazado por la RFA y quizás los ciudadanos orientales pudiesen beneficiarse de los ejercicios espirituales que sus vecinos occidentales habían hecho durante cuarenta años. Pero la libertad exige una dedicación permanente a la que de ninguna manera podían sustraerse aquellos que con tanto esfuerzo la habían conquistado.

Tras esta primera visita de Joachim y Katarina, nosotros fuimos en varias ocasiones a Weimar y ellos vinieron alguna que otra vez por Fráncfort. Ellos nos abrieron las puertas de la Rokokosaal der Anna Amalia Bibliothek antes de que esta fuese accesible al público y, por supuesto, mucho antes de que fuese pasto de las llamas; ellos nos subieron al Wartburg partiendo de la Eselstation en unas pobres cabalgaduras que hicieron las delicias de nuestras hijas y de los hijos de

Katarina; ellos nos acompañaron a conocer algunos pueblos de Turingia que nunca hubiésemos conocido sin su colaboración. Susi y Lutz vivían en una preciosa casa *Jugendstil* que había sido varias veces fragmentada para construir pequeños apartamentos en los que convivían cocina y cuarto de baño; allí, en la Freiherr von Stein Strasse, una silenciosa calle residencial cubierta de plátanos centenarios, comimos con ellos las más deliciosas salchichas que hayamos probado nunca, preparadas por manos expertas sobre unas parrillas improvisadas en el patio de su casa. Conocimos a los padres de Katarina —él también pastor—, que nos convidaron a comer un día y que nos sorprendieron por su extraordinaria juventud. Así, poco a poco, fuimos creando una amistad que no se fundaba en una edad común, ni en una especial afinidad personal, ni en un pasado compartido; una amistad fundada tan solo en las especiales circunstancias en las que nos habíamos conocido y en un acontecimiento histórico que, en mi memoria personal, siempre estará vinculado a Joachim y a Katarina y al telegrama que nos enviaron uno de los últimos días del mes de noviembre de 1989.

Pero a esta historia le faltaba un epílogo. Joachim y Katarina nos invitaron a su boda, que se celebró un sábado de principios del verano de 1990 en la Jakobskirche de Weimar. La invitación incluía una despedida de solteros que tuvo lugar en Bad Berka, un pueblo próximo a Weimar al que llegamos de noche, cuando la cena ya había terminado, del que nada vimos y al que alguna vez me gustaría volver, aunque solo fuera para conocer un sitio en el que ya he estado. Salimos tarde de Fráncfort, durante el viaje nos llovió sin cesar y al llegar a Bad Berka nos perdimos en esa sólida oscuridad de la RDA, reforzada en esta ocasión por la lluvia y la ausencia de indicaciones. Allí estaban sus amigos, gente joven a los que apenas pudimos saludar, gente con la que, con toda seguridad, hubiese sido agradable compartir unas cervezas y un rato largo de conversación.

A la ceremonia religiosa del día siguiente y a la comida que tuvo lugar a continuación asistimos treinta o cuarenta personas, la familia más próxima de uno y de otra y nosotros, que no representábamos a nadie, que no éramos testigos del novio ni de la novia, sino quizás, tan solo, testigos del cambio que se había producido en la que todavía era, pero ya por poco tiempo, la RDA. Cuando Joachim y Katarina nos anunciaron su matrimonio, no lo dudamos un instante. Solo podíamos hacerles un regalo, un regalo que venía impuesto por las mismas circunstancias en las que nos habíamos conocido, un regalo en el que simbólicamente estaba contenida la caída del muro, un regalo que de alguna manera reparaba —si a estas alturas fuese ya necesaria alguna reparación— lo que de falta de delicadeza hubiese podido haber en la tarjeta que yo les había entregado cuando nos despedimos en su casa el 26 de agosto pasado. Por ello, sin pensárnoslo dos veces, les ofrecimos a Joachim y Katarina (también a Lutz y a Susi que los acompañaron) las llaves de nuestro piso de Madrid para que pasaran en él el tiempo que les pareciese oportuno. Su viaje a Madrid, quizás el envés de nuestro viaje a Weimar, fue objeto de una minuciosa preparación en la que participamos lo más activamente posible. Les proporcionamos información, les sugerimos excursiones y, sobre todo, nos ocupamos de que tuviesen en Madrid una acogida calurosa. El viaje a Madrid fue el protagonista de la boda de Joachim y Katarina y objeto de sorprendidos comentarios de todos aquellos a los que fuimos presentados. Aquel y nosotros —el viaje y sus patrocinadores— éramos encarnaciones de otro mundo, de ese mundo al que de forma tan inesperada se había abierto la RDA, aquel mundo en el que Joachim y Katarina se disponían a adentrarse de nuestra mano. Así, tres o cuatro semanas después de la celebración de la boda, Joachim y Katarina emprendieron en tren su viaje a España. Yo acudí a la estación de Fráncfort para entregarles las llaves de casa, acompañarlos el par de minutos que allí pararon y desearles desde el fondo del corazón toda la felicidad del mundo.

«Der Zug fährt sofort ab!»[108] El tren que había de llevarles a Madrid emprendió lentamente su camino; yo me quedé quieto en el andén contemplando cómo este iniciaba su marcha y, mientras se alejaba bajo los arcos de hierro de la estación, no pude evitar la inquietante pero luminosa sensación de que allí terminaba el viaje a Weimar, de que ese simbólico retorno cerraba un círculo misterioso, y de que aquel extraño viaje, que había llevado mis pasos por caminos insospechados, iba a concluir allí donde yo nunca lo hubiese podido esperar, exactamente allí donde había comenzado.

---

108. «El tren parte inmediatamente». Con esta frase anuncian los altavoces de las estaciones alemanas la inmediata partida de los trenes. Su inconfundible soniquete forma parte indisoluble de mis sucesivas estancias en Alemania.